本书受到广西自然科学基金青年项目"广西农民工城乡住房配置对其进城落户影响的实证研究（2018JJB180034)"、广西哲学社会科学青年项目"新型城镇化背景下广西农民工住房问题实证研究（17CRK001)"和广西大学区域社会治理创新研究中心资助

A PLACE TO LIVE

AN EMPIRICAL STUDY ON THE HOUSING PROBLEMS
OF MIGRANT WORKERS

住有所居

农民工住房问题实证研究

高 伟◎著

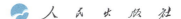
人 民 出 版 社

目　录

绪　论…………………………………………………………… 1

一、研究问题的提出………………………………………… 1

二、研究价值………………………………………………… 12

三、基本概念界定…………………………………………… 14

四、主要研究内容…………………………………………… 19

五、研究方案………………………………………………… 22

六、研究方法………………………………………………… 24

第一章　农民工流动与住房问题研究综述………………… 25

第一节　地区发展与农民工流动………………………… 25

第二节　农民工流动与住房供应………………………… 36

第三节　农民工住房状况研究…………………………… 42

第四节　农民工住房选择研究…………………………… 50

第五节　农民工住房政策研究…………………………… 60

第二章　农民工住房问题形成机理分析框架…………… 71

第一节　农民工住房问题的分析框架……………… 72

第二节　农民工住房问题的城市类型学分析……… 85

第三节　农民工住房需求特点……………………… 92

第三章　农民工住房问题框架验证：以广西地区为例………… 104

第一节　全区情况简介……………………………… 104

第二节　十四个地级市简介………………………… 107

第三节　辖区农民工住房政策简介………………… 110

第四章　农民工住房问题变迁……………………… 132

第一节　农民工住房问题发展的阶段性特点……… 132

第二节　农民工的住房现状………………………… 144

第三节　农民工住房问题的发展趋势……………… 170

第五章　农民工住房问题的地区差异……………… 186

第一节　不同城市农民工住房现状比较…………… 186

第二节　农民工住房状况存在城市差异的原因…… 203

第三节　城市解决农民工住房问题的压力评估…… 211

第六章　农民工住房选择研究……………………… 213

第一节　农民工居住社区选择分析………………… 213

第二节　农民工租买选择分析……………………… 228

第三节　农民工住房消费分析……………………… 240

第七章　我国农民工住房政策演进规律················· 259

第一节　我国农民工住房政策演进的阶段性特征········· 259

第二节　住房政策演进的方向················· 275

第三节　已有政策评价················· 283

第八章　解决农民工住房问题的地方实践················· 295

第一节　农民工住房问题解决办法················· 295

第二节　典型城市的做法················· 305

第三节　已有实践启示················· 326

第九章　农民工住房政策构建················· 332

第一节　政策环境················· 332

第二节　政策目标················· 340

第三节　构建原则················· 343

第四节　因城施策················· 349

第五节　时序安排················· 351

第六节　配套政策················· 356

参考文献················· 361

后　记················· 405

绪　论

一、研究问题的提出

1.研究的现实背景

农民工是我国经济发展和社会体制改革中成长起来的新型劳动大军。在我国工业化、城镇化、农村改革发展等多个方面作出了突出贡献。过去几十年，我国农民工规模快速增加（见表1）。外出农民工总量由1983年的200万人增加到2018年的17266万人，平均每年增加近487.61万人；本地农民工总量也由2008年的8501万人增加到2018年的11570万人，平均每年增加306.9万人。截止到2018年底，全国农民工总量为28836万人，即全国每五个人当中就有一个是农民工。

表1　1983-2018我国农民工数量变化情况（单位：万人）

年份	本地农民工	外出农民工	数据来源
1983		200	《中国农民工调研报告》
1989		3000	《中国农民工调研报告》
1993		6200	《中国农民工调研报告》
1996		7223	国家统计局第一次全国农业普查数据
1997		3890.3	劳动和社会保障部调查

续表

年份	本地农民工	外出农民工	数据来源
1998		4935.5	劳动和社会保障部调查
1999		5203.6	劳动和社会保障部调查
2000		7849	劳动和社会保障部调查
2001		8961	农业部调查数据
2002		9430	农业部调查数据
2003		11390	国家统计局农村住户调查
2004		11823	国家统计局农村住户调查
2005		12578	国家统计局农村住户调查
2006		13181	国家统计局第二次农业普查数据
2008	8501	14041	国家统计局农民工监测调查
2009	8445	14533	国家统计局农民工监测调查
2010	8888	15335	国家统计局农民工监测调查
2011	9415	15863	国家统计局农民工监测调查
2012	9925	16336	国家统计局农民工监测调查
2013	10284	16610	国家统计局农民工监测调查
2014	10574	16821	国家统计局农民工监测调查
2015	10863	16884	国家统计局农民工监测调查
2016	11237	16934	国家统计局农民工监测调查
2017	11467	17185	国家统计局农民工监测调查
2018	11570	17266	国家统计局农民工监测调查

注：外出农民工是指在乡外就业的农民工；本地农民工是指在乡内就地就近就业的农民工，其中 2007 年数据缺失。

随着农民工数量的持续增长，农民工群体的生存和发展状况受到了政府、社会和学界的广泛关注。各界的一个共识是农民工市民化进程缓慢，农民工存在着"半城镇化"现象。这种现象突出表现在以下两个方面。一是，大量农民工"就业在城镇，户籍在农村；劳力在城镇，家属在农村；收入在城镇，积累在农村；生活在城镇，根基在农村。"①他们长期在城乡之间徘徊。二是，绝大多数农民工虽深度参与了城镇化建设，但未能与城镇户籍居民一样分享我国城镇化红利。《国家新型城镇化规划（2014-2020年）》就曾指出约"2.34亿农民工及其随迁家属未能在就业、医疗、养老、教育、住房等方面享受城镇居民的基本公共服务"②。

党的十八大以来，党和政府高度重视这 问题。《国家新型城镇化规划（2014-2020年）》提出2020年要努力实现1亿左右农业转移人口和其他常住人口落户城镇。党的十八届三中全会《关于全面深化改革若干重大问题的决定》提出："稳步推进城镇基本公共服务常住人口全覆盖，把进城落户农民完全纳入城镇住房和社会保障体系。"③各地方政府也按照推动农业转移人口城镇落户和促进城镇基本公共服务向常住人口全覆盖两条线，大力推进农民工市民化。总的来说，加快推进农民工市民化是当前我国新型城镇化发展中的关键问题和重要任务。

在农民工市民化的现实问题中，最为重要和复杂的是"住房问题"。住房问题是指"个体或家庭虽有居住需要和住房所有权愿望，但依靠

---

① 《城镇化是最大的发展红利与增长引擎》，人民网：http://finance.people.com.cn/n/2013/0220/c1004-20536456.html，2013年2月。

② 中共中央、国务院：《中共中央 国务院印发〈国家新型城镇化规划（2014-2020年）〉》，中华人民共和国中央人民政府网站：http://www.gov.cn/gongbao/content/2014/content_2644805.htm，2014年3月。

③ 中共中央：《中共中央关于全面深化改革若干重大问题的决定》，中华人民共和国中央人民政府网站：http://www.gov.cn/jrzg/2013-11/15/content_2528179.htm，2013年11月。

自身力量难以实现这一需要和愿望，产生的理想和现实矛盾"[1]。这里，农民工住房问题特指农民工进入城市后面临的城市居住困难现象。虽然农民工个体的住房问题表现形式各异，但农民工群体的住房问题却有以下共同特征。

一是，住房来源复杂。2017 年我国城镇家庭自有住房套户比为 1.155，政府及单位提供住房套户比为 0.029，城镇家庭住房拥有率达 90.2%[2]。反观农民工，住房来源包括单位宿舍、工棚、生产经营场所、城中村住房、棚户区住房、商品住房、政府保障性住房。进城农民工中，租房者占 61.3%，购房者占 19%，居住在单位或雇主提供住房的占 12.9%，享受保障性住房的占 2.9%[3]。近年来，单位 / 雇主为农民工提供免费住房或住房补贴的比例有下降趋势；城市棚户区或城中村改造进程中，农民工可支付的低价住房数量也在不断减少；农民工的住房来源渠道有收窄趋势。

二是，人均居住面积小。全国来看，2018 年进城农民工人均居住面积为 20.2 平方米，户人均居住面积 5 平方米及以下的农民工占 4.4%；人口 500 万以上城市，农民工人均居住面积为 15.9 平方米；人口 50 万以下，城市农民工人均居住面积为 23.7 平方米[4]。而同期我国城镇居民

---

① 吕萍：《农民工住房理论、实践与政策》，中国建筑工业出版社 2012 年版，第 3 页。
② 李志：《2017 年中国城镇地区住房空置率超二成》，中国新闻网：https://www.yicai.com/news/100084675.html，2018 年 12 月。
③ 国家统计局：《2018 年全国农民工监测调查报告》，国家统计局网站：http://www.stats.gov.cn/tjsj/zxfb/201904/t20190429_1662268.html，2019 年 4 月。
④ 国家统计局：《2018 年农民工监测调查报告》，国家统计局网站：http://www.stats.gov.cn/tjsj/zxfb/201904/t20190429_1662268.html，2019 年 4 月。

人均住房建筑面积为 39 平方米^①。由此可见，农民工人均住房面积落后于同期城镇居民。

三是，住房设施简陋。2010 年，全国 22.9% 的农民工住房内没有厕所，22.5% 的要与邻居合用厕所^②。近年来，全国农民工住房设施情况总体有所好转。进城农民工中，居住住房有洗澡设施的接近 82.1%，有独立厕所的约占 71.9%^③。但就大城市来看，农民工住房设施仍有不足。例如北京城中村农民工，九成以上住房没有独立厕所或厨房，八成左右住房没有暖气和冰箱，住房有空调、热水器和天然气等设施的仅占 7%^④。

四是，住房可支付能力差。2011 年，吕萍和徐鑫林的研究表明北京、上海、深圳、浙江、广东、江西、福建、四川等省市农民工房价与收入比过高，住房负担过重^⑤。2014 年，董昕和周卫华的数据分析指出东部地区农民工家庭住房可支付能力最差^⑥。2015 年，国家统计局《农民工监测调查报告》指出："外出农民工月均居住支出人均 475 元；居住支出占生活消费支出的比例为 46.9%。东部地区务工的农民工居住支

---

① 国家统计局：《建筑业持续快速发展 城乡面貌显著改善——新中国成立 70 周年经济社会发展成就系列报告之十》，国家统计局网站：http://www.gov.cn/xinwen/2019-07/31/content_5417485.htm，2019 年 7 月。

② 董昕：《中国农民工的住房问题研究》，经济管理出版社 2013 年版，第 79 页。

③ 国家统计局：《2017 年农民工监测调查报告》，国家统计局网站：http://www.stats.gov.cn/tjsj/zxfb/201804/t20180427_1596389.html，2018 年 4 月。

④ 孙聪、宋志达、郑思齐：《农民工住房需求特征与城市住房保障体系优化——基于北京市"城中村"调研的研究》，《农业技术经济》2017 年第 4 期。

⑤ 吕萍、徐鑫林：《农民工家庭城市住房购买力及其提升途径和潜力探究》，《城市发展研究》2017 年第 24 卷第 4 期。

⑥ 董昕、周卫华：《住房市场与农民工住房选择的区域差异》，《经济地理》2014 年第 34 卷第 12 期。

出增长最快。"[①]2017 年，孙聪等调研发现北京城中村农民工住房月支出平均为 376.94 元，约有 80.03% 的农民工的住房支出在收入中的占比低于国际公认的住房可支付标准[②]。

五是，住房满意度不高。早期，农民工进城主要是为了获得非农收入，对住房的要求并不高。吴维平在上海和北京的调查表明：虽然大部分受访农民工认为城市住房条件比老家差，但高达 80% 的农民工对住房条件持满意 / 无所谓的态度[③]。近年来，随着城市住房压力增大，农民工住房满意度有下降趋势。张文英等在广州的调研显示农民工住房整体满意度偏低，其中环境卫生、租金和交通条件是农民工最不满意的三个方面[④]。陶丽等的研究发现居住在城中村的农民工住房满意度最低[⑤]。伴随农民工流动模式向家庭化、稳定化和长期化转换，农民工住房需求将更加多样化和复杂化。在住房市场供应紧张的情况下，可以预见农民工住房满意度有进一步下降的趋势。

住房问题不只是个别农民工面临的居住窘境，而是农民工群体普遍遭遇的居住困境。党的十九大报告提出要实现全体人民住有所居。因此，缓解农民工住房困难具有非常重要的意义。

---

① 国家统计局：《2015 年农民工监测调查报告》，国家统计局网站：http://www.stats.gov.cn/tjsj/zxfb/201604/t20160428_1349713.html，2016 年 4 月。

② 孙聪、宋志达，郑思齐：《农民工住房需求特征与城市住房保障体系优化——基于北京市"城中村"调研的研究》，《农业技术经济》2017 年第 4 期。

③ Weiping Wu, "Migrant housing in urban China: Choices and constraints." *Urban Affairs Review*, Vol.38, No.1, 2002.

④ 张文英、陈琳、谭建辉：《农民工住房满意度影响因素研究——来自广州的实证分析》，《工程经济》2017 年第 27 卷第 5 期。

⑤ Li Tao, Francis K W Wong, and Eddie C M Hui, "Residential satisfaction of migrant workers in China: A case study of Shenzhen", *Habitat International*, Vol. 42, April 2014.

第一，缓解农民工住房困难能够直接改善农民工的城市生活状况。住房是农民工城市生活的重要物质基础条件。没有居住之所，农民工在城市的正常日常生活无从谈起。住房还影响到农民工人力资本积累、子女教育、婚姻、家庭生活等一系列问题的解决。住房还关系到农民工的城市融入质量。适宜的居住条件有利于农民工学习和接受城市的社会规范；有利于农民工养成符合城市特点的个人兴趣和生活方式；有利于农民工完成市民身份的转化[①]。

第二，缓解农民工住房困难能够促进城市经济社会可持续发展。城市经济增长依赖于低成本高素质的劳动力。农民工是我国城市劳动力的重要组成部分。改善农民工住房条件有利于减少农民工的居住成本，进而降低农民工的用工成本，推动产业结构升级和经济增长。此外，由于城市社会发展需要社会各群体的和谐相处，解决农民工住房问题有利于消除城市居住隔离现象，促进社会融合。

第三，缓解农民工住房困难能够加快农村劳动力转移，促进国家新型城镇化、乡村振兴等目标的实现。国内有关农民工流动的最新研究表明，户籍改革背景下市场性门槛正逐渐取代户籍身份壁垒成为影响农民工流动决策的主要机制，其中住房的影响日益显著[②]。改善农民工城镇住房条件，解决农民工的日常居住难题，能够促进农民工长期定居甚至落户城镇。此外，农民工彻底从农村转移出来，有助于释放

[①] 吕萍：《农民工住房理论、实践与政策》，中国建筑工业出版社 2012 年版，第 3 页。

[②] 董昕：《住房、土地对中国乡—城人口迁移的影响：研究回顾与展望》，《江淮论坛》2017 年第 6 期；盛亦男：《流动人口居留意愿的影响效应及政策评价》，《城市规划》2016 年第 40 卷第 9 期；李斌：《城市住房价值结构化：人口迁移的一种筛选机制》，《中国人口科学》2008 年第 4 期。

出农村低效利用的劳动力和土地等生产要素，能够改善农村贫困状况，促进农业生产专业化集约化，推动乡村发展。

2.研究的理论背景

改革开放以来，农民工由农村涌入城市是我国城镇化发展过程中现象之一。与农民工有关的学术研究可谓数量繁多，涵盖了流动、就业、住房、社会保障、居住等一系列问题[①]。就住房研究来看，已有研究沿着现状分析到成因分析再到政策建议的思路进行。

（1）农民工住房问题现状分析

这部分研究是描述性研究，主要集中在两个方面。一是描绘农民工住房的质量和居住环境。早期研究大多基于单个城市的小样本问卷调查数据，近期研究则借助官方或大型研究机构的调查数据。研究主要采用人均居住面积、房屋配套设施、区位条件、产权、住房消费水平等指标刻画农民工居住的现实情况[②]。二是描绘农民工聚居区的空间分布，研究主要基于城市或省级层面的人口普查数据，分析农民工聚居区的空间特征、形成机制和治理对策，重点关注城市住房条件、就业机会、交通条件和城市规划等因素对农民工聚居区空间分布的影响[③]。

（2）农民工住房问题成因分析

这部分研究是解释性研究，主要围绕农民工住房问题的阶段差异、地区差异和个体差异来展开。农民工住房问题的阶段差异主要是在国

---

① 孙中伟、刘林平：《中国农民工问题与研究四十年：从"剩余劳动力"到"城市新移民"》，《学术月刊》2018 年第 11 期。

② 刘厚莲：《我国特大城市流动人口住房状况分析》，《人口学刊》2016 年第 38 期。

③ 周春山、杨高、王少剑：《深圳农民工聚集空间的演变特征及影响机制》，《地理科学进展》2016 年第 36 卷第 11 期。

家尺度上，从经济结构、社会结构和制度结构出发探究农民工住房问题的变化规律。例如：以历史的视角回顾我国农民工住房问题的演变规律[①]；以户籍为突破口考察户籍制度改革对农民工住房状况的影响[②]。农民工住房问题的地区差异主要是在城市尺度上，从经济增长、产业结构、住房市场、劳动力市场等角度解释农民工住房问题存在地区差异的原因。例如：董昕和周建华考察了东部、中部和西部地区的农民工家庭住房支付能力[③]；宋艳娇发现流动人口当地购房意愿与城市规模呈倒 U 形[④]；王先柱和王敏指出公积金对农民工住房消费的影响存在城市差异[⑤]；冯长春等发现城市等级影响了农民工的流入地住房质量和住房权属[⑥]。农民工住房问题的个体差异主要是以农民工个体/家庭为研究单位，从人力资本、社会网络、家庭生命周期、住房需求等角度，探

① 董昕：《中国农民工住房问题的历史与现状》，《财经问题研究》2013 年第 1 期。

② John R Logan, Yiping Fangand Zhanxin Zhang, "Access to housing in urban China", *International Journal of Urban and Regional Research*, Vol. 33, No.4, 2009；Li Tao, Eddie C W Hui, Francis K W Wong and Tingting Chen, "Housing choices of migrant workers in China: Beyond the Hukou perspective," *Habitat International*, Vol. 49, October 2015；Lili Wu andWei Zhang, "Rural migrants' homeownership in Chinese urban destinations: Do institutional arrangements still matter after Hukou reform?" *Cities*, Vol. 79, Septmeber 2018；Youqing Huang and William AV Clark, "Housing tenure choice in transitional urban China: A multilevel analysis", *Urban Studies*, Vol. 39, No. 1, 2002；Youqing Huang and Ran Tao, "Housing migrants in Chinese cities: Current status and policy design", *Environment and Planning C*, Vol.33, No.3, 2015.

③ 董昕，周卫华：《住房市场与农民工住房选择的区域差异》，《经济地理》2014 年第 34 卷第 12 期。

④ 宋艳娇：《城市外来流动人口购房意愿及其影响因素研究——以城市规模的异质性为视角》，《华东师范大学学报》（哲学社会科学版）2016 年第 6 期。

⑤ 王先柱，王敏：《住房公积金支持农民工购房的路径研究》，《湖南工业大学学报》（社会科学版）2017 年第 22 卷第 5 期。

⑥ 冯长春、李天娇、曹广忠、沈昊婧：《家庭式迁移的流动人口住房状况》，《地理研究》2017 年第 36 卷第 4 期。

寻农民工住房状况分化的微观原因①。

（3）农民工住房政策研究

这部分研究是规范性研究。研究大多主张将农民工纳入城镇住房保障体系。主要集中在四个方面。一是探讨农民工市民化住房成本的规模和分担机制②。二是分析农民工住房保障的具体手段及其实施效果，例如农民工住房公积金制度③、农民工保障性住房政策④、农民工公寓政策等⑤。三是探讨如何提高农民工的住房支付能力⑥，例如加强农民工人力资本积累、引导农民工正规就业等。四是结合城镇化、户籍制度改革、宅基地退出制度、国有土地人地挂钩等宏观政策探讨农民工住房保障问题⑦。

---

① 冯长春、李天娇、曹广忠、沈昊婧：《家庭式迁移的流动人口住房状况》，《地理研究》2017 年第 36 卷第 4 期；周春山，杨高，王少剑：《深圳农民工聚集空间的演变特征及影响机制》，《地理科学进展》2016 年第 36 卷第 11 期。

② 倪建伟、桑建忠：《完全成本视角下新生代农民工城市住房成本构成研究——一个理论分析框架》，《经济社会体制比较》2016 年第 11 期；赵振宇：《人的城镇化视域下农民工住房保障成本分担机制研究》，《学习与探索》2017 年第 3 期。

③ 刘一伟：《住房公积金与农民工定居城市的关联度》，《重庆社会科学》2017 年第 1 期；汪润泉、刘一伟：《住房公积金能留住进城流动人口吗？——基于户籍差异视角的比较分析》，《人口与经济》2017 年第 1 期。

④ 邹一南：《居住分割、住房保障政策与农民工永久性迁移》，《中国矿业大学学报》（社会科学版）2014 年第 4 期；董昕：《中国农民工的住房政策评价（1978-2012）》，《经济体制改革》2013 年第 2 期。

⑤ 吕萍：《农民工住房理论、实践与政策》，中国建筑工业出版社 2012 年版，第 161 页；董昕：《中国农民工的住房问题研究》，经济管理出版社 2013 年版，第 166 页。

⑥ 吕萍、徐鑫林：《农民工家庭城市住房购买力及其提升途径和潜力探究》，《城市发展研究》2017 年第 24 卷第 4 期；董昕：《住房支付能力与农业转移人口的持久性迁移意愿》，《中国人口科学》2015 年第 6 期；周建华、周倩：《高房价背景下农民工留城定居意愿及其政策回应》，《经济体制改革》2014 年第 1 期。

⑦ 董昕：《住房、土地对中国乡－城人口迁移的影响：研究回顾与展望》，《江淮论坛》2017 年第 6 期；娄文龙、周海欣、张娟：《"人地挂钩"视角下农民工宅基地流转与住房保障的衔接模式研究》，《农业经济》2018 年第 5 期；黄善林，卢新海，孙丹：《土地因素对农户劳动力乡城永久转移意愿的影响研究——基于安徽省、湖北省 602 户农户调查》，《中国地质大学学报》（社会科学版）2013 年第 13 卷第 2 期。

（4）已有研究不足

已有研究积累了大量富有启发性的研究成果，但也存在一些明显的不足。首先，目前尚未形成较为完整的理论体系来解释农民工住房现象，早期的解释性研究集中在社会结构和福利体系转型等宏观层面，近年来开始转向个人微观层面，但中观层面的城市定量研究和比较研究非常缺乏，难以支撑多层次理论框架的构建，整体解释力有较大提升空间。其次，农民工住房问题研究多以规范研究为主，缺乏比较实证研究，在理论研究与经验研究之间无法形成"验证与反馈"的良性循环。最后，由于缺乏理论指导和实证经验，政府在农民工住房保障政策上不得不依赖定性判断，难以做到精准地因城施策，在政策细节的制定和操作上难以保证实际利弊和作用效果。

3.研究的主要目标

农民工住房问题是当前我国亟待解决的社会问题，也是目前学术界非常关注但仍有不少探索空间的学术问题。本书将围绕这一问题而展开，具体研究目标有三。

一是，整合经济学、社会学、地理学、人口学和管理学等相关理论，构建一个包含宏观、中观和微观三个层面的研究框架，挖掘农民工住房问题形成的一般机理。本书采取的策略是以地区为研究单位，追踪农民工住房问题的变迁过程，重点考察农民工住房问题的城市差异和个体差异。在追踪和考察的过程中，筛选出影响农民工住房问题的关键变量并刻画变量之间的连接机制，从而描绘农民工住房问题形成的一般机理。

二是，以广西农民工为例，基于翔实的资料和数据，利用数理模型对研究框架下的相关假说进行细致检验。选择广西为研究对象的主要原因有二。首先，目前农民工住房研究多集中在东部发达城市，缺乏对西部欠发达城市的关注，无法开展地区层面的比较研究，难以支撑多层次理论框架的构建，也无法指导农民工住房保障的因城施策。其次，2017 年，国家统计局《农民工监测调查报告》就指出近年来西部地区已经超过东中部地区成为农民工增速最快的地区[①]。广西是西部地区的重要省份，关注广西地区有重要的实践意义。

三是，在理论和实证分析的基础上，结合已有农民工住房实践，为进一步改善我国农民工住房状况，实现农民工住有所居提供政策建议。

二、研究价值

1. 学术价值

现有相关研究已经非常丰富，但本书的贡献主要体现在以下三个方面。

首先，本书的研究能够丰富和完善农民工住房理论。农民工住房问题研究中，宏观层面和微观层面的研究数量非常多，但中观层面的研究相对较少。由于缺乏中观层面的理论和实证研究，宏微观层面的研究无法对接，限制了学界对农民工住房问题解释的能力。本书在区域宏观尺度的经济、制度改革背景下，以不同城市不同类型农民工为研究对象，构建连接宏观、中观、微观因素的理论分析框架，能够丰富和完善农民工住房理论。

其次，本书的研究能够拓展农民工住房问题的研究域。目前中观

---

① 国家统计局：《2017 年农民工监测调查报告》，国家统计局网：http://www.stats.gov.cn/tjsj/zxfb/201804/t20180427_1596389.html，2018 年 4 月。

层面的农民工住房问题研究仍在起步阶段。早期研究多是单个城市的案例研究，研究结论不具有普遍性。后期研究尝试借助政府部门、大学机构收集的大样本数据，开展多个城市的比较和量化研究。然而这些研究存在两大不足。一是，缺乏系统解释农民工住房问题城市差异的理论框架，导致无法判断哪些是结构性变量和关键性变量；二是，对"城市"变量的处理过于简单，大多将其定义为名义变量，如超大城市、特大城市、大城市等。本书以中观层面为突破口，从经济增长、产业结构、住房市场、公共服务能力四个方面阐释农民工住房状况存在城市差异的原因，提出了吸引力—吸纳力—压力—保障能力的分析框架，同时也改进了"城市"变量的测量方法，能够拓展农民工住房问题的研究域。

最后，本书的研究贡献了一个西部地区的案例。目前大量的实证研究主要关注发达地区或发达城市的农民工住房现象，对西部地区和欠发达城市的农民工住房状况和发展趋势关注不够。本书分析广西农民工住房问题，贡献一个新的案例，对于完善和丰富农民工相关理论具有重要的意义。

2. 应用价值

2018年，全国农民工高达28836万人，居住条件显著落后于同期城镇居民。如何逐步改善农民工居住条件，促进农民工市民化，实现"人的城镇化"是政府亟待解决的问题。本书对我国农民工住房问题展开研究，可以为解决农民工的住房问题提供政策依据与支持，具有重要的应用价值。具体而言，包括以下三个方面。

一是，为政府科学研判农民工住房问题的发展趋势提供技术支撑。

我国农民工住房问题表现出显著的阶段性差异，经历了从"没有问题"，到"存在问题"到"问题凸显"的过程。本书构建的分析框架能够帮助我们挖掘农民工住房问题阶段性差异背后的主导因素，理解农民工住房问题形成和演化的深层次原因，为政府科学研判其发展趋势提供了一套思考工具。

二是，为政府因城施策解决农民工住房问题提供经验借鉴。地区差异是当前农民工住房问题的显著特征，因城施策是解决农民工住房问题的可行思路。本书的实证研究在城市尺度上展开，深入挖掘农民工住房问题城市层面规律，能够为政府因应不同城市发展阶段制定有针对性的农民工住房保障政策提供理论依据。

三是，为政府制定差别化的农民工住房保障政策提供建议。个体差异是农民工住房问题的重要特征，分阶段有步骤地解决农民工住房问题是客观现实需要。本书从微观层面上分析农民工住房选择规律，抽象概括出农民工住房需求特征，为政府有序将各类符合条件的农民工纳入城镇住房保障体系，稳步推进新型城镇化，提供可操作性建议。

三、基本概念界定

1. 农民工

农民工是中国经济社会转型期的特殊概念。这一概念首先由张雨林教授于1984年提出[①]。目前，我国学术界对农民工的定义趋近于相似，

---

① 吕萍：《农民工住房理论、实践与政策》，中国建筑工业出版社2012年版，第11页。

但在具体的研究中，其界定方法还是有所不同。一类观点强调农民工的户籍身份及其非农工作；例如郑功成、黄黎若认为农民工是指户籍所在地为农村，却在城镇从事非农业劳动的人[1]；中国农民工问题研究总报告起草组提出："农民工的户籍身份是农民、有承包土地，但主要从事非农产业，他们的主要收入来源为工资。"[2] 另一类观点认为除了户籍身份和职业性质，劳动关系、收入水平、阶层地位也是农民工的显著特征。例如李培林指出农民工是从低收入的农业劳动者阶层向比其高的职业收入阶层流动的人群[3]；陆学艺认为农民工属于被雇佣者，不被雇佣的从事非农活动的农村人口不应视为农民工[4]。

近年来，在农民工研究中，学者们普遍关注新生代农民工。相关研究表明新生代农民工的迁移规律和住房需求不同于老一代农民工，具有独特性。新生代农民工一词最早可追溯到 2001 年王春光研究员提出的"新生代农村流动人口"的概念[5]。就政府文件来看，2010 年国务院发布的中央一号文件《关于加大统筹城乡发展力度　进一步夯实农业农村发展基础的若干意见（中发〔2010〕1 号）》，首次使用了这一概念[6]。目前，学术界对新生代农民工的范围也有不同理解，主要通过年

---

① 郑功成、黄黎若：《中国农民工问题与社会保护》，人民出版社 2007 年版，第 18 页。

② 中国农民工问题研究总报告起草组：《中国农民工问题研究总报告》，《改革》2006 年第 5 期。

③ 李培林：《农民工：中国进城农民工的经济社会分析》，社会科学文献出版社 2003 年版，第 10 页。

④ 陆学艺：《社会转型视野中的"民工荒"现象》，《求实》2005 年第 7 期。

⑤ 王春光：《新生代农村流动人口的社会认同与城乡融合的关系》，《社会学研究》，2001 年第 3 期。

⑥ 中共中央、国务院：《关于加大统筹城乡发展力度　进一步夯实农业农村发展基础的若干意见（中发〔2010〕1 号）》，中华人民共和国中央人民政府网站：http://www.gov.cn/gongbao/content/2010/content_1528900.htm，2009 年 12 月。

龄、代际特点作为划分标准。

综合以上信息，本书将农民工定义为户籍所在地为农村，从事非农产业的劳动者。研究对象具体包括：在乡镇范围内，离开土地和农业，在本地主要从事非农业工作的劳动者群体；在乡镇范围以外的其他地区，从事非农业工作的劳动者群体。新生代农民工则定义为 1980 年后出生的农民工。

本书认为农民工具有以下特点。第一，农民工身份具有特殊性。农民工是一个具有中国特色的概念。它建立在我国特有的户籍制度之上，是我国经济和社会体制改革的产物。西方社会中没有与我国农民工完全对应的概念。第二，农民工身份具有流动性。不同于城镇户籍居民和农村户籍居民，农民工流动于城乡之间，亦工亦农，亦城亦乡。第三，农民工身份可能兼具多种角色，包括农村剩余劳动力、农村转移劳动力、产业工人、劳工、乡 - 城流动人口、乡城移民、农业转移人口、城市外来人口、城市常住人口、城市新市民、城市新移民等。不同角色下，农民工与城市发展的关系并不相同。第四，农民工总体收入不高。农民工主要从事制造业、建筑业、传统的第三产业（如餐饮住宿、批发和零售、居民服务等）。2018 年我国农民工月均收入仅为3721 元①。农民工群体展示出不同于其他社会群体的独特性，也使其住房问题变得更加复杂。

2. 农民工住房

农民工住房这里特指农民工在务工城市的住房。农民工住房的提

---

① 国家统计局：《2018 年农民工监测调查报告》，国家统计局网站：http://www.stats.gov.cn/tjsj/zxfb/201904/t20190429_1662268.html，2019 年 4 月。

供者可以是政府、企业、开发商、城市及城乡接合部居民等。如表2所示，农民工住房的实体形态有：集体宿舍或工棚、农民工公寓、集体组织建造的农民工居住点、服务经营场所居住点、开发商投资建设的农民工住宅、农民工租赁住房、农民工自购的商品房、政府面向农民工提供的公共租赁房、亲友住房，等等。

表2　农民工住房的形态及其特点[①]

实体形态	属性
集体宿舍或工棚	有一定规模的建筑业、制造业、餐饮等行业的用工单位自建房屋或租用第三方的房屋，租金大多从雇员薪酬中扣除
农民工公寓	政府组织修建住房，租赁第三方房屋，改建已有公房。政府会补贴租金，申请需经过审核程序，有一定门槛
集体组织建造农民工居住点	村镇、街道等集体组织建筑零租于农民工或整租于用工单位
开发商投资建设农民工住宅	开发商投资建设或改建零租于农民工或整租于用工单位
农民工租赁的住所	自己租赁城市居民或郊区农民的住房或政府的公共租赁房，其中政府的公共租赁房申请需经过审核程序
农民工自身寻找的落脚点	投靠亲友；从事家政服务的，居住在雇主家
农民工购买商品房/经济适用房	直接在城市的住房市场上购买或向政府购买

3. 农民工住房问题

农民工住房问题是个经济问题，也是个复杂的社会问题和政治问题。当前学界对此的研究主要集中在以下三个方面。

一是，农民工住房困难和住房贫困问题。这表现为农民工住房质

---

① 吕萍：《农民工住房理论、实践与政策》，中国建筑工业出版社2012年版，第14页。

量差、人均居住面积小、房屋设施简陋、区位条件差；农民工群体住房产权拥有率较低、城市住房消费意愿和消费能力弱等方面。二是，农民工聚集区衍生出来的社会治理问题。这表现为大规模的农民工群体长期居住在城郊边缘、城中村、老旧小区、棚户区，形成了具有特殊社会标识、文化符号和社会网络的聚居区，由此产生的城市治理难题。三是，农民工居住不平等问题。这表现为农民工在住房产权、住房类型、住房质量、住房面积及保障性住房获得等方面，区别于甚至是落后于城镇本地农业户籍家庭和非农户籍家庭，由此导致的居住隔离和社会排斥问题。

本书研究主要集中在第一个方面，即关注农民工住房困难的情况。简单来说，农民工住房问题是指"农民工个体或家庭虽有在城市的居住需要和住房所有权愿望，但依靠自身力量难以实现这一需要和愿望，产生的理想和现实矛盾"[1]。对农民工个体而言，招致他们住房困难的具体原因千差万别。劳动报酬、工作种类、家庭状况、住房支付能力、住房消费意愿等都可能是原因。但这些个体性原因却未必能完全解释农民工群体存在住房困难的普遍现象。因此，本书还将关注制度性原因和结构性原因。

4.农民工住房政策

广义的住房政策可分为经济政策和社会政策。前者主要考察各种政策工具，特别是宏观经济政策工具，对房地产市场及房地产业的影响，后者主要研究如何利用再分配手段保障相对弱势群体的住房权利。

---

[1]　吕萍：《农民工住房理论、实践与政策》，中国建筑工业出版社2012年版，第3页。

住房保障政策是住房社会政策的主要组成部分。它是政府秉持社会公平为目标，采取的一种收入再分配政策手段，主要以财政补贴的方式，既包括供给补贴，也包括需求方补贴[①]。

在本书中，农民工住房政策是保障农民工城市住房权利的社会政策，主要是指以农民工为政策对象的住房保障政策，但也包括户籍制度改革、土地制度改革中与农民工居住相关的内容。

四、主要研究内容

1.农民工住房问题理论分析框架

农民工住房问题理论分析主要是通过整理相关理论和已有文献，在归纳演绎和逻辑推理的基础上，阐释农民工住房问题的形成机理。

如绪论第三部分所述，农民工身份具有特殊性、流动性和多种角色特征。相较于其他群体，农民工群体的住房问题更加复杂。事实上，关于农民工住房问题的研究非常多，人口学、经济学、社会学、地理学、管理学和政治学等多个学科都尝试分析和解释农民工住房现象。

本书的理论分析部分将整合这些相关理论，构建一个研究框架，对农民工住房问题的形成机理进行系统分析。宏观层面，以历史的视角，考察农民工住房问题的阶段性特征及其变化规律，考察经济和社会体制改革中制度变量对农民工住房问题的形塑。中观层面，构建城市发展、农民工流动、住房市场、住房保障之间的关系模型，阐释农民工住房问题的地区差异。在微观层面，归纳农民工住房需求的共性

---

① 董昕：《中国农民工的住房问题研究》，经济管理出版社 2013 年版，第 13 页。

和差异性，以住房经济学中的住房选择理论，探索农民工住房行为决策的影响因素及其作用机制，探讨不同类型农民工住房选择差异的深层次原因，重点探究流动状态对农民工住房状况的影响。

2. 农民工住房问题实证分析

农民工住房问题实证分析主要基于资料和数据，利用统计学方法和计量经济学方法验证理论框架下的相关假说。本书采取的策略是以地区为研究单位，追踪农民工住房问题的变迁过程，重点考察农民工住房问题的城市差异和个体差异。在追踪和考察的过程中，筛选出影响农民工住房问题的关键变量、刻画变量之间的连接机制，验证有关农民工住房问题形成机理的假说。

如绪论第一部分所述，本书将选择广西为研究范围。在宏观层面，借助经济数据和逻辑推演分析广西经济社会发展、城镇住房市场发展和农民工群体发展对农民工住房状况的影响，刻画广西农民工住房问题的阶段性特征。在中观层面，运用统计学方法分析广西 14 个地级市农民工住房状况在居住行为、住房消费水平、住房消费计划、住房保障服务等方面的差异，并以城市为单位划分农民工住房问题的压力等级。在微观层面，运用计量经济学模型分析人口属性因素、社会保障因素、流动特征、市民化意愿、城市特征对农民工住房居住社区选择、租买选择和住房消费量选择的影响。

3. 农民工住房政策实践分析

这部分研究主要集中在两个方面。

第一，详尽分析国家层面农民工住房政策实践并进行评价。具体内容包括：首先，系统整理国家层面的农民工住房政策；其次，提炼政策演进的阶段性特征，指出未来政策演进的方向；再次，从政策方案、政策过程和政策结果对已有国家层面的农民工住房政策进行评估。

第二，详尽分析地方层面农民工住房政策实践并进行总结。具体内容有：首先，归纳提炼出改善农民工居住条件的六种做法并比较这些做法的优劣，包括面向农民工的租赁住房、保障性住房实物补贴、住房保障货币补贴、住房金融支持、规范租赁管理、准市民化方法；其次，深入分析不同规模城市在改善农民工居住条件上的探索和实践，包括超大城市（上海、深圳）、特大城市（杭州、重庆）、大城市（长沙、南宁）；再次，归纳总结地方政府在"因城施策"解决农民工住房问题上的经验。

4.农民工住房政策优化研究

这部分研究拟解决以下六个问题。

一是，分析农民工住房问题面临的环境约束，讨论与农民工住房政策体系构建相关的外部政策环境。

二是，提出农民工住房政策目标，包括最终目标、长期目标和短期目标。

三是，给出农民工住房政策体系构建的原则，包括责任主体原则、适度原则、梯度原则、差异性原则、多样性原则。

四是，讨论农民工住房保障的因城施策问题，包括重度压力型城市、中度压力型城市、轻度压力型城市适宜采用的政策策略。

五是，探讨农民工住房保障的时序问题，重点分析不同类型农民工被纳入城镇住房保障体系的时间和方式。

六是，讨论农民工住房保障的配套政策。主要从户籍制度、城镇土地供应政策和财税优惠政策等方面展开。

五、研究方案

1. 研究策略

本书提出以地区为研究单位，构建一个包含宏观、中观和微观层面的研究框架，用以分析农民工住房问题的形成机理。在宏观层面，地区农民工住房问题的变迁过程是辖区经济发展、产业结构、住房市场状况和公共服务能力四个方面变化驱动的结果。这一过程还受到户籍和福利制度转型的调节。在中观层面，吸引力—吸纳力—压力和保障能力的分析框架能够解释同一时期不同城市农民工住房问题的差异。在微观层面，农民工住房状况的个体差异主要来源其就业状况、流动模式和市民化意愿。

本书将利用这个研究框架分析广西农民工的住房现象，同时对该研究框架下的相关假设加以验证。选择广西作为研究范围的主要原因是：目前农民工住房研究多集中在东部发达城市，缺乏对西部欠发达城市的分析。而国家统计局《2017年农民工监测调查报告》指出，近年来西部地区已经超过东中部地区成为农民工增速最快的地区；具体来看，统计数据显示，2017年我国农民工总规模为28652万人；2016–2017年西部地区农民工规模由7563万人增加到7814万人，增速明显快于东部地区和中部地区，增量占新增农民工的52.2%[1]。广西壮族自治区是西部地区的重要省份之一。"十二五"以来，广西农民工数量

---

① 国家统计局：《2017年农民工监测调查报告》，国家统计局网站：http://www.stats.gov.cn/tjsj/zxfb/201804/t20180427_1596389.html，2018年4月。

一直保持着稳步增长的态势。截至 2017 年底，全区农民工总量为 1276 万人，占西部地区农民工总人数的 16.3%[①]。关注广西地区有重要的实践意义和理论意义，能够为相关研究贡献一个新的案例，支撑城市层面的比较研究，丰富相关理论。

2. 数据来源

为了全面了解农民工的住房状况变迁，我们需要获得农民工的大样本调查数据。由于农民工具有流动性，由个人直接收集一手数据的成本较高，因此我们转而使用二手数据。我们采用了国家人口和计划生育委员会流动人口服务中心提供的 2010 年、2014 年、2016 年流动人口监测数据，通过数据整理提取出乡—城流动人口，作为本书实证研究的样本。

此外，我们还使用了其他二手数据。一是，公开出版物或政府公开发布的统计数据，主要是各类统计年鉴，包括历年的《中国统计年鉴》《中国城市统计年鉴》《广西统计年鉴》《南宁统计年鉴》等。二是，国家、地方出台的与农民工住房相关的政策文件。三是，大量网络文献，收集了国内外在解决农民工住房问题上的主要做法和相关政策文件。这些数据构成了实证研究的重要基础。

同时，我们也对二手数据的局限性保持警惕。例如政府出台了政策文件，但可能未得到完全执行的情况也存在；文献给出的案例也可能失去时效。因此，我们通过实地走访和访谈来获取一手数据，即询问政府保障房建设和管理的工作人员，了解当地农民工住房保障实践。

---

① 广西壮族自治区人民政府：《2017 年广西壮族自治区国民经济和社会发展统计公报》，广西壮族自治区人民政府网站：http://www.gxzf.gov.cn/gxsj/sjyw/20180426-691677.shtml，2018 年 4 月。

六、研究方法

1. 文献资料总结法

由于研究内容涉及多个学科，因此我们将对国内外研究成果的学习和总结作为一个基本方法。通过分析国外研究成果，归纳农民工住房保障的国际经验与启示；通过分析国家层面和地方层面的农民工住房保障政策实践，为解决农民工住房问题积累参考经验。

2. 定性分析与定量分析结合的方法

我们还在定性分析基础上提出农民工住房状况形成机理的理论框架和相关理论假说，再结合统计学方法、经济计量等定量方法对假说进行验证。我们运用的定量分析方法包括，描述性统计、相关性分析、方差分析、聚类分析、一元线性回归、二元逻辑回归、多元线性回归等。利用的统计和计量软件包括 SPSS22 和 STATA15。

3. 案例分析方法

我们采用了案例分析的研究范式。选取上海、深圳、杭州、重庆、长沙、南宁六个城市，通过比较典型城市农民工住房保障做法，找出解决农民工住房问题的具体思路。

第一章　农民工流动与住房问题研究综述

　　农民工住房问题是一个多层次、多诱因的社会现象，很难用单一理论进行解释。但本书认为农民工住房问题是农民工流动过程中的伴生现象。一旦农民工终结其流动，无论是落户城镇还是返回农村，其住房问题都可以在现有的城镇住房保障制度或农村住房保障制度框架下被渐进解决。因此，"农民工的流动性"是理解农民工住房问题的一个重要起点。从该起点出发，本章将梳理以下五个方面的研究成果，包括地区发展与农民工流动、农民工流动与住房供应、农民工住房状况、农民工住房选择（尤其是租买选择）、农民工住房政策。在此过程中，本章将整合多个学科的相关研究，为后续研究打下坚实的理论基础。

第一节　地区发展与农民工流动

一、经济增长与农民工流动

　　经济增长通常是指一个国家或地区在一个较长的时间跨度上人均产出（或人均收入）水平的持续提升。国家或地区经济增长通常有两个途径，一是内部生产要素的优化组合，二是外部生产要素的输入推动内部要素组合的升级。劳动力是经济发展的重要生产要素。将农民工视为劳动力，本节通过梳理经济增长与劳动力流动关系的文献来讨论经济增长与农民工流动的关系。

一方面，劳动力流动对经济增长有正向作用。经典的刘易斯的"二元经济结构模型""拉尼斯－费模型""托达罗模型""两国内生增长模型"都认为劳动力自由流动能够促进经济增长。在柯布－道格拉斯经典生产函数中劳动力具有核心地位。学者认为，在其他生产要素不变的情况下，劳动力对经济增长的作用主要有二：一是劳动力数量的增加能够提升经济，二是劳动力在不同部门之间的流动使各部门劳动生产效率趋同，助推经济发展。就国内研究来看，早期研究主要在国家尺度上探讨劳动力流动对中国整体经济增长的贡献。如世界银行分析了 1978–1995 年劳动力在中国整体经济增长中的作用[1]；蔡昉等探讨了劳动力、人力资本和就业转变对 1982–1997 年中国经济增长的贡献[2]。后续研究偏向于劳动力流入对发达地区经济增长的贡献，例如王桂新和黄颖钰论证了 1995—2000 年省际人口迁移与东部地带经济发展的关系[3]；彭连清探索了 2000—2005 年劳动力流入对东部非农经济增长的影响[4]。最新研究重点探讨了劳动力流入对城市经济增长的作用，例如李

---

[1]　世界银行：《2020 年的中国：新世纪的发展调整》，中国财政经济出版社 1997 年版，第 20 页。

[2]　蔡昉、王德文：《中国经济增长可持续性与劳动贡献》，《经济研究》1999 年第 10 期。

[3]　王桂新、黄颖钰：《中国省际人口迁移与东部地带的经济发展：1995–2000》，《人口研究》2005 年第 19 卷第 1 期。

[4]　彭连清：《区际劳动力流动对东部地区经济增长贡献的实证分析》，《宏观经济研究》2008 年第 12 期。

国锋测算了劳动力流动对北京市经济增长的效应[1]；宋国宇和符建华分析了劳动力流动对哈尔滨市经济增长的作用[2]；易莹莹和凌迎兵讨论了劳动力流动对重庆市经济增长的影响[3]。梁文泉和陆铭论证了高技能流动者和低技能流动者对城市整体劳动生产率的不同贡献[4]。

另一方面，经济增长将诱使更多的劳动力涌入。区域经济增长突出表现为区域就业总量的增加。区域就业总量增加将提升区域对劳动力的需求，并进一步抬高区域工资水平。经验表明，外来劳动力会被潜在的就业前景和上涨的收入吸引进入经济增长的区域。正如英国学者欧内斯特·乔治·莱温斯坦（Ernest George Ravenstein）"人口迁移法则"指出的，经济因素是人们迁移的主要驱动力，目的是改善自己的生活[5]。国内的研究也一致表明更好的就业机会和高于农村收入的预期是农村转移劳动力源源不断进入城市谋生的核心驱动力。就实证研究来看，大部分劳动力进入了我国经济较发达的地区。李扬等分析了1985—2010年中国省际人口迁移时空格局，发现中国省际人口迁移有着显著的空间差异，欠发达的中西部人口大量迁入东部发展迅速的珠江三角洲、长江三角洲和京

---

① 李国锋：《劳动力流动对经济增长的贡献：基于北京市的测算》，《首都经济贸易大学学报》2009年第3期。

② 宋国宇、符建华：《劳动力流动对城市经济增长贡献的实证研究——以哈尔滨为例》，《技术经济》2011年第2期。

③ 易莹莹、凌迎兵：《劳动力流动对西部地区经济增长效应的影响——以重庆市为例》，《经济问题探索》2015年第8期。

④ 梁文泉、陆铭：《城市人力资本的分化：探索不同技能劳动者的互补和空间集聚》，《经济社会体制比较》2015年第3期。

⑤ Ernest George Ravenstein, "The laws of migration", *Journal of the Statistical Society of London*, Vol.48, No.2, 1885; Ernest George Ravenstein, "The laws of Migration", *Journal of the Royal Statistical Soceity*, Vol.52, No.2, 1889.

津冀都市圈内[①]。国家统计局《2017 年农民工监测调查报告》就指出东部地区、中部地区、西部地区、东北地区的农民工人数分别占农民工总量的 55.8%、20.6%、20.1% 和 3.2%[②]。陈朔和冯素杰发现许多国家和地区的农村劳动力转移速度与名义 GDP 的增长率存在显著正向关系[③]；徐张颖基于固定效应模型对 2008-2013 年中国 31 个省份数据进行分析，结果表明经济增长对劳动力流动有显著促进作用，每当经济增长一个百分点，可以促进劳动力流动水平增加 0.422 个百分点[④]。

二、产业结构调整与农民工流动

经济发展的前提条件是劳动生产率不断提高。这要求现有产业技术不断提升，新的更高附加价值的产业不断产生[⑤]。因此，经济发展常常伴随着产业结构的升级。产业结构升级是产业结构调整的一种表现形式，而产业结构调整又分为自发和人为两种方式。自发的产业结构调整通常是经济增长过程中，需求结构发生新的变化，引致供给结构随之改变；又或者生产技术的进步，使得不同产业的劳动生产率差异扩大，诱发产业结构变迁。人为的产业结构调整通常是指政府通过实施产业激励／补贴政策改变产业结构。成功地通过调整产业结构来刺

[①] 李扬、刘慧、汤青：《1985-2010 年中国省际人口迁移时空格局特征》，《地理研究》2015 年第 6 期。

[②] 国家统计局：《2017 年农民工监测调查报告》，国家统计局网站：http://www.stats.gov.cn/tjsj/zxfb/201804/t20180427_1596389.html，2017 年 4 月。

[③] 陈朔、冯素杰：《经济增长速度与农村劳动力转移》，《南开经济研究》2005 年第 5 期。

[④] 徐张颖：《经济增长对劳动力流动的影响机理及宏观政策研究——基于我国 31 省面板数据研究》，《特区经济》2016 年第 5 期。

[⑤] 林毅夫：《人口城镇化的过程也是产业升级的过程》，《智慧中国》2016 年第 8 期。

激经济增长需要政府精确地发现经济体中具有比较优势的产业和技术。这有赖于有效的市场和有为的政府①。因此，产业结构调整并不一定意味着产业升级甚至经济发展。我们还需额外探讨产业结构调整与农民工流动的关系。本节通过整理产业和就业关系的相关研究来论述产业结构调整与农民工流动的关系。

产业和就业天然存在着紧密的关系，代表着劳动力的需求端和供给端。首先，给定国家或地区的产业结构特征，那么可以通过一定的数理方法大致描绘出该国家或地区的就业结构②。其次，产业结构调整将引发就业需求变化。主要原因有三：一是产业结构调整通常伴随产业的更迭与扩张，这将直接影响不同产业对劳动力数量的需求③；二是技术进步导致的产业结构调整意味着不同产业的相对劳动生产率发生变化，劳动生产率高的产业可以提供更高的工资，推动劳动力要素在产业之间发生流动④。三是产业结构调整还意味着对不同人力资本质素的劳动力需求发生了变化，这将激励劳动者转变观念和投资人力资本，从而诱发就业结构变化⑤。

如果将农民工视为劳动力，我们可以观察到农民工流动是随着国家和地区产业结构调整而进行的。20 世纪 80 年代，乡镇企业异军突起，

---

① 林毅夫：《人口城镇化的过程也是产业升级的过程》，《智慧中国》2016 年第 8 期。

② 周荣蓉：《产业结构与就业结构互动关系的实证分析》，《统计与决策》2016 年第 10 期。

③ 赵利、卢洁：《产业结构调整影响劳动力就业的理论演变及作用机理分析》，《理论学刊》2016 年第 3 期。

④ 高东方：《产业结构和就业结构互动演变研究——经典理论的回顾》，《首都经济贸易大学学报》2014 年第 3 期。

⑤ 张抗私、周晓蒙：《就业结构缘何滞后于产业转型：人力资本视角的微观解释》，《当代经济科学》2014 年第 36 卷第 4 期。

吸引了大量农村转移劳动力；20世纪90年代，东部地区通过承接世界发达国家的转移产业实现了产业集聚，成长为世界工厂，吸纳了大批农村转移劳动力。2004年至今，东部沿海地区低附加值劳动密集型产业及外向产业向中西部地区转移，一些农村转移劳动力回流，另一些农村转移劳动力则进入了服务行业。就城市层面来看，周春山等发现深圳农民工主要集中在工业集中区和城市中心区，与深圳传统制造业布局基本一致[1]；郜鹏峰发现浦东外来人口的空间布局与产业区集聚现状和外移趋势相一致；外来人口主要从事制造业和第三产业且第三产业人员比例逐步增加；产业结构转型使得外来人口难以适应，产生外来人口结构性失业[2]。对城市层面的研究结果，可参考牟宇峰的述评[3]。就微观层面来看，王春超和吴佩勋发现产业结构调整通过政府政策宣传和企业经营环境改变而被农民工所感知，从而调整其就业流动方向[4]。

综上可述，产业结构调整将引发就业结构调整进而影响农民工流动。但另一方面，农民工流动也将反作用于产业结构调整的进程。产业结构调整意味着对不同质量和数量劳动力的需求发生了改变。这要求劳动者清楚和快速地认识产业结构变化，并积极地改变自己的人力资本状况。但现实中劳动者观念的转变、技能的提升、工作生活地点变

① 周春山、杨高、王少剑：《深圳农民工聚集空间的演变特征及影响机制》，《地理科学进展》2016年第36卷第11期。
② 郜鹏峰：《产业转型升级对外来人口调控作用研究：以上海浦东为例》，《现代管理科学》2014年第9期。
③ 牟宇峰：《产业转型背景下就业人口与产业发展关系研究综述》，《人口与经济》2016年第3期。
④ 王春超、吴佩勋：《产业结构调整背景下农民工流动就业决策行为的双重决定——珠江三角洲地区农民工流动就业调查研究》，《经济社会体制比较》2011年第5期。

动并不是件容易的事情。这意味着劳动力的供给和需求不能完全匹配，表现为就业结构滞后于产业转型、就业结构与产业结构不协调、"民工荒"和"民工潮"并存等方面。因此，劳动力的不充分供给将拖慢产业结构调整的进程，阻碍产业结构优化。

三、制度变迁与农民工流动

20 世纪以来，西方学界的人口迁移研究非常活跃，学者们从诸多学科出发探究了人口迁移的规律，提出了许多重要理论。例如，探讨迁移是如何产生的推拉理论、二元经济结构理论、预期收入理论、新家庭迁移理论、二元劳动力市场分割理论、世界体系理论、生命周期理论等；考察迁移是如何持续的社会网络理论、累积因果理论和迁移系统理论等。这些理论从个人、家庭、国家和国际四个层面揭示了人口迁移的个体动机和结构性因素，构建了理解人口迁移现象的理论出发点[①]。国内农民工流动规律研究通常是在国外迁移理论的基础上，解释农民工城乡流动何以发生。

然而，国外迁移理论的背景是工业化时期，它们虽解释了劳动力跨国迁移的发生和持续原因，但没有考虑不同国家或地区的具体制度特征对劳动力迁移的影响[②]。大多数国外迁移理论的前提是劳动力自由流动的市场经济，而我国当前制度下劳动力流动并不充分，存在着"再

---

① 刘林平、蒋和超、李潇晓、赵丽芬：《重新检验推拉理论：来自夜间灯光数据的证据》，《华东理工大学学报》(社会科学版) 2016 年第 1 期。

② 蔡昉：《劳动力迁移的两个过程及其制度障碍》，《社会学研究》2001 年第 4 期。李强：《影响中国城市流动人口的推力与拉力因素分析》，《中国社会科学》2003 年第 1 期。朱宇：《国外对非永久性迁移的研究及其对我国流动人口问题的启示》，《人口研究》2004 年第 28 卷第 3 期。蔡禾、王进：《"农民工"永久迁移意愿研究》，《社会学研究》2007 年第 6 期。

分配机制下体制内外的分割""市场机制下人力资本高低的分割"和
"户籍制度下城乡身份的分割"，这些分割构成了流动的藩篱，使得
农民工流动呈现阶段性特点①。第一阶段，农民从农村流入城市，获
得了非农职业，成为农民工；第二阶段，农民工在同一城市不同工
作组织之间变换工作或在不同城市工作，处于城乡循环流动或流而
不迁的状态；第三阶段，农民工获得稳定工作，定居甚至落户城市。
由于劳动力流动的不充分，国外迁移理论常常无法完全解释和预测
我国农民工的迁移特点。因而，国内学者重点关注制度因素对农民
工流动的影响。

影响农民工流动的制度因素非常多，但学界重点关注以下几种制
度安排。

一是户籍制度。改革开放以来，我国农民工流动管理经历了"从
严控到松动、从紧缩阻遏到规范流动，从城乡统筹走向共享发展的公
平流动过程。"②在农民工流动管理中，户籍制度扮演了非常重要的工具
作用③。围绕户籍制度对农民工流动的影响，学界开展了大量的经验研
究，这里不再一一赘述。目前一个普遍共识是：早期户籍制度在农民
工流动中扮演着绝对的阻碍作用；后期随着户籍制度不断改革，它在

---

① 张春泥：《农民工为何频繁变换工作：户籍制度下农民工的工作流动研究》，《社会》2011
年第31卷第6期。

② 王小章、冯婷：《从身份壁垒到市场性门槛：农民工政策40年》，《浙江社会科学》2018
年第1期。

③ 蔡昉：《劳动力迁移的两个过程及其制度障碍》，《社会学研究》2001年第4期。朱宇：《户
籍制度改革与流动人口在流入地的居留意愿及其制约机制》，《南方人口》2004年第19卷第3期。

农民工流动中的负向作用正逐渐减弱[①]。当前，除超大城市外，其他城市中户籍制度对农民工流动的影响已经比较微弱。

二是城镇社会保障制度。城镇社会保障制度用于保障城镇居民基本生存和生活需要，包括社会保险、社会福利、社会救助、住房保障等。围绕社会保障制度对农民工流动的影响，学界也进行了许多经验研究，这里也不再细数。目前学界一个共识是：早期城镇社会保障制度通过户籍身份来界定保障对象，将农民工排除在保障范围之外，对农民工流动产生了消极影响；随着改革逐渐剥离城镇户籍背后的社会保障福利，城镇社会保障也逐渐对农民工开放，并对其流动产生了积极的影响[②]。

三是就业政策。相关研究考察了就业培训、劳动合同、就业歧视、工资差异、劳动权益、维权安排等不同政策对农民工就业状况的影响。考虑到就业状况是影响农民工流动的主要因素，上述研究也能为就业政策与农民工流动两者之间的关系提供间接证据[③]。

四是随迁子女教育政策。新家庭迁移理论认为家庭成员的迁移决

[①]　Li Tao, Eddie C W Hui, Francis K W Wong and TingtingChen, "Housing choices of migrant workers in China: Beyond the Hukou perspective", *Habitat International*, Vol. 49, October 2015. Lili Wu and Wei Zhang, "Rural migrants' homeownership in Chinese urban destinations: Do institutional arrangements still matter after Hukou reform?" *Cities*, Vol. 79, September 2018.

[②]　Weiping Wu and Guixin Wang, "Together but unequal: Citizenship rights for migrants and locals in urban China", *Urban Affairs Review*, Vol.50,No.6, 2014.

[③]　张春泥：《农民工为何频繁变换工作：户籍制度下农民工的工作流动研究》，《社会》2011年第31卷第6期。章洵、陈宁、石人炳：《就业质量对农民工城市落户意愿影响及其代际差异》，《湖南农业大学学报》（社会科学版）2018年第19卷第1期。魏万青：《从职业发展到家庭完整性：基于稳定城市化分析视角的农民工入户意愿研究》，《社会学研究》2015年第35卷第5期。卓玛草、孔祥利：《农民工留城意愿再研究——基于代际差异和职业流动的比较分析》，《人口学刊》2018年第38卷第3期。

策是家庭成员共同做出的。当前越来越多的研究表明子女的教育状况
会影响农民工初次流动、再流动以及回迁决策①。

五是农村土地和住房制度。随着土地资源稀缺性的日益加剧，农
村土地和农村住房的财产属性也逐渐显化。加之政府出台的一系列赋
予农民土地和住房用益物权的政策，农民越来越重视手中持有的土地
和房屋。已有研究表明，农村土地流转面积、宅基地退出补偿安排等
因素都影响了农民工流动②。

四、城市规模与农民工流动

城市规模通常用来描述城市大小。然而，实务界和学界对城市规
模的定义并不统一。常见度量城市规模的指标有城市土地规模、城市
人口规模（常住人口/户籍人口）、城市就业规模、城市经济规模、城
市行政等级、城市功能规模等③。

如果将城市规模简化为城市人口规模，将农民工视为流动人口
的主要组成部分，那么城市规模与农民工流动有着密切的关系。一
方面，农民工的流入和流出直接造成城市人口规模的扩大和缩小。

---

① 魏东霞、谌新民：《落户门槛、技能偏向与儿童留守——基于 2014 年全国流动人口监测
数据的实证研究》，《经济学（季刊）》2018 年第 17 卷第 2 期。毛丰付、卢晓燕、白云浩：《农民
工城市定居意愿研究述评》，《西北农林科技大学学报》（社会科学版）2017 年第 17 卷第 5 期。

② 董昕：《住房、土地对中国乡－城人口迁移的影响：研究回顾与展望》，《江淮论坛》2017
年第 6 期。Xiaoning Zhang, Mei Qu and Zhendong Jin, "Exploring the determinants of migrant workers'
willingness to buy houses in cities: A case study in Xi'an China", *Sustainability*, Vol.10, No.62, 2018. 王
丽丽、梁丹妮、卢小君：《农业转移人口土地置换城镇户籍意愿的影响因素研究》，《农村经济》
2016 年第 10 期。王瑞民、陶然：《城市户口还是土地保障：流动人口户籍改革意愿研究》，《人口
与发展》2016 年第 22 卷第 4 期。

③ Paolo Veneri, "City size distribution across the OECD: Does the definition of cities matter?"
Computers, Environment and Urban Systems, Vol. 59, 2016.

1978-2017 年，我国城市数量由 193 个增加到 657 个；2000-2010 年，流动人口规模超过 100 万的城市由 12 个增加到 41 个。许多超大城市、特大城市、大城市人口规模的增长也主要来源于农业转移人口。人口流动还是不同规模城市分布的内在机制。梁琦等的研究表明我国城市层级结构不满足位序 – 规模法则，劳动力流动受到户籍制度阻碍，使城市规模偏离了帕累托最优[①]。余吉祥等发现基于常住人口和户籍人口计算的齐夫指数并不一致，人口自由流动有助于提高城市规模分布集中度[②]。

　　另一方面，城市人口规模也影响农民工流动。首先，农民工流动决策受到"收入"和"成本"两种效应的影响。收入效应是指农民工个体进入城市后可能获得的好处，包括收入增加、人力资本增长、技能提升、更多的就业机会、良好的公共服务等；成本效应是指农民工进入城市后可能面临的困境，包括高房价或高房租、交通拥堵、高物价、环境污染等[③]。虽然农民工对收入效应和成本效应的主观评估结果不一，但该主观判断客观受到城市人口规模的影响。这是因为城市人口规模越大，获得高"收入"的可能性越大，面临高"成本"的风险也越大。事实上，这一论断也得到了实证研究的支持。爱德华·L·格雷瑟（Edward Glaeser）和马特·赖格斯（Mattew Resseger）的实证结果

---

　　① 梁琦、陈强远、王如玉：《户籍改革、劳动力流动与城市层级体系优化》，《中国社会科学》2013 年第 12 期。

　　② 余吉祥、周光霞、闫富雄：《劳动力流动与城市规模分布——以珠三角城市群为例的研究》，《西北人口》2013 年第 5 期。

　　③ 巴曙松、杨现领：《城镇化大转型的金融视角》，厦门大学出版社 2013 年版，第 95 页。

显示城市规模的扩大提高了劳动生产率①。欧振中（Chunchung Au）和亨德森·J. 弗龙（Henderson J. Vernon）的研究指出城市规模和人均实际收入存在倒 U 型关系②。陆铭等的研究表明城市发展的规模经济与劳动力个人的就业概率存在正相关关系③。侯慧丽的研究表明城市规模等级通常与其公共服务质量和数量相匹配，城市规模越大流动人口获得市民资格公共服务的可能性越小④。

第二节　农民工流动与住房供应

一、农民工流动对住房市场的影响

农民工是迁移人口的主要组成部分，本节将通过梳理人口迁移与住房市场的相关文献来揭示农民工流动对住房市场的影响。

国外学界对人口迁移与住房市场展开了许多研究，学者们主要关注人口迁移对房价的影响。就理论研究来看，有的学者认为地区人口迁入将增加地区住房需求总量，在住房供给缺乏弹性的情况下，地区房价将上涨⑤。有的学者指出地区人口迁入意味着地区劳动力增加，有可能降低地区工资收入，导致地区人口实际购买力不足，最终导致房

---

① Edward L. Glaeser and Matthew February G Resseger, "The complementarity between cities and skills", *Journal of Regional Science*, Vol.50, No. 1, 2010.

② Chunchung Au and Vernon J Henderson, "Are Chinese cities too small?" *Review of Economic Studies*, Vol.73, No.3, 2006.

③ 陆铭、高虹、佐藤宏：《城市规模与包容性就业》，《中国社会科学》2012 年第 10 期。

④ 侯慧丽：《城市公共服务的供给差异及其对人口流动的影响》，《中国人口科学》2016 年第 1 期。

⑤ Albert Saiz, "Immigration and housing rents in American cities", *Journal of urban Economics*, Vol.61, No.2, 2007.

价下降[1]。有的学者提出地区人口迁入可能引发本地人口外迁，迁出人口可能抵消迁入人口对住房需求量的影响[2]。有的学者发现迁入人口大多租房，人口迁移主要是对住房租赁价格施加影响。还有的学者认为理论上人口迁移与住房价格存在互动关系，即地区人口的增加，导致地区价格上涨，而当住房价格过度上涨，可反向抑制人口的持续迁入[3]。就经验研究来看，大部分学者发现许多国家和地区人口迁移对房价具有长期正向影响，对房租有短期正向冲击[4]。但也有小部分学者发现一些城市外来移民对房价施加了负向作用[5]。

国内学界也对人口迁移与住房市场关系进行了分析。一是，关注人口迁移与房价的关系，主要观点是地区人口迁入将提高地区住房需求，在我国住房供给缺乏弹性的情况下，房价将上涨。一些经验研究发现外来人口占比高的城市住房价格更高；外来人口迁入速度更快的城市，房价增长率也更快；人口流动导致房价波动具有空间异质性；

---

① Joseph GAltonji and David Card, "The effects of immigration on the labor market outcomes of less-skilled natives", NBER Working Paper, 1989(https://ssrn.com/abstract=227287).

② Matthew Larkin, Zohid Askarov, Chris Doucouliagos, Chris Dubelaar, Maria Klona and Andrea Vocino，"Do houses prices sink or ride the wave of immigration", 2018（http://ftp.iza.org/dp11497.pdf）.

③ Albert Saiz, "Immigration and housing rents in American cities", *Journal of urban Economics*, Vol.61, No.2, 2007.

④ Kalantaryan Sona, "Housing market responses to immigration: Evidence from Italy", Working Paper, 2013 Oct., Ecopapers Website(https://cadmus.eui.eu/bitstream/handle/1814/28918/RSCAS_2013_83.pdf?sequence=1) Abeba Mussa, Uwaoma G Nwaogu and Susan. Pozo, "Immigration and housing: A spatial econometric analysis", *Journal of Housing Economics*, Vol.35, 2017. Alert Saiz, "Room in the Kitchen for the melting pot: Immigration and retail prices", *The Review of Economics and Statistics*, Vol.85, No.3, 2003.

⑤ Filipa Sá, "Immigration and house prices in the UK", *The Economic Journal*, Vol.125, No.587, September 2011.

人口流动和住房价格存在倒 U 型关系[①]。另一些研究指出迁移人口对房价的影响存在异质性，集中讨论了高技能和低技能迁移人口、"一代移民"和"二代移民、乡城流动者与城城流动者、跨省流动者与省内流动者等不同群体对房价的影响[②]。

二、住房市场对农民工流动的影响

住房市场对人口流动的影响是国内外学者普遍关注的话题。当前主要有四种观点。第一种观点最早可追溯到埃尔赫南·赫尔普曼（Elhanan Helpman），他在新经济地理标准模型中引入住房市场因素，通过理论分析得出高房价将降低劳动力的相对效用，阻碍劳动力集聚[③]。第二种观点认为因为高房价地区存在可预期的套利空间，因而对迁移人口仍有较大吸引力。考虑到劳动力的收入状况差异，高房价可能抑制低端劳动者的流动但对高端劳动者的影响较小。第三种观点认为高房价存在降低个人可支配收入和提高预期收入两种影响，房价和人口迁移的关系是非线性的，是两种影响共同作用的结果。第四种观点认为房价对人口迁移意愿的影响存在很大的异质性。高技能人才和低技能人才、大学生和农民工、高层次人才与普通外来务工者等不同

---

① 何鑫、田丽慧、楚尔鸣：《人口流动视角下中国房价波动的空间异质性》，《人口与经济》2017 年第 6 期。兰峰、吴迪：《人口流动与住房价格波动——基于我国 35 个大中城市的实证研究》，《华东经济管理》2018 年第 32 卷第 5 期。许烜：《农村劳动力转移对城市房价的影响及其空间效应分析》，《湖南科技大学学报》（社会科学版）2014 年第 17 卷第 2 期。

② 周怀康、彭秋萍、孙博、姜军辉：《谁在助推房价？——基于中国高层次流动人口的经验证据》，《中国经济问题》2019 年第 1 期。蒲火元、曹宗平、李超：《人口流动对中心城市房价的影响：以广州为例》，《南方人口》2018 年第 33 卷第 5 期。

③ Elhanan Helpman, "The size of regions", *Topics in public economics: Theoretical and applied analysis*, Cambridge University Press, 1998.

群体在房价上涨时进行的迁移决策并不相同。

就经验研究来看，数量较多，但研究结果并不总是一致。莎拉·蒙克（Sarah Monk）指出较高的居住成本是英国东南地区劳动力短缺的重要原因[1]。布拉克曼·史蒂夫（Brakman Steven）等在德国的实证研究得出了相同的结论[2]。戈登·H.哈森（Gordon H. Hason）等证实了住房价格过高会抑制劳动力集聚[3]。比吉塔·拉贝（Birgitta Rabe）和马克·泰勒（Mark Taylor）基于1992-2007年英国的研究数据发现相对较高的房价会阻碍劳动力跨区域流入[4]。高波等的研究表明城市房价上涨阻碍农村劳动力向城市转移[5]。董昕的研究发现房价收入比和房租收入比与人口持久性迁移意愿均存在显著的相关关系，其中住房销售价格的抑制作用已经非常明显，而住房租赁价格的抑制作用正在增强[6]。张莉等发现房价对劳动力流动存在倒U型关系[7]。李辉和王良健的研究表明房价本身对流动人口的长期居留意愿影响不大，但考虑到相对收入后，房

① Sarah Monk, "The key worker's problem: The link between employment and housing", *Restructuring Housing Systems: From social to affordable housing*, York Publishing Services, 2000.

② Brakman Steven, " Garretsen Harry and Schramm Marc, New Economic Geography in Germany: Testing the Helpman–Hanson model", Working Paper, 2002, Ecopapers Webiste(https://www.econstor.eu/bitstream/10419/19334/1/172.pdf).

③ Gordon H. Hason, "Market potential, increasing returns and geographic concentration", *Journal of International Economics*, Vol.67, No.1, 2005.

④ Birgitta Rabe and Mark Taylor, "Differences in opportunities? Wage, unemployment and house-price effects on migration", Working Paper, 2010, Ecopapers(https://www.iser.essex.ac.uk/research/publications/working–papers/iser/2010–05.pdf).

⑤ 高波、陈健、邹琳华：《区域房价差异、劳动力流动与产业升级》，《经济研究》2012年第1期。

⑥ 董昕：《住房支付能力与农业转移人口的持久性迁移意愿》，《中国人口科学》2015年第6期。

⑦ 张莉、何晶、马润泓：《房价如何影响劳动力流动》，《经济研究》2017年第8期。

价的负向影响变得比较明显 ①。周颖刚等发现高房价挤出了没有购房但具有高技能水平的流动人口 ②。赵锋和樊正德的实证研究表明北上广深四个城市住房价格变动与人口净流入存在明显的负相关关系 ③。王林和陈炜林发现东西部房价上升对人口流动的影响并不相同，东部房价上升阻碍人口流入，而西部房价上升会抑制人口流失 ④。

三、住房保障对农民工流动的影响

虽然实务界和学界都认为，住房保障有利于改善农民工的居住条件，促进农民工转移城镇和落户城镇。但直到 2011 年，我国才正式提出将城镇住房保障制度覆盖面扩展到满足条件的城镇外来务工人员。由此，学界也开始定量地研究住房保障政策对农民工流动的影响。

毛丰付课题组在《住房政策对劳动力迁移的影响机制及政策模拟：基于获取能力的视角》结题报告中阐述了住房保障对人口流动的影响。该课题组认为：一方面保障性住房建设能够影响商品房市场，进而影响人口流动；另一方面，从保障性住房的不同产品设计上来看，都有降低流动人口在城市生活成本的作用。为了验证保障性住房建设对省际人口流动的吸引作用。课题组还在引力模型中加入保障性住房建设

---

① 李辉、王良健：《房价、房价收入比与流动人口长期居留意愿——来自流动人口的微观证据》，《经济地理》2019 年第 39 卷第 6 期。

② 周颖刚、蒙莉娜、卢琪：《高房价挤出了谁？——基于中国流动人口的微观视角》，《经济研究》2019 年第 9 期。

③ 赵锋、樊正德：《高房价对大城市人口流入的抑制效应——来自北上广深四城市的实证证据》，《城市发展研究》2019 年第 26 卷第 3 期。

④ 王林、陈炜林：《基于 PVAR 的住宅房价与区域间人口流动相互影响分析》，《城市发展研究》2018 年第 6 期。

指标对省际人口流动进行回归分析。回归分析结果表明保障性住房竣工面积的回归系数为正，对省际人口流动存在正向影响①。

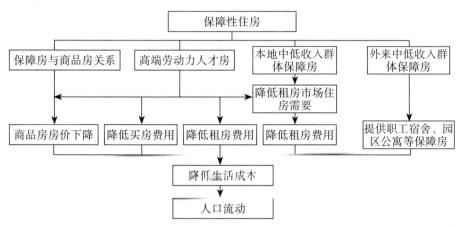

图 1 保障性住房对不同类型流动人口的作用②

已有研究还重点分析了住房公积金制度对农民工流动的影响，但这些研究并未找到一致的证据。石智雷和施念基于 2010 年湖北省流动人口动态监测数据发现，缴纳过住房公积金的农民工城市融入水平相对更高③。王桂新和胡健利用2011年全国流动人口动态监测数据分析发现农民工参与住房公积金能够提高其市民化意愿④。祝仲坤和冷晨昕分析了 2012 年中国劳动力动态调查数据发现农民工公积金缴存比例非常低，提出住

① 毛丰付课题组：《住房政策对劳动力迁移的影响机制及政策模拟：基于获取能力的视角研究报告》，国家自然科学基金：http://output.nsfc.gov.cn/conclusionProject/71273235，2017 年 7 月。
② 毛丰付课题组：《住房政策对劳动力迁移的影响机制及政策模拟：基于获取能力的视角研究报告》，国家自然科学基金：http://output.nsfc.gov.cn/conclusionProject/71273235，2017 年 7 月。
③ 石智雷、施念：《农民工的社会保障与城市融入分析》，《人口与发展》2014 年第 2 期。
④ 王桂新、胡健：《城市农民工社会保障与市民化意愿》，《人口学刊》2015 年第 37 卷第 6 期。

房公积金制度对全面解决农民工住房问题的帮助意义不大[①]。汪润泉和刘一伟基于 2013 年"流动人口管理和服务对策研究"在上海等七大城市的调研数据，发现住房公积金制度对流动人口的城市定居意愿有正向影响[②]。刘一伟基于同样的数据进一步分析得出住房公积金与新生代农民工定居城市意愿存在高度的关联性[③]。然而，梁土坤基于相同的数据却得出了相反的结论，即是否参加住房公积金对流动人口的城市定居意愿影响并不显著[④]。章洵等利用 2014 年国家流动人口动态监测数据发现，缴纳住房公积金的农民工城市落户意愿更强烈[⑤]。林李月等利用 2016 年中国流动人口动态调查东部沿海 6 省市数据，发现流动人口是否缴纳公积金与城市居留意愿的相关关系受到城市规模的调节；大城市住房公积金的积极正向效应更为显著，但小城市则不明显[⑥]。

第三节　农民工住房状况研究

一、农民工居住空间研究

西方社会与农民工近似的概念是移民。国外学者重点关注了移民

---

① 祝仲坤、冷晨昕：《农民工住房公积金制度的运行现状——基于中国劳动力动态调查的分析》，《城市问题》2017 年第 3 期。

② 汪润泉、刘一伟：《住房公积金能留住进城流动人口吗？——基于户籍差异视角的比较分析》，《人口与经济》2017 年第 1 期。

③ 刘一伟：《住房公积金与农民工定居城市的关联度》，《重庆社会科学》2017 年第 1 期。

④ 梁土坤：《流动人口定居意愿影响因素分析》，《人口与社会》2016 年第 32 卷第 2 期。

⑤ 章洵、陈宁、石人炳：《就业质量对农民工城市落户意愿影响及其代际差异》，《湖南农业大学学报》（社会科学版）2018 年第 19 卷第 1 期。

⑥ 林李月、朱宇、柯文前、王建顺：《基本公共服务对不同规模城市流动人口居留意愿的影响效应》，《地理学报》2019 年第 74 卷第 4 期。

的居住空间分布，这方面的研究大致可以分为两个部分。

一部分研究关注发展中国家城市化进程中乡城移民的居住空间选择规律。约翰·C.特纳（John C. Turner）指出：在国家或地区快速城市化初期，乡城移民开始居住在城市中心的贫民区；随着经济状况的改善再逐步过渡到城市边缘地带的自建房和贫民区。上述模式还可能会随着城市中心区的再开发等原因而发生变化[①]。彼得·M.沃德（Peter M. Ward）的研究发现墨西哥城的乡城移民不再是从城市中心过渡到城市边缘，而是越来越多直接进入城市边缘，居住在已经建成的老旧棚户区内[②]，乡城移民的聚居区也是贫民窟的所在地。这里人口密集，居住拥挤，住房建筑结构差，条件低下，卫生设施和其他基础设施不足，安全用水不足，治安条件差。但贫民窟仍为乡城移民提供了一个适应的场所。一些"富有希望的"贫民窟能够为乡城移民的社会流动和社会整合提供物质支持；而一些"失望的"贫民窟却成为乡城移民自我堕落的温床。

另一部分研究关注发达国家国际移民的居住空间选择。相关研究指出移民住房的空间分布也呈现出规律性。美国房利美的研究报告表明：美国的国际移民大多涌入传统的大城市，特别是一些门户型城市例如纽约、洛杉矶、波士顿；超过 68.5% 的国际移民集中在这四个州；早期 96% 的国际移民居住在城市区域，最近也有一些数据显示少部分国际移民开始搬离传统的市中心聚集区，进入设施发达服务完善的郊

---

① John C. Turner, "Housing priorities, settlement patterns, and urban development in modernizing countries", *Journal of American Institute of Planners*, Vol.34, No.6, 1968.

② Peter M. Ward, "Intra-city migration to squatter settlements in Mexico city", *Geoforum*, Vol.7, No.5-6, 1976.

区；郊区的移民增长速度要快过市中心地区[①]。蒂莫·M.卡布宁（Timo M. Kauppinen）的研究指出芬兰超过半数的国际移民聚集在首都赫尔辛基所在的都市圈；来自富裕国家的移民通常居住在高档体面的社区，来自贫穷国家的移民则居住在衰败的社区，但他们并未与本地居民完全隔离[②]。

对移民住房空间分布的研究诞生出了许多有趣的理论。例如，同化主义理论认为移民初期可能会选择聚集而居，但随着其经济社会地位的提高，移民会逐渐融入当地社会。这种社会经济上的同化将会终结移民和本地居民空间上的居住隔离，形成居住融合的局面[③]。多元主义理论对此持反对意见。该理论指出族裔经济将促进移民聚居区的经济繁荣，强化移民间的社会网络，使得他们能够与本地居民聚集区形成多元共存的局面。异质本地化理论者观察到20世纪末至21世纪初，移民出现了小规模的分散集聚居住，但在更大范围中保持自身民族身份和族裔社会关系。移民和本地居民的居住分布不再是空间上的绝对隔离，而是混居的形式。在描述移民聚居区的空间形态之外，学者们还对聚居区的形成机制展开了研究，采用政府、移民组织和移民三大角色视角，从物质空间实践、符号生产、意义赋予三个方面描述其形

---

① Demetrio Papademetriou and Brian K Ray, "From Homeland to a home: immigrants and homeownership in urban America", Working Paper, 2004, Research Gate (https://www.researchgate.net/publication/237279308_From_Homeland_to_a_Home_Immigrants_and_Homeownership_in_Urban_America).

② Timo M. Kauppinen, "The beginning of immigrant settlement in the Helsinki metropolitan area and the role of social housing", *Journal of Housing and the Built Environment*, Vol.17,No.2, 2002.

③ Lance Freeman, "Minority housing segregation: A test of three perspective" *Journal of Urban Affairs*, Vol.22, No.1,2000.

成过程，构建了反应性族群模式和扩散－竞争模式两大解释框架，并进一步探讨了聚居对移民个人发展的积极、消极和中立影响[1]。

国内学者也考察了农民工的区位选择问题。研究发现我国农民工不仅集中在城乡接合部和城市边缘地带，还分布在城市内部。吴维平指出20世纪80年代至90年代末上海的农民工住房大多位于市中心，随后逐渐迁至城乡接合部[2]。一些研究表明20世纪90年代遍布北京的农民工聚集区（如浙江村、河南村、新疆村等）正逐步消失[3]。周春山等利用中国知网检索整理了1995–2015年1412篇与农民工聚集区有关的论文，他们发现已有研究集中讨论了农民工聚集区的地理位置、空间形态、空间类型、空间模式、社会网络、空间演变规律和管治模式[4]。农民工的住房选择开始表现出空间同化的现象，即农民工从聚居区（城中村）迁往本地居民占多数的社区。周春山等利用2000年、2010年人口普查数据和2008年珠江三角洲农民工问卷调查数据，以街道为单位，运用数理统计分析和GIS空间技术揭示了深圳农民工聚集空间演变特征及其影响机制。他们发现农民工分布与传统制造业布局相一致，农民工空间变化差异较大，受住房因素、就业机会、交通条件、社会网

①　周春山、杨高、王少剑：《深圳农民工聚集空间的演变特征及影响机制》，《地理科学进展》2016年第36卷第11期。

②　Weiping Wu, "Sources of migrant housing disadvantage in urban China", *Environment and Planning A*, Vol.36, 2004.

③　Ran Liu and Tai-Chee Wong, "Urban village redevelopment in Beijing: The state-dominated formalization of informal housing", *Cities*, Vol.72, Part A, February, 2018. Yan Song, Yves Zenou and Chengri Ding, "Let's not throw the baby out with the bath water: The role of urban villages in housing rural migrants in China", *Urban Studies*, Vol.45, No.2, 2008.

④　周春山、杨高、王少剑：《深圳农民工聚集空间的演变特征及影响机制》，《地理科学进展》2016年第36卷第11期。

络、城市规划的共同影响①。林李月等利用六普数据，采用住房拥有率、租房率、住房面积指数、住房不受干扰指数、住房质量指数和住房费用指数六个指标考察全国流动人口的住房状况；他们的研究发现流动人口住房状况的六项指标都表现出空间正相关性，但不存在集聚现象，没有明显的集聚中心②。李君甫和齐海岩运用2014年全国流动人口监测专题数据，分析了农民工购房建房区位选择问题，结果显示农民工购房建房有回乡建房、回乡购房和务工地购房三种区位选择，而新老农民工的区位选择并不相同③。杨洋和马骁利用应答推动抽样分析了成都流动人口，他们发现租房者和携带未成年子女的流动者居住区位呈现郊区化趋势④。孙聪等利用北京市"城中村"微观调研数据，识别了农民工对住房周边区位特征的细分需求特征⑤。侯慧丽和李春华分析了流动人口居住社区的选择（居委会社区和村委会社区）⑥。

二、农民工住房所有权研究

国外学者重点考察了移民的住房所有权情况，这方面研究大致可以分为两个部分。一部分研究关注发展中国家城市化进程中乡城移民自

① 周春山、杨高、王少剑：《深圳农民工聚集空间的演变特征及影响机制》，《地理科学进展》2016年第36卷第11期。
② 林李月、朱宇、梁鹏飞、肖宝玉：《基于六普数据的中国流动人口住房状况的空间格局》，《地理研究》2014年第5期。
③ 李君甫、齐海岩：《农民工住房区位选择意向及其代际差异研究》，《华东师范大学学报》（哲学社会科学版）2018年第2期。
④ 杨洋、马骁：《流动人口与城市相对贫困的实证研究》，《贵州社会科学》2012年第10期。
⑤ 孙聪、宋志达、郑思齐：《农民工住房需求特征与城市住房保障体系优化——基于北京市"城中村"调研的研究》，《农业技术经济》2017年第4期。
⑥ 侯慧丽、李春华：《梯度城市化：不同社区类型下的流动人口居住模式和住房状况》，《人口研究》2013年第2期。

建房现象。菲利普·阿米斯（Philip Amis）研究了肯尼亚首都棚户区自建房的租赁情况，描绘了房主和租客的特征[1]。克劳迪娅·萨凯（Claudia Sakay）等指出秘鲁利马的移民在极端贫困的驱动下侵入私人和公共土地用秸秆和垫子建起了非正式住房[2]。塔希尔·埃尔曼（Tahire Erman）指出土耳其安哥拉乡移民的住房形式通常是棚户区和公寓[3]。还有一部分研究关注发达国家国际移民的住房所有权获得情况。艾琳·迪亚兹·麦康奈尔（Eillen Diaz McConnell）和依拉娜·R.阿克雷什（Ilana R. Akresh）的研究表明 2000 年美国 9% 的住房所有者和 17% 的住房租赁者是移民[4]。美国房利美的研究报告表明：除亚裔移民后代，其他国家移民的后代拥有住房的可能性要显著低于美国出生的白种人；出生地在国外的移民与美国本土出生的黑人在拥有住房的可能性上几乎一样低[5]。

我国农民工住房所有权情况也得到了国内外学者的关注。这部分研究主要是从户籍制度和福利制度转型的角度出发，考察城镇原居民和外来人口在住房所有权获得上的差异。黄友琴和威廉·A.V.克拉克（William A.V. Clark）利用 1996 年全国住房调查数据分析了市场机制和

---

[1] Philip Amis, "Squatters or tenants: The commercialization of unauthorized housing in Nariobi", *World Development*, Vol.12, No.1, 1984.

[2] Claudia Sakay, Paola Sanoni and Toshihiro Hanazato Deng, "Rural to urban squatter settlements: The micro model of generational self-help housing in Lima-Peru", *Procedia Engineering*, Vol.21, 2011.

[3] Tahire Erman, "Squatter (gecekoudu) housing versus apartment housing: Turkish rural-to-urban migrant residents' perspectives", *Habitat International*, Vol.21, No.1, 1997.

[4] Eillen Diaz McConnelland Ilana Redstone Akresh, "Housing cost burden and new lawful immigrants in the United States", *Population Research &Policy Review*, Vol.29, 2010.

[5] Demetrio Papademetriou and Brian K Ray, "From Homeland to a home: immigrants and homeownership in urban America", Working Paper, 2004, ResearchGate (https://www.researchgate.net/publication/237279308_From_Homeland_to_a_Home_Immigrants_and_Homeownership_in_Urban_America).

制度机制在影响中国城镇人口住房所有权获得的作用，他们指出农村户籍人口几乎无法在城市拥有住房[①]。约翰·R.罗根（John R. Logan）等利用 2000 年中国八个城市人口普查数据分析了不同户籍状态下城镇人口住房获得路径的差异，他们指出户籍身份而非居住年限是决定城镇人口是否获得住房所有权的关键[②]。吴维平分析了北京上海两地农民工的住房模式，指出户籍制度是限制农民工住房所有权的主要障碍[③]。随着户籍制度的不断改革，后续研究也持续检验了户籍对农民工住房所有权的影响[④]。

三、农民工住房负担研究

国外学者普遍关注移民的住房可支付能力。美国房利美的研究报告表明：与本地居民一样，移民也面临着沉重的住房压力。但与本地居民不同，有相当高比例的移民居住在住房价格高的城市地区，因而无论他们是购房还是租房，住房支出占收入的比例都很高。拥有住房的移民家庭中，超过 20% 的家庭住房支出占收入的 20%-50%；15% 的

---

① Youqing Huang and William AV Clark, "Housing tenure choice in transitional urban China: A multilevel analysis", *Urban Studies*, Vol. 39, No. 1, 2002.

② John R. Logan, Yiping Fang and Zhanxin Zhang, "Access to housing in urban China", *International Journal of Urban and Regional Research*, Vol. 33, No.4, 2009.

③ Weiping Wu, "Migrant housing in urban China: Choices and constraints", *Urban Affairs Review*, Vol. 38, No.1, 2002.

④ Weiping Wu, "Sources of migrant housing disadvantage in urban China", *Environment and Planning A*, Vol.36, 2004. Li Tao, Eddie C W Hui, Francis K W Wong and Tingting Chen, "Housing choices of migrant workers in China: Beyond the Hukou perspective," *Habitat International*, Vol. 49, October 2015. Lili Wuand Wei Zhang, "Rural migrants' homeownership in Chinese urban destinations: Do institutional arrangements still matter after Hukou reform", *Cities*, Vol.79, September 2018.

家庭住房支出超过收入的 50%[1]。艾琳·迪亚兹·麦康奈尔（Eillen Diaz McConnell）和依拉娜·R. 阿克雷什（Ilana R Akresh）的研究表明：移民是在次贷危机中最先失去房屋的人；2001-2005 年住房支出超过收入 50% 的移民家庭增加了 22.8%；在控制人力资本、生命历程、同化因素及其他人口属性特征的情况下，移民承受的住房压力表现出种族和出生地的差异[2]。蒂莫·M. 卡布宁（Timo M. Kauppinen）的研究指出芬兰首都赫尔辛基的国际移民因为歧视而必须承受较高的租金，住房所有权对他们来说是遥不可及的，尤其是那些处于失业状态的移民[3]。

　　国内学者也关注农民工的住房可支付能力。一个基本判断是，农民工在城市的住房可支付能力不足。具体来看，董昕利用全国 106 个城市的流动人口调查数据指出农民工购房支付能力显性不足，绝大多数处于极度不可支付状态；农民工租房支付能力隐性不足且有弱化趋势[4]。吕萍和徐鑫林测算了农民工房价收入比，他们指出农民工城市住房购买力明显不足且北京、上海、浙江等省份农民工的购房负担最重[5]。

---

　　① Demetrio Papademetriou and Brian K Ray, "From Homeland to a home: immigrants and homeownership in urban America", Working Paper, 2004, ResearchGate (https://www.researchgate.net/publication/237279308_From_Homeland_to_a_Home_Immigrants_and_Homeownership_in_Urban_America).

　　② Eillen Diaz McConnellland Ilana Redstone Akresh, "Housing cost burden and new lawful immigrants in the United States", *Population Research &Policy Review*, Vol.29, 2010.

　　③ Timo M Kauppinen, "The beginning of immigrant settlement in the Helsinki metropolitan area and the role of social housing", *Journal of Housing and the Built Environment*, Vol.17, No.2, 2002.

　　④ 董昕：《住房支付能力与农业转移人口的持久性迁移意愿》，《中国人口科学》2015 年第 6 期。

　　⑤ 吕萍、徐鑫林：《农民工家庭城市住房购买力及其提升途径和潜力探究》，《城市发展研究》2017 年第 24 卷第 4 期。

第四节　农民工住房选择研究

住房选择模型是揭示个体住房选择背后机制的重要模型[①]。住房选择模型认为个体的住房选择受到一系列因素的影响，整理和筛选其中重要的因素成为相关研究的重点。就移民的住房选择来看，由于中外国情有别，国外学者和国内学者对相关影响因素的关注度并不一致。

从经济学和人口学的视角出发，国外学者认为移民住房选择决策受到三大因素的影响。一是反映自身住房需求特点的人口属性因素，具体包括性别、年龄、婚姻状况、家庭结构等；二是反映住房可支付能力的人力资本和社会资本因素，具体包括职业类型、教育水平、收入水平、对流入地语言的掌握程度等；三是反映住房市场条件的因素，具体包括住房价格、利率、城市规模等[②]。近年来的研究表明，人口属性因素的相对重要性正随着经济发展发生改变，结婚并育有子女对移民住房所有权获取的影响程度正在减弱；越大的城市住房竞争越激烈，移民获取住房所有权更加困难。

从经济和人口学的视角出发，研究者容易得出的一个结论是：移民弱势的社会经济地位是造成他们在住房市场上处于边缘地位的主要

[①]　郑思齐，《住房需求的微观经济分析：理论与实证》，中国建筑工业出版社 2007 年版，第 106 页。

[②]　William A V Clark, Marinus C Deurloo and Frans M Dieleman, "Housing consumption and residential mobility", *Annals of the Association of American Geographers*, Vol.74, No.1, 1984. William A V Clark, Marinus C Deurloon and Frans M Dieleman, "Tenure changes in the context of micro-level family and macro-level economic shifts", *Urban Studies*, Vol.31, No.1, 1994. Amanda C Helderman, Maarten Van Ham and Clara H Mulder, "Migration and homeownership", *Tijdschrift voor Economische en Sociale Geografie*, Vol.97, No.2, 2006. Chris G Pickvance, "Life cycle, housing tenure and residential mobility: A path analytic approach", *Urban studies*, Vol.11, No.2, 1974.

原因。然而，这一视角并不能完全解释移民与本地居民的住房差距，即面对同一住房市场、处于相同的生命历程阶段和拥有类似经济社会地位的移民和本地居民，拥有住房产权的概率并不相同。更加重要的是这一视角也无法解释移民内部的住房所有权差异。因此，国外学者开始将文化和社会因素纳入考察范围。他们试图从移民身份这一特征出发阐释移民住房选择的特殊性，分析了出生地、流入国逗留时间、永久定居意愿、移民辈分、语言、社会网络、隔离和歧视、与流出地的联系度、在流入地的融入度等影响因素的作用[①]。

与国外学者一样，国内学者也认为农民工住房租买选择受到人口属性、社会经济地位和住房市场条件的影响。但与国外学者不同，国内学者还特别考察了户籍制度、农村土地制度、社会保障制度、住房保障政策对农民工住房选择的影响。以下重点梳理国内的研究情况。

一、人口属性因素

年龄、性别、婚姻状况、家庭结构等人口属性因素与农民工租买选择具有相关性。但学者们对这些影响因素的重要程度看法不一。

唐爽爽等利用江苏省的农民工调查数据分析发现：男性农民工比女性农民工更容易拥有住房；年龄的增长会降低农民工的购房意愿；

[①]　冯长春、李天娇、曹广忠、沈昊婧：《家庭式迁移的流动人口住房状况》，《地理研究》2017 年第 36 卷第 4 期。Una Okonkwo Osili, "Migrants and housing investments: Theory and evidence from Nigeria",*Economic Development and Cultural Change*, Vol.52, No.4, 2004. Marta Bivand Erdal, "A place to stay in Pakistan: Why migrants build houses in their country of origin", *Population, Space and Place*, Vol.18, 2012.

已婚农民工更倾向于拥有自己的房屋[①]。张晓玲等利用西安市的调研数据发现：性别和婚姻状况对农民工购房意愿没有显著影响；年龄与农民工购房意愿负相关；有子女的农民工更愿意购房[②]。吴莉莉和张伟的研究同样发现：户主年龄与住房所有权情况存在负相关关系；户主为女性的农民工相对来说更容易拥有房屋；家庭人数、夫妇同住和与适龄儿童同住都能够影响农民工家庭的住房所有权获得[③]。

李君甫和孙嫣源利用了 2013 年全国流动人口动态监测数据分析指出：女性在流入地购房的意愿大于男性；有子女的更倾向于在流入地购房[④]。刘成斌和周兵同样基于 2013 年全国流动人口动态监测数据发现：年龄、性别、婚姻状况影响了农民工的购房选择（包括异地购房和就地购房）；其中年龄与购房地点选择存在倒 U 形关系，性别与购房选择并无明显关系；婚姻对就地购房倾向无明显影响，但已婚人群的异地购房意愿更低；农民工对流入地语言的掌握程度能够影响他们的购房意愿[⑤]。

二、社会经济地位因素

教育程度、收入水平、就业情况等社会经济地位因素与农民工住

[①] Shuangshuang Tang, Jianxi Feng and Mingye Y Li, "Housing tenure choices of rural migrants in urban destinations: A case study of Jiangsu Province China", *Housing Studies*, Vol.32, No.3, 2017.

[②] Xiaoning Zhang, Mei Qu and Zhendong Jin, "Exploring the determinants of migrant workers' willingness to buy houses in cities: A case study in Xi'an China", *Sustainability*, Vol.10, No.62, 2018.

[③] Lili Wu and Wei Zhang, "Rural migrants' homeownership in Chinese urban destinations: Do institutional arrangements still matter after Hukou reform?" *Cities*, Vol.79, September 2018.

[④] 李君甫、孙嫣源：《住房公积金制度对流动人口购房的影响——基于国家卫计委 2013 年流动人口动态监测数据的研究》，《公共行政评论》2018 年第 11 卷第 2 期。

[⑤] 刘成斌、周兵：《中国农民工购房选择研究》，《中国人口科学》2015 年第 6 期。

房租买选择具有相关关系。但学者们对这些影响因素的作用看法不一。

刘成斌和周兵发现：受教育程度越高、收入越高、劳动强度越低，农民工的购房意愿越强烈；相较于雇员，雇主或自雇身份的农民工更倾向于购买房屋[①]。张晓玲等同样发现教育和收入对农民工购房意愿具有正向促进作用。他们的研究还发现：从事商业和服务业的农民工要比从事工程类的农民工更倾向于购房；参加工作的年限也对购房意愿存在一定的影响[②]。

吴莉莉和张伟证明高收入者比低收入者更容易拥有房屋，但他们指出就业身份和就业行业并不能显著地影响农民工的购房意愿[③]。宋艳娇的研究发现，收入水平与购房行为之间不存在简单的线性关系，而是"有阶段性变化的 U 形关系"；随着家庭收入的提升，外来流动人口会选择返乡购房，当家庭收入高到某一个临界值，他们会选择在工作地购房[④]。

三、地区特征因素

城市规模特征和住房价格等市场因素与农民工住房租买选择相关。

就城市规模来看，宋艳娇发现流动人口当地购房意愿与城市规模

---

① 刘成斌、周兵：《中国农民工购房选择研究》，《中国人口科学》2015 年第 6 期。

② Xiaoning Zhang, Mei Qu and Zhendong Jin, "Exploring the determinants of migrant workers' willingness to buy houses in cities: A case study in Xi'an China", *Sustainability*, Vol.10, No.62,2018.

③ Lili Wu and Wei Zhang, "Rural migrants' homeownership in Chinese urban destinations: Do institutional arrangements still matter after Hukou reform?" *Cities*, Vol. 79, September 2018.

④ 宋艳娇：《城市外来流动人口购房意愿及其影响因素研究——以城市规模的异质性为视角》，《华东师范大学学报》(哲学社会科学版) 2016 年第 6 期。

呈倒 U 形[1]。王先柱等发现新生代农民工在三四线城市定居的意愿要更强烈[2]。冯长春等指出城市规模等级影响了流动人口的住房所有权状况和住房权属[3]。李君甫和孙嫣源分析发现，乡 – 城流动人口购房的比例为 9.4%[4]。

就住房价格来看，一些学者认为房价与农民工的住房可支付能力呈负相关关系。例如，吴维平提出当商品房价格超出了绝大多数农民工的购买能力时，他们将被迫去市场上租赁房屋[5]。王亚萍发现在住房租金上涨的情况下，农民工选择合租以节约开支[6]。然而，另一些学者认为住房价格和农民工的购房决策并非单向联系的。章波等利用 1995-2012 年全国 31 个省份的面板数据，他们并未在全国层面发现房价与农民工购房决策的联系；将样本进一步分解后，他们发现东部地区房价上涨抑制了农民工购房意愿；中部地区房价上涨提升了农民工的购房意愿；西部地区房价上涨对农民工购房意愿的影响并不显著[7]。

---

[1] 宋艳娇：《城市外来流动人口购房意愿及其影响因素研究——以城市规模的异质性为视角》，《华东师范大学学报》(哲学社会科学版) 2016 年第 6 期。

[2] 王先柱、王敏：《住房公积金支持农民工购房的路径研究》，《湖南工业大学学报》(社会科学版) 2017 年第 22 卷第 5 期。

[3] 冯长春、李天娇、曹广忠、沈昊婧：《家庭式迁移的流动人口住房状况》，《地理研究》2017 年第 36 卷第 4 期。

[4] 李君甫、孙嫣源：《住房公积金制度对流动人口购房的影响——基于国家卫计委 2013 年流动人口动态监测数据的研究》，《公共行政评论》2018 年第 11 卷第 2 期。

[5] Weiping Wu, "Sources of migrant housing disadvantage in urban China", *Environment and Planning A*,Vol.36, 2004.

[6] Yaping Wang, Yanglin Wang and Jiansheng Wu, "Housing Migrant Workers in Rapidly Urbanizing Regions: A Study of the Chinese Model in Shenzhen", *Housing Studies*, Vol.25, No.1, 2010.

[7] Bo Zang, Ping Lv and Clive MJ Warren, "Housing prices, rural–urban migrants' settlement decisions and their regional differences in China", *Habitat International*, Vol.50, December 2015.

四、流动因素

流动总次数、流动年限、流动模式、流动计划、流入地融入度、老家所在地等反映流动状况的因素都将影响农民工的租买选择。

刘成斌和周兵指出：农民工共同流动的人数越多、流入时间越长，农民工越愿意购房；相较于老家所在地为西部地区的农民工，老家所在地为中东部地区的农民工购房意愿更加强烈[①]。但张晓玲等指出老家所在地的地区类型对农民工购房意愿并无显著影响[②]。王玉君等基于十二城市的问卷调查数据发现，进城务工人员的第一个住房通常是单位宿舍和亲友住房，随着流入时间的延长，多数务工人员会逐步过渡到市场住房；但跨省流动的务工人员过渡到市场住房的概率会更低；务工人员与当地人互动频率越高，其越倾向于通过市场解决住房需求；与没有定居意愿的务工人员相比较，有长期定居意愿的务工人员更可能逐步转向市场住房[③]。

李君甫和孙嫣源的研究表明流动时间在五年以上的农民工购房意愿更加强烈[④]。唐爽爽等的研究表明有城市定居意愿的农民工更倾向于购房且流动时间对购房意愿存在正向影响[⑤]。吴莉莉和张伟的研究也表

① 刘成斌、周兵：《中国农民工购房选择研究》，《中国人口科学》2015 年第 6 期。

② Xiaoning Zhang, Mei Qu and Zhendong Jin, "Exploring the determinants of migrant workers' willingness to buy houses in cities: A case study in Xi'an China", *Sustainability*, Vol.10, No.62,2018.

③ 王玉君：《农民工城市定居意愿研究——基于十二个城市问卷调查的实证分析》，《人口研究》2013 年第 4 期。

④ 李君甫、孙嫣源：《住房公积金制度对流动人口购房的影响——基于国家卫计委 2013 年流动人口动态监测数据的研究》，《公共行政评论》2018 年第 11 卷第 2 期。

⑤ Shuangshuang Tang,Jianxi Feng and Mingye Y Li, "Housing tenure choices of rural migrants in urban destinations: A case study of Jiangsu Province China", *Housing Studies*, Vol.32, No.3, 2017.

明流动时间与住房所有权存在微弱的正向联系[①]。

杨菊华对 2014 年国家人口和计划生育委员会八城市社会融合调查数据的研究表明：省内跨市和市内跨县的流动人口拥有住房或租住公房的比例要比跨省流动者更高；逗留时间越长，拥有住房的可能性越大；举家流动的农民工比半家庭式流动和独自流动的农民工，更倾向于购置住房；融入本地意愿和户口迁入意愿都能显著影响农民工的购房意愿[②]。

五、户籍及社会保障制度

户籍及社会保障制度被认为是影响农民工租买选择最重要的制度因素之一。

一些学者强调农民工整体住房条件低下的根本性因素是制度[③]。这意味着即使流动人口与本地市民拥有相同的人口属性和劳动就业特征，他们的住房拥有概率依然有着明显的差距。过去一段时间里，农民工被排除在城市住房改革之外。他们没有从单位福利制度和公房私有化中获利，也不能享受福利房、限价房、廉租房和公租房等优惠政策[④]。

[①] Lili Wu and Wei Zhang, "Rural migrants' homeownership in Chinese urban destinations: Do institutional arrangements still matter after Hukou reform?" *Cities*, Vol. 79, September 2018.

[②] 杨菊华：《制度要素与流动人口的住房保障》，《人口研究》2018 年第 1 期。

[③] Weiping Wu, "Sources of migrant housing disadvantage in urban China", *Environment and Planning A*, Vol.36, 2004. John R Logan, Yiping Fang and Zhanxin Zhang, "Access to housing in urban China", *International Journal of Urban and Regional Research*, Vol. 33, No.4, 2009. 董昕、周卫华：《住房市场与农民工住房选择的区域差异》，《经济地理》2014 年第 34 卷第 12 期。

[④] Youqing Huang and William AV Clark, "Housing tenure choice in transitional urban China: A multilevel analysis", *Urban Studies*, Vol. 39, No. 1, 2002. Youqing Huang and Ran Tao, "Housing migrants in Chinese cities: Current status and policy design", *Environment and Planning C*, Vol.33, No.3, 2015.

农民工社会保障相对缺乏，他们面临更高的生活风险，因而不得不通过提高储蓄水平和降低消费来应对可能出现的风险。何炤华和杨菊华的研究表明城城流动人口和乡城流动人口的总体居住状况都落后于同期本地居民，但乡城流动人口的居住面积更小，住房质量更差，住房所有权比例更低[①]。

当前，虽然政府正放开户籍的限制，推动住房保障体系覆盖到农民工，但满足所有农民工需求尚待时日。杨菊华发现2010—2014年，"城城流动人口和乡城流动人口拥有住房和租用公房的比例波动上升"，但乡城流动人口拥有住房和租用公房的比例仍然低于15%[②]。陶丽等发现乡城流动人口选择租房的概率是城城流动人口选择租房概率的3.67倍；没有参加社会保险的流动人口选择租房的概率是参加社会保险的流动人口的6.82倍[③]。吴莉莉和张伟发现虽然户籍改革正在进行，但城市居民和农民工的住房所有率差距并未完全消除；制度的约束仍然存在，城市居民和农民工在住房保障和社会保险上的不平等是制度约束的主要表现形式；参加养老保险、医疗保险和失业保险显著影响了农民工的住房所有权获得[④]。

[①] 何炤华、杨菊华：《安居还是寄居？不同户籍身份流动人口居住状况研究》，《人口研究》2013年第6期。

[②] 杨菊华：《制度要素与流动人口的住房保障》，《人口研究》2018年第1期。

[③] Li Tao, Eddie C W Hui, Francis K W Wong and Tingting Chen, "Housing choices of migrant workers in China: Beyond the Hukou perspective," *Habitat International*, Vol. 49, October 2015.

[④] Lili Wu and Wei Zhang, "Rural migrants' homeownership in Chinese urban destinations: Do institutional arrangements still matter after Hukou reform?" *Cities*, Vol. 79, September 2018.

六、农村土地制度

农村土地制度被认为是影响农民工住房租买选择的重要制度因素之一。

当前，农民工的农村土地承包经营权可以流转，但宅基地和老家住房只能小范围有限度地流转，其财产属性并未完全显化[①]。而这将影响农民工住房租买选择。首先，宅基地和老家住房寄托了农民工的土地和乡村情结，在农村社会保障体系不完善，城市无法融入的情况下，宅基地和老家住房是农民工最后的保障。其次，持有宅基地和老家住房意味着农民工可以在征地拆迁时获得补偿，还可以保留农村集体组织的成员权，参与集体分红。这种心理预期使得他们更加看重宅基地和老家住房的未来收益，宁愿将钱花在老宅翻新也不愿在流入地购房。最后，受制于当前的农村土地制度，农民工家庭宅基地和住房的财产属性并未完全显化降低了农民工家庭的住房购买力。

吴莉莉和张伟的研究表明，"是否拥有大面积的农地""是否将农地流转""是否经历过土地征收"都显著影响了农民工住房所有权获得[②]。唐爽爽等的研究表明，拥有老家住房降低了农民工城市购房意愿[③]。李勇辉等的研究表明农地流转能提升农民工市民化意愿，也能提升其市民化能力；农地流转进程促进了他们城市住房状况的

---

①　董昕：《住房、土地对中国乡－城人口迁移的影响：研究回顾与展望》，《江淮论坛》2017年第6期。

②　Lili Wu and Wei Zhang, "Rural migrants' homeownership in Chinese urban destinations: Do institutional arrangements still matter after Hukou reform?" *Cities*, Vol. 79, September 2018.

③　Shuangshuang Tang, Jianxi Feng and Mingye Y Li, "Housing tenure choices of rural migrants in urban destinations: A case study of Jiangsu Province China", *Housing Studies*, Vol.32, No.3, 2017.

改善^①。

七、住房公积金政策

将农民工纳入住房公积金体系是解决农民工住房困难的重要举措。

学者们对住房公积金政策的实施效果进行了分析。王先柱等对微观数据的回归分析表明住房公积金对农民工购房的影响存在城市差异性^②。李君甫和孙嫣源对 2013 年的流动人口动态监测数据分析表明，在流入地缴纳住房公积金的流动人口更倾向于在流入地购房，但流动人口拥有住房公积金的比例总体很低^③。刘一伟发现住房公积金对新生代农民工的购房打算存在正向影响^④。宋娇艳也发现户主拥有住房公积金能显著影响流动人口家庭的购房意愿^⑤。汪润泉和刘一伟分析了全国七个城市的调查数据，他们发现住房公积金能够强化定居意愿，但对其城市购房行为无促进作用；他们认为住房公积金虽能提高农民工城市定居的心理预期，但对其定居能力的提升并不大^⑥。

住房公积金政策的有效性很大程度上依赖其覆盖面的扩大。祝仲坤和冷晨昕指出农民工缴纳住房公积金的比例过低，制约了住房公积金

---

① 李勇辉、刘南南、李小琴：《农地流转、住房选择与农民工市民化意愿》，《经济地理》2019 年第 11 期。
② 王先柱、王敏：《住房公积金支持农民工购房的路径研究》，《湖南工业大学学报》（社会科学版）2017 年第 22 卷第 5 期。
③ 李君甫、孙嫣源：《住房公积金制度对流动人口购房的影响——基于国家卫计委 2013 年流动人口动态监测数据的研究》，《公共行政评论》2018 年第 11 卷第 2 期。
④ 刘一伟：《住房公积金与农民工定居城市的关联度》，《重庆社会科学》2017 年第 1 期。
⑤ 宋艳娇：《城市外来流动人口购房意愿及其影响因素研究——以城市规模的异质性为视角》，《华东师范大学学报》（哲学社会科学版）2016 年第 6 期。
⑥ 汪润泉、刘一伟：《住房公积金能留住进城流动人口吗？——基于户籍差异视角的比较分析》，《人口与经济》2017 年第 1 期。

效应的发挥①。赵卫华等认为住房公积金制度的"单位迁入式"特点、农民工的认知、各利益主体方的博弈等因素制约了住房公积金覆盖面的扩大②。当前，需要创新住房公积金运作方式来提高农民工住房消费能力。

第五节　农民工住房政策研究

一、其他国家的住房政策

1. 英国

英国历史上经历过三次大规模的外来人口涌入潮。

第一次发生在工业革命时期，国内大量劳动力由农村转移到城市。由于城市原有住房总量无法满足农村转移劳动力快速增长的住房需求，出现了住房供应严重不足的情况。1851年，英国颁布了《沙夫茨伯法》提出地方政府应承担劳动者住房供应的主体责任，随后《劳动阶级宿舍法》进一步明确了地方政府可以通过兴建廉价租赁房和改建现有建筑物增加劳动者的住房供应；《克罗斯法》要求地方政府在行使清除卫生状况低下居住区的同时必须安置受影响的居民；《劳动阶级住宅法》提出地方政府可以为参与劳动者住房供应的民间部门提供公共资金融资；《工人住宅法》容许地方政府向民间出售建设用地。总的来说，这一时期英国进行了住房政策的制度建设，明确了地方政府在解决农村

---

① 祝仲坤、冷晨昕：《农民工住房公积金制度的运行现状——基于中国劳动力动态调查的分析》，《城市问题》2017年第3期。

② 赵卫华、冯建斌、张林江：《单位嵌入型住房公积金制度对农民工的影响分析》，《中共中央党校（国家行政学院）学报》2019年第23卷第2期。

转移劳动力上的主体地位，提倡通过公共金融政策和土地政策推动民间部门参与住房建设①。

第二次发生在 20 世纪战后经济恢复初期，海外新英联邦国家的劳工大量涌入英国的大城市，城市住房市场出现供应短缺和歧视外籍劳工的现象。1968 年，英国颁布了《种族关系法》指出住房政策不应存在歧视，赋予新劳动移民公平获得住房的权利；随后《住房补助法》明确地方政府可以提供利息差额补助，用于投资建设改善性住房；政府还为新劳动力移民家庭提供住房抵押贷款，鼓励他们购买廉价旧住房，解决住房问题；1975 年，《种族关系与住宅》白皮书提出政府要建立改善补助金制度，帮助居民修缮不符合条件的自有住房②。

第三次发生在英国加入欧盟后，大量外来务工人员经由欧盟国家涌入英国的大城市。黛安·迪亚康迪（Diane Diacondui）等认为这一阶段英国的外来务工人群数量大，异质性高，他们的住房问题对社区发展的影响更大。他们提出从增强住房的可选择性、解决无家可归问题、提高住房质量和建筑标准、促进社区融合等方面出发解决住房问题③。

学者李晶认为英国在解决城市外来人口涌入带来的住房问题上有以下政策经验和启示：一是明确居住平等意识与政府责任。二是赋予大都市政府在住房问题上的自由裁量权，容许各地区自行制定"居住期规定"，

---

① 周建华、谭方东、周倩：《先行工业化国家农业转移劳动力住房支持的经验研究》，《世界农业》2015 年第 6 期。李晶：《英国劳动力移民的住房问题》，《城市问题》2009 年第 9 期。

② 周建华、谭方东、周倩：《先行工业化国家农业转移劳动力住房支持的经验研究》，《世界农业》2015 年第 6 期。李晶：《英国劳动力移民的住房问题》，《城市问题》2009 年第 9 期。

③ Diane Diacodui, Ben Pattison, Jim Vine, Home from Home: Addressing the issues of migrant workers'housing, The Building and Social Housing Foundation, 2008. p145.

优先分配给符合居住年限的家庭。三是拆除贫民窟建设公共住房，保障居住区的公共卫生状况；四是与非盈利部门（如住房协会）合作加大公共住房供应^①。

2. 美国

19 世纪初至 60 年代，美国进入了城市化的初步发展时期，大量农村人口涌入城市，对传统的城市居住模式构成了冲击。当时，美国采用自建住房的供应模式。该模式难以应对激增的住房需求，因而城市居住条件逐步恶化，引发了各种经济社会问题。联邦政府秉持市场原则，强调市场交换和社会互助，并没有直接介入住房问题。1861–1920年，美国进入城市化高峰时期，城市低收入群体住房问题不断积累。为回应社会要求，一些城市政府出台了相关政策缓解住房问题，例如芝加哥的《公寓管理法》和纽约的《经济公寓住房法》《出租房屋法规》《廉租法》^②。

20 世纪 30 年代，美国出现严重的经济危机，住房问题恶化，出现了住房空置率高和无家可归人数上升两种现象并存的情况^③。为解决住房供需矛盾，联邦政府开始介入住房市场，兴建公共住房。1934 年，国会通过了《联邦住宅法》，1937 年出台了《公共住房法》。这些方案将住房问题从公共工程和复兴计划中独立开来，通过联邦政府提供资

---

① Diane Diacodui, Ben Pattison, Jim Vine, Home from Home: Addressing the issues of migrant workers'housing, The Building and Social Housing Foundation, 2008. p145.

② 王志成、阿南德·夏尔马、拉切尔·奥布里：《纽约住房政策与保障体系的演变》，《住宅与房地产》2018 年第 20 期。

③ 王志成、阿南德·夏尔马、拉切尔·奥布里：《纽约住房政策与保障体系的演变》，《住宅与房地产》2018 年第 20 期。

金，州政府立法，授权地方政府为低收入人群建设公共住房。第二次世界大战后，美国大城市开始出现郊区化的趋势，内城住宅区出现了贫民窟倾向。1949 年，联邦政府通过了《住房法》，倡导城市更新运动，鼓励私人开发商、社会团体与政府合作共同改造贫民区。

然而，这种以供给为导向的公共住房政策，加剧了贫困人口集中，造成了居住隔离问题，导致贫困人口长期被排斥在主流社会之外，无法根本改善他们的经济状况。1970 年，政府开展了住房政策实验。例如，住房保障由实物配租转变为住房租房补贴和在商业住宅配建公共住房[1]。此外，缓解住房市场的歧视现象也是美国住房政策的重要内容。为此，政府出台了一系列的法律和规定，例如《公平住房法》《抵押贷款公式法》和《社区再投资法》[2]。总的来说，美国将乡城移民住房问题放在低收入群体住房问题的整体框架中解决。

此外，美国也有一些针对涌入城市国际人口的住房支持政策。一是储蓄计划。政府为一些民间机构提供资金以帮助它们运作针对该群体的储蓄计划。例如难民居住办公室提出的难民个人发展账户计划，通过利率优惠鼓励难民储蓄，储蓄账户的钱可以用于住房首付，创业和教育投资。二是贷款优惠。例如房利美住房贷款优惠"Flexible 100 计划"，该计划不仅考虑外来人口的常规收入，还将他们的其他非常规收入也纳入资信范围。明尼苏达州的房屋所有中心构建的外来人口互助网络，

---

① 王志成、阿南德·夏尔马、拉切尔·奥布里：《纽约住房政策与保障体系的演变》，《住宅与房地产》2018 年第 20 期。

② Demetrio Papademetriou and Brian K Ray, "From Homeland to a home: immigrants and homeownership in urban America", Working Paper, 2004, ResearchGate (https://www.researchgate.net/publication/237279308_From_Homeland_to_a_Home_Immigrants_and_Homeownership_in_Urban_America).

整合了政府、社区非营利组织、企业的人力资源和资本，推动该群体拥有住房。三是住房教育计划。该计划通过普及相关资讯帮助来自拉丁美洲和加勒比海地区的家庭置业①。

3. 日本

日本外来人口带来的城市住房问题主要是在城市化进程中的乡—城移民住房问题②。

张伟将日本城镇住房政策划分为四个阶段③。第一阶段是（1868–1920 年）住房卫生政策阶段。这一时期是城市化初级阶段，在东京和大阪等城市出现了住房供给短期、高度拥挤、房租暴涨、贫民窟和卫生堪忧等问题。针对这些问题，日本通过改造城市市政建设、提供清洁用水等一系列手段改善居住环境。第二阶段（1921–1945 年）是住房社会政策萌芽阶段。这一时期日本城镇化稳步发展，但由于战争原因，住房短缺和贫民窟现象仍然是主要的住房问题。针对这些问题，日本制定了房租管制法、住房政策纲要（1940 年）、住房营团法（1941 年）。第三阶段（1946–1970 年）是发展型住房社会政策建立阶段。这一时期，住房经历了战后极度短缺和住宅商品化程度提高的双重过程。针对这

---

① Demetrio Papademetriou and Brian K Ray, "From Homeland to a home: immigrants and homeownership in urban America", Working Paper, 2004, ResearchGate (https://www.researchgate.net/publication/237279308_From_Homeland_to_a_Home_Immigrants_and_Homeownership_in_Urban_America).

② 万君哲：《日本东京二战前（1923–1941）住房政策的探索与实践——历史背景与纲领酝酿》，《北京规划建设》2018 年第 1 期。孙淑芬：《日本、韩国住房保障制度及对我国的启示》，《财经问题研究》2011 年第 4 期。邓宁华：《城市化背景下日本住房问题和政策干预》，《日本研究》2013 年第 3 期。

③ 张伟：《基于城镇化发展阶段的国际城镇住房政策比较研究——日本的经验及借鉴》，《住区》2018 年第 1 期。

一问题，日本依据《公营住房法》，编制了公营住房建设计划；依据《住宅金融公库法》，设立了住宅金融公库；依据《住房公房法》，成立了日本住宅公团；构建了公库、公营、公团的住房供应体系；又制定了《地方住宅供应公社法》和《住宅建设计划法》来完善住房供应制度。第四阶段（1971 年至今）是发展型住房社会政策精细化阶段。这一时期，住房供应不足的情况基本得到解决，相关政策主要针对少子化和老龄化衍生的住房问题。

周建华等认为日本的住房政策有如下优点。一是构建多级公共住房建设与管理机构，建立住宅建设统管机构住宅局，编制住房建设五年计划，对住房获得进行指导和监管。二是健全住房法制，制定了 40 多部与住房有关的法律法规，将国民居住水平作为增进社会福利的重要手段。三是制定住房建设计划，推进了全国住房的开发与建设。四是构建分阶层住房供应体系，形成以公库、公营、公团为支柱的分阶层供应体系[1]。张暄认为日本住房政策的成功还得益于发达的住房金融体系。包括住宅金融公库贷款、退休金住宅贷款、财产形成型住宅贷款、自治体的住宅贷款等多种金融服务，面向私人、各地住宅公社、民间住宅团体和企业建房提供优惠贷款[2]。

4. 新加坡

新加坡由于生育率较低，新加坡需要引进外来人口来改善人口结构。2013 年新加坡《人口白皮书》提出"每年计划引进 1.5 万 -2.5 万

---

①　周建华、谭方东、周倩：《先行工业化国家农业转移劳动力住房支持的经验研究》，《世界农业》2015 年第 6 期。

②　张暄：《为实现一户一套的住宅目标：日本住房政策研究》，《现代经济信息》2018 年第 18 期。

外来移民，批准 3 万外籍人士成为永久居民"。[①] 到 2030 年，新加坡将增加 17 万个住宅单位，延长地铁网络至 360 公里，让未来人口都能安居乐业。新加坡的组屋计划是解决居民住房问题的成功范例，承载着维系社会稳定、居住和谐、社区发展和民主治理等诸多功能。当前，新加坡的组屋解决了 80% 以上新加坡人（含永久居住权和国际外来移民）的居住问题[②]。

就国际人口来看，新加坡政府采取强制储蓄养老的中央公积金制度，雇主和雇员需要按比例存入一定的资金到雇员个人账户，用于支付住宅贷款和住房租金。2016 年起，新加坡建屋发展局实行了史上最严的租房登记规定。在新加坡工作的和即将去新加坡工作的外籍人士，需要在劳工部网站上登记住址信息，才能发放签证。当前，新加坡外来劳工的住房来源有以下几种。一是，商业宿舍（Purpose-Built Dormitories）；二是，工厦改建的宿舍（Factory-Converted Dormitories）；三是，临时搭建的独立工棚（Construction Temporary Quarters），专门面向建筑工人；四是政府临时发放居住证的工棚（Temporary Occupation License Quarters）；五是出租的组屋（HDB flats）；六是私人商业住宅（Private Residential Premises）。新加坡劳工局和建屋发展局共同对外籍劳工的住所进行登记管理，保障他们的居住权益。两部门通过翻新楼宇、限制房屋居住人数、提高住房的可居住标准、定时抽检和行政处罚等手段来改善外籍劳工的居住环境。

---

① 龙海波：《城市人口流动管理的几点思考与建议——新加坡、越南"结构转型与城镇化"调研启示》，《中国发展观察》2014 年第 5 期。

② 徐国冲：《"组屋"的政治学密码——来自新加坡住房政策的启示》，《中国行政管理》2017 年第 3 期。

新加坡政府通过行政干预保障国民的居住权，以公共住房和住房公积金两大抓手构建了组屋计划[①]。而国际外来人口的住房问题则是在组屋计划的整体框架内，配合严厉的管理手段来解决。

二、国内农民工住房政策研究

国内学者长期关注农民工住房问题，他们的一致结论是将农民工纳入城镇住房保障体系中，赋予农民工享有城镇基本住房保障的权利。研究主要集中在下面三个方面。

1. 农民工住房保障成本测算

丁萧通过抽样调查，参考国外相关标准，测算了佛山市保障性住房供给成本，提出分层分类渐进式推动农民工住房问题的解决[②]。廖茂林和杜亭亭通过广东省政府公共租赁住房的人均成本和租金标准数据计算出农民工全部住入公共租赁房时的保障成本[③]。倪建伟和桑建忠基于完全成本视角将农民工城市住房成本分解为获得成本、搬迁成本、居住成本和风险成本，构建了新生代农民工城市住房成本模型[④]。赵振宇从政府与市场、中央与地方政府、输入地和输出地等三个方面，重点探索了农民工住房保障成本的分担机制[⑤]。倪建伟和桑建忠系统整理

[①] 谭禹：《二元化住房制度：日本、新加坡、中国香港的实践模式与歧视》，《甘肃社会科学》2010 年第 3 期。

[②] 丁萧：《农民工市民化住房供给成本研究——以广东省佛山市为例》，《调研世界》2014 年第 11 期。

[③] 廖茂林、杜亭亭：《中国城市转型背景下的农民工市民化成本——基于广东省实践的思考》，《城市发展研究》2018 年第 25 卷第 3 期。

[④] 倪建伟、桑建忠：《完全成本视角下新生代农民工城市住房成本构成研究——一个理论分析框架》，《经济社会体制比较》2016 年第 11 期。

[⑤] 赵振宇：《人的城镇化视域下农民工住房保障成本分担机制研究》，《学习与探索》2017 年第 3 期。

了农民工城市住房成本相关文献，从成本规模与构成、成本影响因素、成本分担方式和支付能力与意愿四个方面讨论了这一问题[①]。

2. 农民工住房保障的具体手段及其实施效果

由于各地社会经济发展不平衡，城市面临的农民工住房问题压力并不相同，因而客观上要求政府在制定对策时能够因地制宜。为此，地方政府进行了许多有益探索，形成了一批特色做法。例如改造空置房、烂尾楼做农民工公寓的"重庆做法"，利用农村集体土地建设农民工公寓的"长沙做法"，工业园区配建农民工宿舍的"上海做法"，建立匹配农民工特点公积金的"湖州做法"，以市民化为导向的"嘉兴做法"，以市政改造为抓手的"广州做法"等[②]。已有大批的文献和资料讨论这些模式的特点和适用范围，这里不再一一赘述。另外还有一部分研究讨论了农民工住房公积金政策、面向农民工的公共租赁房和农民工住房补贴等政策的有效性。

3. 提高农民工的住房可支付能力

一些研究致力于探索如何提高农民工的住房可支付能力[③]。主要有以下几种途径。一是为农民工提供就业培训。通过就业培训促进农民

---

① 倪建伟、桑建忠：《农民工城市住房成本与分担方式——一个文献研究》，《经济体制改革》2016 年第 6 期。

② 吕萍：《农民工住房理论、实践与政策》，中国建筑工业出版社 2012 年版，第 161 页。董昕：《中国农民工的住房问题研究》，经济管理出版社 2013 年版，第 166 页。

③ 吕萍、徐鑫林：《农民工家庭城市住房购买力及其提升途径和潜力探究》，《城市发展研究》2017 年第 24 卷第 4 期。董昕：《住房支付能力与农业转移人口的持久性迁移意愿》，《中国人口科学》2015 年第 6 期。魏玮：《城市外来务工人员住房支付能力及其影响因素——以上海市为例》，《城市问题》2015 年第 11 期。邹一南：《农民工永久性迁移与城镇化投资政策取向》，《人口与经济》2015 年第 4 期。陈忠斌、黄露露：《重购轻租还是租售并重：居住方式对农民工举家迁移影响的实证研究》，《经济经纬》2017 年第 2 期。吕萍、甄辉、丁富军：《差异化农民工住房政策的构建设想》，《经济地理》2012 年第 32 卷第 10 期。

工人力资本积累，提高其就业能力和收入水平。二是为农民工提供社会保障。建立以常住人口为覆盖范围的城市社会保障体系，提高农民工的五险一金参保率。三是改革农村土地制度，激活农民工老家宅基地和住房的资产属性，增加他们的财富。四是加快推进户籍制度改革，剥离附着在户籍制度上的公共福利，促进城市公共服务向常住人口全面覆盖。

人口空间转移后产生的住房问题是一个世界性现象。英国、美国、日本和新加坡等先行工业化国家都经历过。国外对国内劳动力迁移和国际移民居住问题的研究起步较早，形成了丰富的理论和实证成果。虽然这些研究成果不能直接应用于解释我国农民工的住房现象，但其理论基础和实证模型可以为分析我国农民工住房问题所借鉴。

国内农民工住房问题的研究非常丰富。这些研究深入揭示了在中国特殊的城镇化进程中，农民工流动行为和住房选择行为是如何被户籍、土地、城市发展等体制性和非体制性因素所制约的。国内的研究还从不同的角度出发，对如何解决农民工住房问题给出了许多针对性的建议。然而当前的研究还存在一些不足。

一是，精准有效的农民工住房政策，需要准确把握和识别区域内农民工群体住房问题的动态特征。然而，现有研究无法为此提供有力的支持。首先，已有研究主要沿着现状分析到成因分析再到政策建议的思路进行，缺乏对农民工住房问题历史发展脉络的分析和演化规律的把握；其次，已有研究大多基于全国层面的统计数据、城市群层面的分类汇总数据、典型城市的小样本问卷调查数据，缺乏省级层面的大样本数据；最后，已有研究大多采用横截面数据，难以追踪农民工住房问题的动态变化，导致农民工住房政策不得不依赖定性判断，在政策细节的制定和操作上难以保证实际利弊和作用效果。

二是，城市差异是农民工住房问题的显著特征，因城施策是解决该问题的可行思路。为此，地方政府进行了许多有益探索，形成了一批特色模式。但与丰富的地方实践不同，学界的相关研究并不充分。虽然现有农民工住房政策研究非常丰富，但这些研究要么关注宏观顶层制度设计，要么检视微观政策工具的有效性，仅有少量研究将地区差异作为构建农民工住房政策的基础。

三是，对农民工住房选择的相关研究非常丰富。但现有研究亟待整理和系统化，以期全面反映农民工住房选择的机制。

四是，目前大量的实证研究主要关注发达地区或发达城市的农民工住房现象，对西部地区和欠发达城市的农民工住房状况和发展趋势关注不够。

综上可知，当前迫切需要从经济社会发展状况和现有的体制环境入手，将理论分析与实证调研相结合，在掌握不同城市农民工住房状况微观数据的情况下，采用定性和定量结合的方法，全面揭示农民工住房状况的形成机理，在探索不同城市差异的基础上，提出与城市发展阶段特征相匹配的农民工住房保障普适性和差别化的政策。

第二章　农民工住房问题形成机理分析框架

全面考察农民工住房问题需要以"农民工流动"为逻辑思考起点，而考察农民工流动和农民工住房需要在一个更大的城市发展框架下进行。国外城市经济学者很早就关注了城市发展、城市劳动力市场和城市住房市场三者之间的交互关系。如威廉·阿朗索（William Alonso）[①]，约翰·F. 凯恩（John F. Kain）[②]，埃德温·S. 米尔斯（Edwin S. Mills）[③]，理查德·穆思（Richard F. Muth）[④]，丹尼斯·迪帕斯奎尔（Denise Dipasquale）和威廉·C. 惠顿（William C. Wheaton）[⑤]，爱德华·L. 格雷瑟（Edward L. Glaser）等[⑥]。目前国内研究中，讨论三者间关联性的研究总体比较少，

[①]　William Alonso, "Location and land use:Toward a general theory of land rent", *Economic Geography*, Vol.42, No.3, January 1964.

[②]　John F. Kain, "The journey to work as a determinant of residential location", *Regional Science*, Vol.9, No.1, January 1962.

[③]　Edwin S. Mills, "An aggregative model of resource allocation in a metropolitan area", *American Economic Review*, Vol.57, No.2, May 1967.

[④]　Richard F. Muth, *Cities and Housing:The spatial pattern of urban residential land use*, University of Chicago Press, 1969, p.78.

[⑤]　丹尼斯·迪帕斯奎尔、威廉·C. 惠顿：《城市经济学与房地产市场》，龙奋杰译，经济科学出版社 2002 年版，第 153 页。

[⑥]　Edward L. Glaser,Joseph Gyourko and Raven E Saks, "Urban growth and housing supply", *Journal of Economic Geography*, Vol.6, No.1, 2006.

71

但有逐步增加的趋势[①]。本章将首先介绍描述城市发展、劳动力流动和劳动力住房三者关系的经典模型，然后基于这些模型讨论农民工住房问题，构建一个新的分析框架。

第一节 农民工住房问题的分析框架

一、城市发展、劳动力流动与住房市场间的逻辑模型

吕萍认为农民工住房问题取决于地区内农民工的规模和结构[②]。而地区内的农民工的规模和结构取决于该地区经济增长能力和产业发展能力。其中地区经济增长能力决定了该地区能够吸引到的潜在农民工数量，地区产业发展能力决定了该地区实际能够吸纳的农民工数量和结构。此外，地区经济发展水平通常与地方政府财力和当地住房价格与租金相匹配。这意味着地方政府面临着不同的住房保障压力。根据以上思路，他们提出了如图 2 所示的逻辑思维图。

毛丰付等认为城市劳动力市场和城市住房市场是在我国经济迅速增长、城市化快速推进的宏观背景下发育起来的，脱离城市发展将无法充分理解城市劳动力市场和城市住房市场中的现象；他们提出以空间为切入点，考察城市空间变化如何影响劳动力的城市就业和居住活动。在此基础上，他们构建了城市发展、劳动力流动和住房市场的逻辑思维模型；该逻辑思维模型定性地描述了城市发展、劳动力流动与

---

① 郑思齐、廖俊平、任荣荣、曹洋：《农民工住房政策与经济增长》，《经济研究》2011 年第 2 期。

② 吕萍：《农民工住房理论、实践与政策》，中国建筑工业出版社 2012 年版，第 69 页。

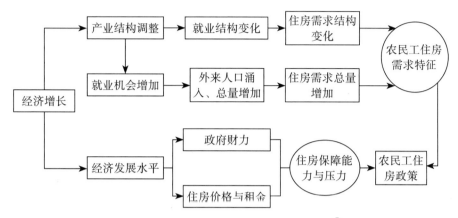

图2　经济增长与农民工住房需求关系逻辑[①]

住房市场的关联性[②]。如图3所示，城市发展表现为城市人口结构、空间结构、产业布局和公共物品供给等方面的变化。劳动力的迁入和迁出能够改变城市人口规模，进而调节城市人口结构，影响城市公共物品供给。劳动力流动和城市产业发展存在适配关系，劳动力流动能够影响产业规模和产业结构，进而影响产业总体布局。劳动力流动和住房市场还存在互动关系，而住房市场又关联着城市空间结构。住房政策能够调节劳动力流动和住房市场的互动关系，住房政策是影响城市发展最重要的政策工具之一。

　　① 毛丰付课题组：《住房政策对劳动力迁移的影响机制及政策模拟：基于获取能力的视角研究报告》，国家自然科学基金：http://output.nsfc.gov.cn/conclusionProject/71273235，2017 年 7 月。
　　② 吕萍、甄辉、丁富军：《差异化农民工住房政策的构建设想》，《经济地理》2012 年第 32 卷第 10 期。

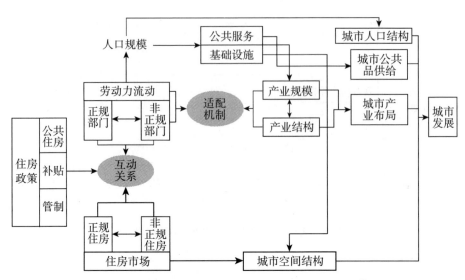

图3 城市发展、劳动力流动和住房市场逻辑思维图[①]

杨赞等也认为城市发展、城市劳动力市场和城市住房市场密切相关。不同于毛丰付等，他们认为城市人口是考察三者关系的切入点，主要观点如下。一是，城市住房市场通过住房存量、住房建设量和住房价格影响城市人口总量、人口密度和人口生活成本；二是，城市人口的增加或减少会影响城市住房需求，进而影响城市住房市场；三是，城市人口的变化与城市可供给劳动力变化基本一致；四是，城市劳动力需求受到城市经济增长方式和产业结构调整的影响[②]。以上关系可由图4来表示。

---

① 毛丰付课题组：《住房政策对劳动力迁移的影响机制及政策模拟：基于获取能力的视角研究报告》，国家自然科学基金：http://output.nsfc.gov.cn/conclusionProject/71273235，2017 年 7 月。

② 杨赞、杨鸿杰、樊颖：《产业结构和人力资本对城市的影响——基于住房供给视角》，《华东师范大学学报》（哲学社会科学版）2017 年第 4 期。

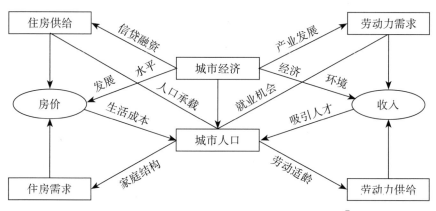

图4　城市经济、劳动力市场和住房市场逻辑思维图 [①]

　　基于上述逻辑思维模型,我们能够做出以下推断。一是,农民工住房问题与农民工流动息息相关。二是,农民工住房问题受到城市住房市场状况的直接影响。三是,农民工住房问题受到城市发展状况的间接约束,约束变量为城市经济状况、城市人口规模、产业特征、公共服务水平、空间结构布局等。四是,农民工住房问题可以通过有针对性的住房政策来改善。总的来说,虽然逻辑思维模型能够帮助我们系统整理出农民工住房问题的影响因素,但遗憾的是该模型无法明确指出这些因素对农民工住房状况的具体影响。

二、区域经济增长的三部门模型

　　不同于逻辑思维模型,丹尼斯·迪帕斯奎尔(Denise Dipasquale)和威廉·C. 惠顿(William C. Wheaton)提出的区域经济增长三部门模

　　① 杨赞、杨鸿杰、樊颖:《产业结构和人力资本对城市的影响——基于住房供给视角》,《华东师范大学学报》(哲学社会科学版)2017年第4期。

型能够更加具体地描绘城市经济增长、城市劳动力市场和城市房地产市场间关系变化的方向[①]。该模型是一个简单的静态模型，它将区域经济分为三个市场：区域产出市场、区域劳动力市场和区域房地产市场。三部门模型基于以下四个假设：第一，区域产出需求是一个当地产出价格的减函数；第二，生产中所需的原材料大多从区域外购进，原材料价格对区域间产品相对价格影响非常小；第三，决定生产成本的两大要素（房地产和劳动力）在区域间有着很大差别；第四，房地产和劳动力两种生产要素不存在替代作用，任何单位产出，都需要固定数量的房地产和劳动力。

1. 初始的均衡状态

基于以上四个假设，区域产出市场、区域劳动力市场和区域房地产市场三个部门间的关联可以用图5表示。

由上至下，图5中第一个图描绘了区域产出市场，横轴是产出需求 Q，纵轴是当地商品服务价格 P。图中向下倾斜的为区域产出需求曲线，该曲线描绘了区域产出需求与当地商品服务价格之间的关系。即为了保证横轴上的产出需求，当地商品服务应该具备的价格。图中水平的直线为单位产出成本 C 线，它等于 $a_k r + a_L w$，其中 a_k 是单位产出所需要的固定的房地产数量，r 是使用房地产的成本（即租金）；a_L 是单位产出所需要的固定的劳动力数量，w 是使用劳动力的成本（工资标准）。

---

① 丹尼斯·迪帕斯奎尔、威廉·C. 惠顿：《城市经济学与房地产市场》，龙奋杰译，经济科学出版社 2002 年版，第 151 页。

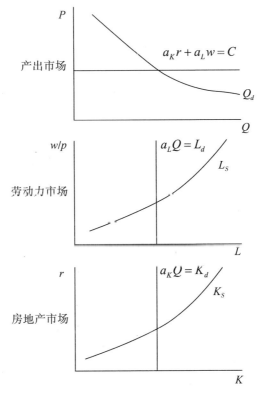

图5　区域经济增长的三部门模型示意①

图5中的第二个图描绘了区域劳动力市场，横轴是区域劳动力的总量L，纵轴为区域有效工资，用w/p表示。图中向上倾斜的为区域劳动力供给曲线。该曲线描绘了区域有效工资和劳动力供给的关系，即为了保证横轴上的劳动力供给，当地有效工资应具有的水平。图中竖直线为劳动力要素需求L_d等于a_LQ，是由区域产出市场的生产水平所决定的。

---

　　①　丹尼斯·迪帕斯奎尔、威廉·C.惠顿：《城市经济学与房地产市场》，龙奋杰译，经济科学出版社2002年版，第161页。

图 5 中的第三个图描绘了区域房地产市场，横轴是房地产存量 K，纵轴为区域房地产使用成本，即租金用 r 表示。图中向上倾斜的曲线为区域房地产供给曲线，该曲线描绘了区域房地产存量与租金的关系，即为了保证横轴上的房地产供给，当地租金应有的水平。图中竖直线为房地产需求 K_d。它等于 a_kQ，也是由区域产出市场的生产水平决定的。

总的来说，三个图是相互关联的，已知产出需求曲线，就能够根据工资和租金决定产出水平，而产出水平决定了要素需求。如果已知要素供给曲线，那么要素需求就决定了要素价格。

2.产出需求增加导致的农民工住房状况变化

产出需求增长是区域经济增长的重要因素之一。当产出需求增长时，区域经济三部门的初始均衡状态将打破。具体来看，假设区域经济三部门模型处于均衡状态，其初始值为：Q^0、P^0、L^0、W^0、K^0、r^0。区域产出需求增加意味着同一价格水平下，产出需求量增加。即图 6 中产出市场的产出需求曲线上移由 Q_d 到 Q_d^1。但增加的产出需求是否能全部被满足呢？产出增长对产出成本的影响又是怎样的呢？在产出预计需求增加的情况下，工资会从 W^0 增加到 W^1，房地产租金也会从 r^0 增加到 r^1。因此，生产成本会从 C^0 增加到 C^1，减弱了最初的产出需求增长。在劳动力市场上，劳动力需求从 a_LQ^0 增长到 a_LQ^1；在房地产市场上，房地产需求从 a_kQ^0 增长到 a_kQ^1。为了保证增加的劳动力，名义工资必须增加到 W^1，而由于价格也要增加，所以名义工资的增加要足够大，使得高价格调整后的有效工资能够增长，从而吸引新的劳动力。同理，产出预计增长也引发了房地产租金水平的增长，达到 r^1，从而刺激新的土地和房产被开发出来。总的来说，新的平衡状态：Q^1、P^1、L^1、W^1、

K^1、r^1 都大于初始解。即当产出需求增加时，产出价格、工资和房地产租金都会增加。但工资增长的百分比将大于价格增长的百分比，而价格增长百分比又大于房地产租金增长的百分比。以上过程见图6。

将以上分析应用在农民工住房问题的讨论上，我们可以得出如下结论。当区域产出需求增长时，该区域将吸引外来劳动力迁入，包括城城流动人口和农民工群体。a_kQ^0 与 a_kQ^1 分别为区域产出需求增加前

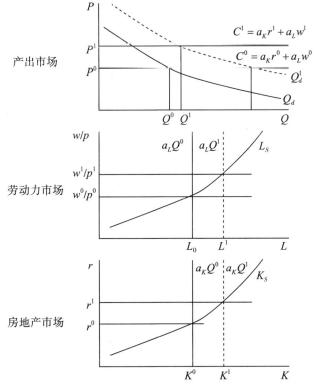

图6　产出需求发生变化对区域房地产市场的影响[①]

---

① 丹尼斯·迪帕斯奎尔、威廉·C.惠顿：《城市经济学与房地产市场》，龙奋杰译，经济科学出版社2002年版，第164页。

后区域房地产市场，用来：一是满足外来劳动力住房需求；二是满足企业规模扩大后对土地和房产的需求。虽然房地产的总体租金将上涨，但考虑到农民工低层次的住房需求，农民工住房租金变动幅度将低于房地产市场上的租金平均水平。此外，考虑到新开发土地和房产需要较长时间，新增房屋或建筑可能并不多，但一些原有建筑可能会被修复、扩建和改造。农民工可能更多地居住在此类住房中。

3. 供给导致的农民工住房状况变化

区域要素供给的增加也会推动经济增长。最常见的生产要素供给增加表现为劳动力供给的变化。区域劳动力供给增加表现为劳动力市场中劳动力供给曲线的平移。当劳动力供给增加时，区域经济三部门的初始均衡状态也将打破。

具体来看。假设区域经济三部门模型处于均衡状态，其初始值为：Q^0、P^0、L^0、W^0、K^0、r^0。区域劳动力供给增加意味着在同一工资水平下，劳动力供给数量增加。即图 7 中劳动力市场的劳动力供给曲线向右平移由 Ls 到 Ls¹，移动的距离等于该区域新增加的劳动力数目。如果产出水平保持不变，那么劳动力的需求也保持不变（为 $a_L Q^0$），那么有效工资会降低。但如果有效工资降得过低，那么初始流入到该区域的劳动力或许会全部离开，从而又恢复初始状态。但由于工资变低，生产成本降低。这会导致产出增加，进而增加了劳动的需求，使之由 $a_L Q^0$ 增加到 $a_L Q^1$。最后工资会仅仅降低到 w^1/p^1 的水平，使就业由 L^0 增加到 L^1。虽然区域产出价格和劳动力工资都下降了，但房地产市场租金却一定会上升。这是因为新增的劳动力必须居住在住房中。房地产存量扩张将需要更多的土地被开发，从而迫使租金上升。但租金上涨不会导致生产成本提高。这是因为生产成本的提高最终也会降低房地产需求，进而降低租金。总的来说，当发生劳动力供给导致的区域增长时，产出价格和工资会降低，但产出数量和就业会增加。工资降低的百分比将大于价格降低的百分比；房地产存量会增长，迫使租金增长。过程见图7。

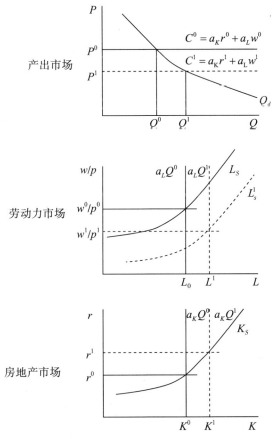

图7 劳动力供给发生变化对区域房地产市场的影响[①]

① 丹尼斯·迪帕斯奎尔、威廉·C.惠顿：《城市经济学与房地产市场》，龙奋杰译，经济科学出版社 2002 年版，第 167 页。

将以上分析应用在农民工住房问题的讨论上，我们可以得出如下结论。对于已经在城市生活的农民工来说，农民工的持续涌入，会导致工资降低，住房租金上涨，住房可支付能力进一步下降。对于初来城市的农民工来说，仅有部分人会找到合适的就业机会，居住在条件较差的环境中；还有部分人可能难以就业也无法支付高额的租金而被迫离开城市。

4. 不同主导产业类型区域农民工住房状况变化

假设区域 A 和区域 B 在初始经济水平和资源禀赋等方面都相同，差异仅仅在于产业结构，进一步假设区域 A 的主导产业为非劳动密集型产业，区域 B 的主导产业为劳动密集型产业。考察在相同经济增长速度、经济增长量的情况下，区域 A 和区域 B 的劳动力住房状况变化。

由于区域 A 和区域 B 的经济发展条件和资源禀赋条件无差异，在相同的经济增长状况下，区域 A 和区域 B 的房地产市场变化趋势应该相似，即租金将上涨。然而劳动密集型产业主导地区 B 需要更多的劳动力，而劳动力必须居住在住房中，因此区域 B 的租金上涨更加剧烈。

农民工是农村转移劳动力。由于劳动技能单一，受教育程度不高，农民工大多集中在劳动密集型产业，从事制造业、建筑业和服务业等相关工作。基于前面的分析，可以发现对于主导产业为劳动密集型产业的区域，区域经济增长后农民工可支付的住房市场租金将明显高于主导产业为非劳动力密集型区域同等质量住房的租金水平。

基于丹尼斯·迪帕斯奎尔（Denise Dipasquale）和威廉·C.惠顿（William C. Wheaton）的区域经济增长三部门模型，我们可以得出以下推论。第一，农民工住房问题与城市产出需求和城市住房市场相关联。

第二，城市经济增长，产业结构调整、城市人口变化都会影响城市已有农民工的住房状况。第三，城市经济增长和产业升级能够改善城市已有农民工的住房状况，而农民工的持续涌入能够负向影响城市已有农民工的住房状况。总的来说，虽然区域经济增长三部门模型能够帮助我们了解城市发展对农民工住房状况影响的方向（正向还是负向），但遗憾的是该模型仍然无法告诉我们城市发展与农民工住房问题两者之间关联的紧密程度。

三、城市增长与住房市场互动模型

爱德华·L. 格雷瑟（Edward L. Glaser）等认为城市是由建筑物构造出来的空间场所，城市发展应该重视住房供应在其中的作用[①]。住房供应弹性决定了城市生产率的提高是否能够促进城市进一步扩张，又或者是否能够支付城市居民更高的工资。基于以上观点，他们提出了住房市场与城市增长模型。

住房市场与城市增长模型考虑一个包含很多城市的开放经济体，在这个经济体中劳动力是同质的，可以在城市之间自由流动。当劳动力无论进入哪个城市都获得相同的效用水平，则该开放经济体处于稳定状态。在此稳定状态下，有下面的基本等式成立：

$$U = C_j + W_j - R_j$$

其中下标 j 代表不同城市，C_j 代表居民享受的城市便利设施，W_j 表示城市工资水平，R_j 表示城市工资水平，U 为剩余收益。

---

① Edward L. Glaser, Joseph Gyourko and Raven E Saks, "Urban growth and housing supply", *Journal of Economic Geography*, Vol.6, No.1, 2006.

为了度量城市对劳动力的需求，爱德华·L.格雷瑟（Edward L. Glaser）等假设一个城市的就业可以用该城市的生产效率来评价，城市中工作岗位数量恰好等于人口并满足以下关系：

$$e^{\alpha(A_j - W_j)} = N_j$$

其中，A_j 表示城市生产效率水平，N_j 是城市的工作岗位数量。在两边取对数后，可以得到下面的等式：

$$\log(N_j) = \alpha A_j - \alpha W_j$$

在住房市场方面，假设城市住房数量等于人口数量，住房价格受到城市特有属性和人口密度影响。那么有

$$H_j = K_j + \delta \log(\frac{N_j}{L_j})$$

$$R_j = \rho H_j$$

其中，H_j 是城市的房价，K_j 是城市特定因素（如分区规划等），L_j 是城市土地面积，δ 是住房供给弹性，ρ 是资本化率。

给定城市 j 的就业、工资、房价可以用下面的三个等式表达出来：

$$\log(N_j) = \frac{\alpha A_j + \alpha C_j + \alpha \rho \delta \log(L_j) - \alpha U - \alpha \rho K_j}{1 + \alpha \rho \delta}$$

$$W_j = \frac{\alpha \rho \delta A_j + U + \rho K_j - C_j - \rho \delta \log(L_j)}{1 + \alpha \rho \delta}$$

$$H_j = \frac{\alpha \delta A_j + \alpha \delta C_j + K_j - \delta \log(L_j) - \alpha \delta U}{1 + \alpha \rho \delta}$$

通过静态比较分析可以得出如下两个重要结论。一是，当城市生产率 A_j 变化一个单位时，城市人口对数增加 $\dfrac{\alpha}{1 + \alpha \rho \delta}$，工资增加 $\dfrac{\alpha \rho \delta}{1 + \alpha \rho \delta}$，房价上涨 $\dfrac{\alpha \delta}{1 + \alpha \rho \delta}$。二是，当城市吸引力 C_j 变化一个单位时，城市人口

对数增加 $\dfrac{\alpha}{1+\alpha\rho\delta}$，工资降低 $\dfrac{1}{1+\alpha\rho\delta}$ 个单位，房价上涨 $\dfrac{\alpha\delta}{1+\alpha\rho\delta}$。

基于城市增长和住房市场互动模型，我们可以做出以下判断。一是，经济增长带来城市人口规模的扩大，工资和房价也会随之上涨。工资增加的百分比不一定大于房价上涨的百分比，取决于资本化率的大小。二是，城市在没有提高生产效率的情况下，仅靠加大公共服务投入提高城市吸引力，虽然能够吸引更多的人口入住，但会造成城市工资降低，房价上涨，原有居民的住房可支付能力下降。三是，住房供给具有弹性的城市，人口增加速度更快，而工资和房价涨幅更平缓。

第二节　农民工住房问题的城市类型学分析

一、分类思路

全面考察农民工住房问题需要把农民工流动和农民工住房放置于一个更大的城市发展框架下来理解。本章第一节给出了与此相关的逻辑思维框架、单个城市的静态比较分析框架和多个城市的静态比较框架。检视这三个框架，我们不难发现学者们观点的相同点，即经济发展、产业发展、住房市场和政府公共服务是影响一个城市农民工住房问题的四大关键因素。

参考前人的做法，我们构建了一个吸引力—吸纳力—压力—保障能力的评估框架（见图8）对城市农民工住房问题展开类型学分析。其中吸引力是指城市吸引农民工的能力，它可以用城市能够吸引到的农民工数量来度量，取决于城市的经济发展能力。吸纳力是指城市吸纳农民工的能力，它可以用城市就业市场的岗位和数量来度量，取决于城市的产业发展能力。压力是指城市农民工住房供应能力，它可以用住房买卖价格和住房租赁价格来衡量，主要是由城市的住房供应结构和体系所决定的。保障能力是指城市为农民工提供包含住房保障在内公共服务的能力，主要是由城市政府的财政能力和治理意愿所共同决定的。

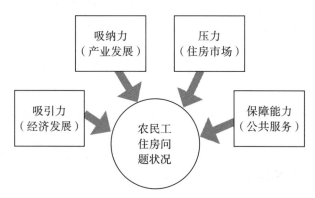

图8　吸引力—吸纳力—压力—保障能力分析框架

假设吸引力—吸纳力—压力—保障能力框架在每一个维度都有高和低两个等级，那么农民工住房问题就有 16 个可能的"理想城市类型"。具体描述如下。

情况 1：城市吸引力—吸纳力—压力—保障能力的取值为高—高—高—高。该城市经济发展迅速，对农民工有强大的吸引力；产业结构高级，第二第三产业高度发达，适合农民工就业的岗位多，农民工能够找到合适的工作。然而，该城市可能处于城市化的中后期，受制于土地等方面的约束，城市住房供应弹性小，住房价格和租金很高。但该城市财政状况稳健，政府也致力于通过住房保障在内的公共服务改善农民工生活，促进城市包容性发展。

情况 2：城市吸引力—吸纳力—压力—保障能力的取值为高—高—高—低。情况 2 与情况 1 基本类似。区别在于情况 2 中虽然城市财政状况良好，但政府对城市的发展定位不同，当前改善农民工住房条件的动力不足，城市的公共服务并不以农民工为主要服务对象。

情况 3：城市吸引力—吸纳力—压力—保障能力的取值为高—高—低—高。该城市的经济发展势头良好，能够吸引大量农民工涌入；产业结构较为合理，能够为农民工提供众多岗位选择。该城市可能处于空间增长状态，住房供应的弹性可观，房地产使用成本不高。该城市政府有一定的财力，也有意愿去解决农民工尤其是本地农民工的住房问题，推动城市快速发展。

情况 4：城市吸引力—吸纳力—压力—保障能力的取值为高—高—低—低。该城市的经济发展前景较好，能够吸引众多农民工前来；产业结构良性，不同素质的农民工都能找到可以接受的工作岗位。该城市也处在空间扩张状态，城市的住房供应具有一定的弹性，能够容纳新进人口。该城市政府虽有一定的财力，可能重点放在经济发展的其他领域，解决农民工住房问题的意愿不足。

情况 5：城市吸引力—吸纳力—压力—保障能力的取值为高—低—高—高。该城市 GDP 高且有继续提高的潜力，能够吸引农民工进入该城市务工。但城市产业结构单一，多元化不足，产业结构与农民工就业结构协调度不高，无法完全吸纳新增的各种农民工。城市的房地产市场供应不具有弹性，企业用地和住房用地竞争激烈，住房面临较大的供给压力。该城市政府有比较大的财力，也意识到住房存在的问题，有意愿改善农民工住房条件。

情况6：城市吸引力—吸纳力—压力—保障能力的取值为高—低—高—低。情况6与情况5基本类似。区别在于情况6中，城市政府的工作重点不在农民工住房问题上。

情况7：城市吸引力—吸纳力—压力—保障能力的取值为高—低—低—低。该城市经济发展具有潜力，长远来看能够吸引农民工前来。但当前产业多元化不足，无法容纳大量农民工。住房市场压力不大，农民工住房可支付能力较强。城市政府对农民工住房问题的关注度不高。

情况8：城市吸引力—吸纳力—压力—保障能力的取值为高—低—低—高。情况8和情况7基本类似。区别在于情况8中，城市政府有意愿加大公共服务投入并惠及农民工群体。

情况9：城市吸引力—吸纳力—压力—保障能力的取值为低—高—高—高。理论上，情况9存在。但在现实中，很少有城市对农民工的吸引力低，但吸纳能力高的情况。因此，情况9实际不存在。

情况10：城市吸引力—吸纳力—压力—保障能力的取值为低—高—高—低。同情况9一样，情况10实际也不存在。

情况11：城市吸引力—吸纳力—压力—保障能力的取值为低—高—低—高。同情况9和情况10一样，情况11实际也不存在。

情况12：城市吸引力—吸纳力—压力—保障能力的取值为低—高—低—低。同情况9、情况10、11一样，情况12实际也不存在。

情况13：城市吸引力—吸纳力—压力—保障能力的取值为低—低—高—高。该城市经济增长乏力，产业结构不合理。城市或许存在过度依赖房地产行业的情况，房地产泡沫严重，住房使用成本高。城市政府也意识到住房市场存在的问题，有意愿通过扩大公共服务去解决低收入群体的住房困难。

情况 14：城市吸引力—吸纳力—压力—保障能力的取值为低—低—高—低。情况 14 与情况 13 类似，区别在于情况 14 的城市政府既没有能力也没有意愿去增加公共服务投入。

情况 15：城市吸引力—吸纳力—压力—保障能力的取值为低—低—低—低。该城市对农民工的吸引力和吸纳力不足，住房供应压力小；城市常住人口以本地居民为主，甚至可能存在人口外流现象，表现出收缩型城市的特征。该城市政府的财政能力有限，对扩大公共服务惠及农民工群体有心无力。

情况 16：城市吸引力—吸纳力—压力—保障能力的取值为低—低—低—高。情况 16 与情况 15 基本类似，区别仅在于情况 6 中的城市政府致力于扩大公共服务将农民工群体纳入其中。

汇总以上分析，在农民工住房问题方面，总共有 12 种"城市理想型"。

二、分类方法

事实上，吸引力—吸纳力—压力—保障能力框架中每一个维度不只存在高低两个值，其取值很可能是连续的，需要更细致的定量分析工具对城市面临的农民工住房问题程度加以描述。这里我们采用指标体系评估法。指标体系评估法的好处在于能够通过追踪有限几个指标的变化来对评估对象进行纵向比较和横向比较。同时，指标体系评估法简单易操作，能够为政府因城施策解决农民工住房问题提供可应用的工具。为了使指标体系评估的结果能反映真实的情况，我们遵循以下原则。

一是系统性原则。系统性原则要求用系统和整体的思想来考察现象。我们从经济学的角度出发，拓展了三部门理论，从城市经济增长、城市劳动力市场、城市房地产市场、城市公共服务能力四个方面选取相关指标来进行测度。

二是相关性原则。相关性原则要求选取的指标是与城市解决农民工住房问题压力有关的指标，与此无关的指标不应纳入指标体系中。

三是客观性原则。客观性原则要求选取的指标是非主观的，可以观测的，能够重复使用的。

四是实用性原则。实用性原则要求选取的指标具有可操作性，选取的指标能够获取对应的评价数据。

五是一致性原则。一致性原则要求利用构建的指标体系在对同一对象进行评价时，其结果是一致的。

根据这些原则，结合第一章内容和本章第一节的理论模型，我们选取了 22 个客观指标，涵盖经济发展特征、产业发展特征、住房市场特征和社会保障能力四个方面。如表 3 所示。

表 3　划分城市类型的指标体系

准则层	指标层
经济发展特征	地区生产总值
	常住人口规模
	固定资产投资
	城镇居民人均可支配收入

续表

准则层	指标层
产业发展特征	期末从业人员数
	登记失业人员数
	第二产业就业弹性
	第三产业就业弹性
	工资性收入
住房市场特征	行政区域土地面积
	建筑企业数目
	房地产开发投资额
	商品房竣工面积
	商品房均价
	房价收入比
	城镇居民人均住房面积
	城镇居民人均居住支出
公共服务能力	公共财政预算收入
	社会保障和就业支出
	住房保障支出
	保障性住房供地面积
	城镇居民住房困难面积标准

　　有了以上指标后，我们可以通过整理城市相关统计数据，用聚类分析法对同一省份不同城市的农民工住房问题进行归类分析（具体应用见第五章），也可以用判别分析法对新增城市所属的农民工住房问题城市类别进行判别分析，还可以结合城市的经济社会发展数据预测给定城市的农民工住房问题发展趋势（具体应用见第四章）。

第三节　农民工住房需求特点

杰罗姆·罗森伯格（Jerome Rothenberg）等认为人们对住房的众多需求可以大致分为四类。一是对住房服务的需求，这里住房服务是指住房为家庭提供庇护、休息、娱乐和生活空间的服务。二是对住房属性的需求，住房属性包括居住面积、房间个数、住房设施、装饰风格等。三是对住房所有权的需求。四是对住房区位的需求。住房区位是指住房周边的交通设施、娱乐设施、学校、邻里治安等特征[①]。然而，住房需求源于人们的主观想法，具有隐蔽性，不容易被观察到。因此，学者们常常通过观察人们的住房消费行为来间接推断他们的住房需求特点。本节也将通过梳理农民工住房消费行为的相关文献来推断农民工住房需求的特点。

一、农民工住房需求的共性

农民工在城市的消费行为一直是学者们关注的重点。当前研究指出农民工城市消费具有三个共同点。

第一，农民工城市消费具有二元性[②]。农民工在流动中受到城市文化和乡村文化的双重影响，在消费偏好上既有传统农村居民消费的特征，又展示出城镇居民消费的特点。

[①] Jerome Rothenberg, George C. Galster, Richard V. Butler and John R. Pitkin, *The maze of urban housing markets: Theory, evidence and policy*, The University of Chicago, 1991, p.30.

[②] 于丽敏：《农民工消费行为的二元性探析》，《工业技术经济》2010 年第 29 卷第 2 期。王宁：《两栖消费行为的社会学分析》，《中山大学学报》（社会科学版）2005 年第 4 期。王张明、孔祥利：《农民工城乡消费二元性探析》，《经济体制改革》2015 年第 3 期。

第二，农民工城市消费更多是生存型消费，较少享乐型消费和发展型消费。面对城市生活的不确定性和社会保障的缺失，农民工常常会节衣缩食，降低日常生活开支，具有高储蓄、低消费的特点。近年来，随着农民工群体的发展，享乐型消费和发展型消费的行为也有所增加。

第三，农民工的边际消费倾向要显著低于城镇居民[①]。首先，农民工就业具有流动性。其次，农民工在就业机会、工资待遇、社会保障水平、子女教育等公共服务上尚未享受和城镇本地居民相同的待遇。工作和生活上的不稳定导致农民工消费具有短期性，其预防性储蓄倾向更高。

农民工在城市的住房消费行为是其众多消费行为的一种，具有类似的特点。简述如下。

一是农民工住房消费具有二元性。受农村传统文化的影响，一方面农民工会将收入存下来投资老家住房。受到城市文化的吸引，另一方面农民工会努力赚钱梦想在城市拥有自己的住所，即使无法在大城市购房，也会选择在中小城市或城镇购房。

二是农民工住房消费多看重住房的基本效用，较少考虑住房的满足效用和发展效用。吕萍 2008 年在西安和东莞两地的农民工调研显示：81.5% 的受访者注重住房是否能够遮风挡雨和防寒保暖；18% 的受访者要求住房有充足的面积和齐全的设施，能够方便照顾家人；仅有 0.5%

---

① 陈斌开、陆铭、钟宁桦：《户籍制约下的消费》，《经济研究》2010 年第 S1 期。王韬、毛建新：《流动人口家庭与城镇家庭的消费差异——基于分位数回归的分析》，《人口与经济》2015 年第 4 期。

的受访者关注住房对社会地位提升和未来个人发展的作用[1]。随着农民工流动的家庭化和代际转换，农民工也越来越重视住房对家庭团结和未来发展的支持作用[2]。

三是农民工家庭住房边际消费倾向较低。孙聪等利用北京"城中村"的调研数据发现农民工的住房需求收入弹性仅为0.08[3]。这意味着随着收入的增加，农民工的住房支出也不会明显提高。郭新宇等利用河北省丰宁县的调查数据发现农民工租房消费对当期收入敏感，而购房消费对当期收入并不敏感[4]。董昕和张翼利用全国106个城市的调查数据发现农民工流入地的收入对住房消费影响显著，而流出地的收入对住房消费的影响并不显著[5]。

虽然农民工的住房消费行为与其他消费行为有相似之处，但其也有着独特性。学者吕萍认为农民工住房消费还具有以下特征[6]。第一，自承性是指与城镇居民相比，农民工只能自己承担住房费用并无政府帮助；第二，妥协性是指农民工倾向于降低自己对房屋安全、子女教育方面的要求；第三，内循环性是指农民工在住房公共政策制定上缺乏话语权和影响力，导致其住房需求无法表达；第四，空间延续性是指农民工住房需求受到当前住所空间特征的影响；第五，稳定性和恒

---

① 吕萍：《农民工住房理论、实践与政策》，中国建筑工业出版社2012年版，第8页。
② 魏万青：《从职业发展到家庭完整性：基于稳定城市化分析视角的农民工入户意愿研究》，《社会》2015年第35卷第5期。
③ 孙聪、宋志达、郑思齐：《农民工住房需求特征与城市住房保障体系优化——基于北京市"城中村"调研的研究》，《农业技术经济》2017年第4期。
④ 郭新宇、李想、潘扬彬：《农民工住房需求特性研究——基于县城农民工住房需求函数的实证分析》，《农村经济》2015年第11期。
⑤ 董昕、张翼：《农民工住房消费的影响因素分析》，《中国农村经济》2012年第10期。
⑥ 吕萍：《农民工住房理论、实践与政策》，中国建筑工业出版社2012年版，第98页。

常性是指农民工的下一期住房消费通常是上一期住房消费的延续；新增收入用于增加住房消费的比例并不高。

除以上论述，我们认为农民工住房需求还存在以下四点重要特征。

一是低层次性。根据美国心理学家马斯洛的需求层次理论，人们的需求可以分为生理需求、安全需求、社交需求、尊重需求和自我实现需求。由于农民工在城市就业和生活的不确定性，农民工的住房需求多停留在生理需求（睡觉休息）和安全需求（遮风挡雨）的层面。农民工对住房的社交需求、尊重需求和自我实现需求要求并不高。许多农民工也将城市住所视为消费品而非投资品。总的来说，农民工住房需求具有低层次性。

二是非正规性。相对于正规性，非正规性是指某种现象和活动不符合当前的法律规范和制度安排。早期的非正规性研究主要集中在劳动和经济领域，目前扩展到社会经济、政治行为和城市空间形态。农民工住房需求的非正规性体现在农民工常常被迫落脚在非正规住房，包括"城中村"租赁住房、小产权房、非法自建房、非法改建房、地下室、煤棚等。这些非正规性住房具有高度的不确定性：一是产权的不确定性，非正规住房在城市常常被定性为违章/违规/违法/非法建筑，随时有可能被管理者/执法者所取缔。二是合同的不确定性。居住非正规住房的农民工通常与房东未订立租赁合同或订立的租赁合同无法备案，房东随时可能加租甚至拒绝续租。三是维修的不确定性。非正规住房大多疏于维修保养，具有很大的卫生和安全隐患。农民工住房需求具有非正规性，并不完全是农民工主观意愿的结果，也是当前正规性住房供给不足的客观反映。

三是过渡性。农民工流动于城乡之间，亦工亦农，亦城亦乡。这种情况下，农民工与家庭成员也常常处于分居状态。对他们来说，城市住房不再是"家"的代名词而是临时居所，具有明显的过渡性。虽然有少数农民工能够通过自己的打拼逐步改善城市住房条件，但更多的农民工只能在一个又一个临时居所中继续他们的城市生活。住房需求具有过渡性，同样也并不完全是农民工主观意愿的结果，而主要是客观城乡制度环境的影响。

四是可提升性。一方面，当前农民工住房需求具有低层次性、非正规性和过渡性等特征。另一方面，这意味着农民工住房需求还有很大的可提升空间。随着户籍制度的松绑、城镇社会保障的扩容、住房市场规范性的增强、农民工就业歧视的消除和农民工就业的正规化，农民工市民化进程将会不断加快并最终实现由农民到市民身份的转变。

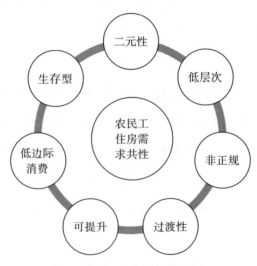

图 9　农民工住房需求共性特点

农民工住房需求也会逐渐向中高层次、正规性和永久性演进。事实上，不少专家和学者都对农民工未来的住房需求持乐观态度，政府也出台过相应的政策支持农民工购房。

二、农民工住房需求的差异性

艾伦·C. 古德曼（Allen C. Goodman）[①]和杰弗里·扎贝尔（Jeffrey E. Zabel）[②]构建的住房消费分析框架指出家庭具有相似的住房效用模式。住房效用取决于家庭消费的住房服务数量和住房以外其他商品的数量，受到家庭收入水平的约束。他们还进一步指出家庭的住房效用存在异质性，而异质性来源于家庭的人口统计学特征。根据这一分析框架，我们不难推断得出，由于农民工存在异质性，农民工的住房效用也存在差异，其住房需求也存在差异。事实上，造成农民工住房需求差异的因素非常多。国内外研究表明人口属性因素的影响正在减弱，表征农民工"流动状态"和"移民身份"的因素正在增强[③]。本书认为以下三个因素对农民工住房需求的分化起着决定性作用。

1. 就业状况

国内外研究表明，城市就业机会及收入是农民工涌入城市的主要驱动力，也是促使农民工返乡回流的重要影响因素。这表现在就业状

---

① Allen C. Goodman, "An econometric model of housing price, permanent income, tenure choice and housing demand", *Journal of Urban Economics*, Vol.23, No.3, 1988.

② Jeffrey E. Zabel, "Migration, housing market and labor market responses to employment shocks", *Journal of urban Economics*, Vol.72 , No. (2–3), 2012.

③ 冯长春、李天娇、曹广忠、沈昊婧：《家庭式迁移的流动人口住房状况》，《地理研究》2017 年第 36 卷第 4 期。

况好的农民工愿意长期稳定地居住在城市，而就业状况差的农民工可能会在城乡之间循环流动，甚至返乡不再进入城市。实际上，就业状况直接影响了农民工的住房需求。

首先，根据艾伦·C. 古德曼（Allen C. Goodman）[1]和杰弗里·扎贝尔（Jeffrey E. Zabel）[2]的住房消费分析框架，住房消费行为是在给定预算条件下的理性决策行为。对农民工来说，工资收入是农民工城市住房消费最主要的约束条件。工作不稳定、低层次、缺乏权益保障都可能弱化农民工的住房消费能力，进而抑制他们的住房需求。

其次，人们的居住区位选择通常是在预算约束条件下，综合考虑住房成本和通勤成本的结果[3]。孙聪等的研究表明农民工每月住房支出与通勤成本存在显著的相关关系[4]。农民工愿意为靠近就业地点承担更高的住房开支。这表明就业可及性是决定农民工住房需求的重要因素。

再次，农民工住房选择通常与其就业形式相匹配。不少学者都观察到制造业农民工大多居住在集体宿舍中；建筑业农民工通常居住在工地工棚里；服务行业农民工大多自行租赁；自雇农民工通常居住在经营场所或自己购买的住房里[5]。这一观察侧面反映了农民工住房需求受到其就业形式的影响。

---

① Allen C. Goodman, "An econometric model of housing price, permanent income, tenure choice and housing demand", *Journal of Urban Economics*, Vol.23, No.3, 1988.

② Jeffrey E. Zabel, "Migration, housing market and labor market responses to employment shocks", *Journal of urban Economics*,Vol.72, No.(2–3),2012.

③ 郑思齐、张文忠：《住房成本与通勤成本的空间互动关系——来自北京市场的微观证据及其宏观含义》，《地理科学进展》2007年第26卷第2期。

④ 孙聪、宋志达、郑思齐：《农民工住房需求特征与城市住房保障体系优化——基于北京市"城中村"调研的研究》，《农业技术经济》2017年第4期。

⑤ 吕萍：《农民工住房理论、实践与政策》，中国建筑工业出版社2012年版，第131页。

最后，农民工住房保障服务通常与其就业状况挂钩。例如，一些城市将就业年限，工作合同作为农民工申请公租房的条件；一些城市鼓励用工单位为农民工集中申请公租房；一些城市将公租房定向分配给从事环卫、公交和保安工作的农民工；更多的城市规定农民工住房公积金应由其所在单位申请①。这些制度安排也侧面证实了农民工住房需求受到其就业状况的影响。

2. 流动模式

流动模式是表征我国农民工流动状态的重要因素。由于农民工住房问题是农民工流动过程中的伴生问题，因此我们认为流动模式也将导致农民工住房需求差异。这一论断主要基于家庭生命周期理论和家庭生命历程理论。

家庭生命周期理论指出一个家庭在不同的生命周期阶段会有不同的消费偏好和消费重点。这意味着家庭的消费结构会随着家庭生命周期阶段发生转变。家庭生命周期理论在分析稳定家庭形态的消费行为上具有解释力，但它无法用来分析一些非常规形态家庭的消费行为，例如未婚同居、已婚分居等②。而这些非常规形态家庭在后工业化社会不断增多。为了弥补家庭生命周期理论的缺陷，人们提出了生命历程理论。生命历程理论认为在家庭的生命周期里，一些重要的经济社会

---

① 赵卫华、冯建斌、张林江：《单位嵌入型住房公积金制度对农民工的影响分析》，《中共中央党校（国家行政学院）学报》2019 年第 23 卷第 2 期。

② 晁钢令、万广圣：《农民工家庭生命周期变异及其家庭消费结构的影响》，《管理世界》2016 年第 11 期。吴开泽，陈琳：《从生命周期到生命历程：中西方住房获得研究回顾与展望》，《城市发展研究》2014 年第 21 卷第 12 期。

政治事件和家庭的重要事件都能改变家庭的消费模式^①。例如住房改革影响了不同世代获得住房的途径；家庭分居导致农民工城乡住房两头占的现象。对于农民工来说，自身及家庭流动是贯穿其家庭生命历程的重要事件，将影响其家庭消费模式。

按照流动主体，学者将农民工流动模式分为个体迁移，部分家庭成员一起迁移和举家迁移等三种类型^②。一个常见的流动模式和农民工住房消费对应关系如图 10 所示。

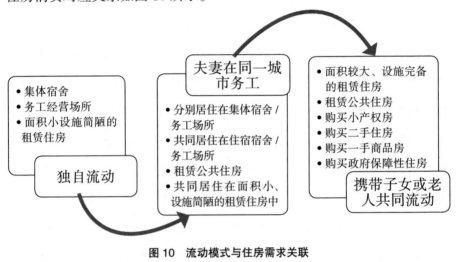

图 10　流动模式与住房需求关联

事实上，学者们也开展了一些经验研究，探索流动模式与农民工消费的关系。就一般性消费行为来看，晁钢令和万广圣发现家庭分居抑制了农民工在衣食住行等基本消费项目上的支出，催生了他们在交

① 吴开泽、陈琳：《从生命周期到生命历程：中西方住房获得研究回顾与展望》，《城市发展研究》2014 年第 21 卷第 12 期。

② 盛亦男：《中国流动人口家庭化迁居》，《人口研究》2013 年第 4 期。

通通信、赡养父母、子女教育方面的消费[1]。王子成和郭沐蓉的研究表明举家外出改变了农民工打工在城市，开销在农村的消费模式[2]。就住房消费来看，盛亦男利用2010年流动人口调查数据发现举家迁移的家庭更倾向于购买商品房或保障性住房[3]。冯长春等基于2009年12座城市的流动人口调查数据指出独自流动、夫妻同时流动、核心家庭流动的流动人口家庭住房特征存在显著差异[4]。

3. 市民化状况

市民化本质上是农民工向城市转移，并逐渐成为城市居民的一种过程和状态。从社会学的角度来看，即是农民工逐渐放弃农村生活方式、习得符合城市生活习惯的过程。由于消费行为不仅是一种经济活动，还是一种复杂的社会、心理和文化现象，不少学者认为农民工市民化水平能够影响他们的消费需求。主要观点如下。

第一，市民化水平的提高通常伴随着农民工城市生活不确定性的降低[5]。这表现在城市劳动力市场不存在基于户籍的准入门槛，能够做到城市居民和农民工同工同酬；还表现在城市居民与农民工享受的公共服务日益趋同。未来生活不确定性的消除有利于降低农民工的预防

---

① 晁钢令、万广圣：《农民工家庭生命周期变异及其家庭消费结构的影响》，《管理世界》2016年第11期。

② 王子成、郭沐蓉：《农民工家庭收入和消费不平等：流动模式与代际差异》，《北京工商大学学报》（社会科学版）2016年第2期。

③ 盛亦男：《中国流动人口家庭化迁居》，《人口研究》2013年第4期。

④ 冯长春、李天娇、曹广忠、沈昊婧：《家庭式迁移的流动人口住房状况》，《地理研究》2017年第36卷第4期。

⑤ 谢勇、王鹏飞：《市民化水平对农民工家庭消费的影响及其机制》，《中央财经大学学报》2019年第7期。钱文荣、李宝值：《不确定性视角下农民工消费影响因素分析——基于全国2679个农民工的调查数据》，《中国农村经济》2013年第11期。

储蓄意愿，鼓励他们提高消费水平和消费档次，优化消费结构。

第二，市民化水平的提高通常意味着农民工逐步接受城市居民的观念和文化，形成与城市居民相似的消费认知[①]。长期以来，由于生活容易受自然灾害影响、流动性资金不足等原因，农村居民的消费观念偏保守，注重储蓄，日常消费以求廉求实为主。反观城市居民，因为沐浴在商业文化的氛围中，他们的消费观念非常多元，包括品牌消费、炫耀性消费、认同性消费、体验式消费、提前消费等众多消费观念。随着农民工市民化水平的提高，他们也受到城市消费文化的影响。这激励他们从生存型消费向舒适型消费甚至发展型消费转变。

第三，市民化水平的提高还意味着农民工与城市居民的交往互动程度的增加，在同群效应之下农民工也会逐步提高自己的消费水平。

如果简单将农民工市民化的过程划分为初级阶段、中级阶段和最终阶段，我们可以看到农民工市民化水平与其住房消费存在类似如图11所示的关系。

已有实证研究也提供了支持上述论断的证据。就一般消费来看，谢勇和王鹏飞利用2014年中国劳动力调查数据发现市民化水平与农民工家庭人均消费存在明显的正相关关系[②]。向国成和钟世虎基于中国家

---

① Shuangshuang Tang,Jianxi Feng and Mingye Y Li, "Housing tenure choices of rural migrants in urban destinations: A case study of Jiangsu Province China" , *Housing Studies*, Vol.32, No.3, 2017. 杨永贵、邓江年：《家庭化流动、融入意愿对农民工城市生活消费的影响效应研究——来自 CHIP2013 的证据》，《消费经济》2017 年第 33 卷第 4 期。

② 谢勇、王鹏飞：《市民化水平对农民工家庭消费的影响及其机制》，《中央财经大学学报》2019 年第 7 期。

图 11　市民化阶段与住房需求变化

庭收入调查数据发现农民工市民化能够提高家庭边际消费倾向[1]。钱龙等使用浙江大学的农民工调查数据发现市民身份认同度高的农民工，更倾向于增加文娱类消费支出[2]。就住房消费来看，唐爽爽等发现有落户意愿的农民工更容易在城市成为住房拥有者[3]。陶丽等发现没有返乡计划的农民工更倾向于成为住房所有者[4]。

---

[1]　向国成、钟世虎：《农民工市民化的家庭消费效应研究：来自中国的证据》，《湘潭大学学报》（哲学社会科学版）2015年第6期。

[2]　钱龙、卢海阳、钱文荣：《身份认同影响个体消费吗？——以农民工在城文娱消费为例》，《南京农业大学学报》（社会科学版）2015年第6期。

[3]　Shuangshuang Tang,Jianxi Feng and Mingye Y Li, "Housing tenure choices of rural migrants in urban destinations: A case study of Jiangsu Province China", *Housing Studies*, Vol.32, No.3,2017.

[4]　Li Tao, Eddie C. W Hui, Francis K W Wong and Tingting Chen, "Housing choices of migrant workers in China: Beyond the Hukou perspective," *Habitat International*, Vol. 49, October 2015.

第三章　农民工住房问题框架验证：以广西地区为例

如前所述，本书选择广西地区，来验证农民工住房问题形成机理分析框架下的相关假说。本章将对广西城镇化发展状况进行简单介绍。

第一节　全区情况简介

一、社会经济状况

广西壮族自治区地处我国南疆，东连广东省，南临北部湾并与海南省隔海相望，西与云南省毗邻，东北接湖南省，西北靠贵州，西南与越南社会主义共和国接壤。2018 年，广西行政区域土地面积为 23.76 万平方千米，地区年生产总值是 20352 亿元，户籍人口达 5659 万人，常住人口有 4926 万人。改革开放以来，广西城镇化取得了明显成效，城镇化率由 1978 年的 10.61% 上升到 50.22%；城镇规模快速扩张，城市数量由 1979 年的 6 个增加到 2018 年的 22 个，建制镇数量由 1978 年的 66 个增加到 799 个；城镇体系不断完善，形成和发展了北部湾国家级重点城市群，初步培育了桂中城镇群、桂北城镇群、桂东南城镇群和桂西城镇群。①

　　随着广西城镇化的不断推进，大量农业转移人口涌入城市，农民工数量也一直保持着稳步增长的态势。"十二五"以来，广西农民工数量由 2012 年的 1011 万人上升到 2017 年的 1276 万人（见表 4）。2017年底，广西农民工占西部地区农民工总人数的 16.3%，占广西产业工人的 40%，占广西流动人口的 51.6%，其中外出农民工有 922 万人，本地农民工有 354 万人②，本地农民工增长速度高出外出农民工增长速度5.3 个百分点③。

表 4　2012-2017 年广西农民工数量变化（单位：万人）

年份	外出农民工	本地农民工	总数	增幅	增速
2012	611	400	1011	−	−
2013	898	267	1165	154	15.23%
2014	929	282	1211	46	3.95%
2015	924	301	1225	14	1.16%
2016	897	334	1231	6	0.49%
2017	922	354	1276	45	3.66%

数据来源：广西壮族自治区统计局网站，由作者汇总而成。

---

　　①　广西南宁市发展和改革委员会：《自治区党委 自治区人民政府关于印发〈广西壮族自治区新型城镇化规划（2014-2020 年）〉的通知（桂发〔2014〕13 号）》，广西南宁市发展和改革委员会网站：http://fgw.nanning.gov.cn/fggz/fzgh/t109915.html，2015 年 6 月。
　　②　广西壮族自治区人民政府：《2017 年广西壮族自治区国民经济和社会发展统计公报》，广西壮族自治区人民政府网站：http://www.gxzf.gov.cn/gxsj/sjyw/20180426-691677.shtml，2018 年 4 月。
　　③　广西壮族自治区人民政府：《广西生育出现小高峰人口总量稳定增加》，http://www.gxzf.gov.cn/gxsj/sjyw/20180509-694473.shtml，2018 年 5 月。

二、农民工市民化

随着农民工数量的持续增长，农民工市民化问题日益凸显，突出表现在农民工虽深度参与了城镇化建设，但未能与城镇户籍居民一样分享城镇化的红利。《广西新型城镇化规划（2014–2020年）》指出，2016年常住人口城镇化率为48.08%，户籍人口城镇化率为30.67%，两者相差近17个百分点，即615.45万人居住在城镇但没有城镇户籍，无法公平地享受城镇的基本公共服务[1]。近几年来，广西在农民工市民化方面不遗余力，一方面着力推动农业转移人口在城镇落户，另一方面努力促进基本公共服务向常住人口全覆盖，按照这两条线，相继出台了50多个配套政策文件，形成了农业转移人口市民化的基本政策框架。

当前，广西推进农民工市民化方面取得了显著成效。然而，广西农民工市民化的任务仍然较重。《广西壮族自治区新型城镇化规划（2014–2020年）》提出2020年广西常住人口城镇化率要达到54%，需要新增城镇人口700万人，而新增城镇人口中600万人是以农民工为主的农业转移人口[2]。然而，统计数据显示，近年来广西农业转移人口规模小，每年只有约10万人，户籍人口城镇化率提升难度大[3]。因此，加快推进农民工市民化是当前广西新型城镇化过程中亟待解决的重要问题。

---

① 广西南宁市发展和改革委员会：《自治区党委 自治区人民政府关于印发〈广西壮族自治区新型城镇化规划（2014–2020年）〉的通知（桂发〔2014〕13号）》，广西南宁市发展和改革委员会网站：http://fgw.nanning.gov.cn/fggz/fzgh/t109915.html，2015年6月。
② 广西南宁市发展和改革委员会：《自治区党委 自治区人民政府关于印发〈广西壮族自治区新型城镇化规划（2014–2020年）〉的通知（桂发〔2014〕13号）》，广西南宁市发展和改革委员会网站：http://fgw.nanning.gov.cn/fggz/fzgh/t109915.html，2015年6月。
③ 江丹：《推进广西农业转移人口市民化对策建议》，《市场论坛》2018年第1期。

第二节　十四个地级市简介

一、地理分布及特点

2019 年，广西壮族自治区行政区划为 14 个地级市，8 个县级市，63 个县（含 12 个民族县），40 个市辖区，799 个镇，319 个乡（含 59 个民族乡），133 个街道办事处。

南宁市是广西壮族白治区首府，广西第一大城市，全区政治、经济、交通和文化中心，是北部湾经济区核心城市。柳州市位于广西中部偏东北，是广西最大的工业城市。桂林市位于广西东北部地区及桂湘交界地区，是世界著名的风景旅游城市和中国历史文化名城。梧州市位于广西东部，紧靠粤港澳，毗邻北部湾，位于浔江、桂江、西江三江交汇，交通资源发达。北海位于广西南端。北部湾东北岸，是全国首批 14 个沿海开放城市之一，是中国大西南连接东盟的便捷出海口。防城港市地处广西北部湾之滨，是中国仅有的两个沿边与沿海交汇的城市之一，是中国面向东盟合作的重要门户。钦州市地处广西南部沿海，是广西北部湾经济区的海陆交通枢纽，是中国—东盟自由贸易区的前沿城市。

贵港市位于广西东南部，是珠江—西江经济带战略重要节点城市，也是一座内河港口新兴城市。玉林市地处广西东南，毗邻粤港澳，前临北部湾，是全国改革发展试点城市。百色市地处广西西部，是广西内陆面积最大的地级市，也是革命老区，少数民族地区，边境地区、大石山区和贫困地区。贺州市位于广西东北部，地处湘、粤、桂三省交界处，是大西南连接粤港澳的重要通道。河池市地处广西西北部，云贵高原南边，是西南腹地走向珠三角和东盟的要塞，是革命老区、少数民族地区、大石山区、石漠化地区和水库移民区。来宾市位于广西中部，是桂北与桂南、桂西与桂东的连接部和西南出海大通道的重要组成部分。崇左市位于广西西南部，是伴随中国—东盟自由贸易区启动而发展起来的新兴城市，是广西最年轻的城市。

二、城镇化差异概述

《广西壮族自治区新型城镇化规划（2014–2020年）》指出：1978年–2016年，广西城镇常住人口从360万增加到2326万人，年均增加50万人，城镇化率从10.64%提高到48.1%，年均提高0.96个百分点[①]。然而，广西各地级市城镇发展不够协调，地区间人口规模和生产总值差异较大，见表5。2016年，南宁市生产总值为3703.33亿元，无论是常住人口或者户籍人口规模均超过700万人，户籍人口城镇化率为43.53；柳州市生产总值为2476.94亿元，外来务工人员多，常住人口多于户籍人口；桂林市和玉林市常住人口超过500万人，北海、防城港、钦州市社会经济发展较快，人口流动加快。百色、贺州、河池、来宾、崇左等外出人口多，城镇化进程较为缓慢[②]。

广西目前正实施更加积极的差别化落户政策，2020年全区实现600万左右符合条件的农业转移人口落户城镇。其中南宁有100万人，

---

① 广西南宁市发展和改革委员会：《自治区党委 自治区人民政府关于印发〈广西壮族自治区新型城镇化规划（2014—2020年）〉的通知（桂发〔2014〕13号）》，广西南宁市发展和改革委员会网站：http://fgw.nanning.gov.cn/fggz/fzgh/t109915.html，2015年6月。

② 广西壮族自治区统计局：《广西统计年鉴2017》，广西壮族自治区统计局：http://tjj.gxzf.gov.cn/tjnj2020/2017/indexch.htm，2017年11月。

柳州有 60 万人，桂林有 50 万人，梧州有 45 万人，玉林有 85 万人，贵港有 50 万人，北海有 20 万人，钦州有 40 万人，防城港有 15 万人，百色有 30 万人，贺州有 30 万人，河池有 25 万人，来宾有 30 万人，崇左有 20 万人[1]。

表5 2016 年广西十四市城镇化情况[2]

城市	常住人口（万人）	城镇常住人口（万人）	常住人口城镇化率（%）	户籍人口（万人）	城镇户籍人口（万人）	户籍人口城镇化率（%）	生产总值（亿元）
南宁	706.22	425.34	60.23	751.74	327.24	43.53	3703.33
柳州	395.87	249.34	63.00	385.67	190.22	49.32	2476.94
桂林	500.94	238.48	47.61	533.96	168.11	31.48	2054.82
梧州	301.84	152.71	50.59	347.47	162.93	46.89	1175.65
北海	164.37	92.52	56.29	174.34	57.34	32.89	1006.98
防城港	92.90	52.36	56.36	97.20	35.67	36.69	676.04
钦州	324.30	122.59	37.80	409.13	60.48	14.78	1102.05
贵港	433.20	207.78	47.96	554.89	114.79	20.69	958.76
玉林	575.60	272.07	47.27	717.32	240.72	33.56	1553.83
百色	362.02	127.40	35.19	417.17	103.51	24.81	1114.31
贺州	203.87	89.66	43.98	242.52	34.76	14.33	518.19
河池	349.90	126.16	36.06	428.59	95.78	22.35	657.18
来宾	220.05	92.83	42.19	268.56	62.05	23.11	589.11
崇左	206.92	77.00	37.21	250.54	57.29	22.86	766.20

---

[1] 广西南宁市发展和改革委员会：《自治区党委 自治区人民政府关于印发〈广西壮族自治区新型城镇化规划（2014–2020 年）〉的通知（桂发〔2014〕13 号）》，广西南宁市发展和改革委员会网站：http://fgw.nanning.gov.cn/fggz/fzgh/t109915.html，2015 年 6 月。

[2] 广西壮族自治区统计局：《广西统计年鉴 2017》，广西壮族自治区统计局：http://tjj.gxzf.gov.cn/tjnj2020/2017/indexch.htm，2017 年 11 月。

第三节 辖区农民工住房政策简介

改革开放四十余年来，农民工总量不断增长，农民工住房问题也不断积累并日益突出。有鉴于此，中央政府陆续出台了多项措施力图改善农民工的居住条件，各地方政府也紧随其后进行了有益的探索和实践。就广西农民工住房政策来看，早期基本照搬中央政府的政策模板，近期开始结合地方特色探索更加精准的住房政策。这也从侧面反映出农民工住房问题成为广西城镇化过程中一个较为突出的问题。本节将对广西农民工住房政策进行一个简要的介绍。

一、直接相关政策

2003 年 5 月，广西壮族自治区人民政府办公厅发布《关于做好农民进城务工就业管理和服务工作的通知（桂政办发〔2003〕91 号）》。该文件指出，广西有 3800 多万农业人口，占广西总人口的 80% 左右，近 900 万农村劳动力实行了转移就业。文件提出了一系列改善进城务工农民公共服务的措施，与居住相关是"建设部门要加强对农民工居住区的管理，要重视对居住区的选址规划，保证居住环境安全、清洁、卫生，提高农民工在城镇的生活质量"。[①]

2006 年 12 月，广西壮族自治区人民政府印发了《关于解决农民工问题的若干意见（桂政发〔2006〕51 号）》。该文件的第十七条"把农

---

① 广西壮族自治区人民政府办公厅：《广西壮族自治区人民政府〈关于做好农民进城务工就业管理和服务工作的通知〉》，法律快车网：http://www.lawtime.cn/info/laodong/ldfg/ldzhfg/2007070321588.html，2003 年 5 月。

民工纳入城市公共服务体系"和第二十一条"多渠道改善农民工居住条件"，基本与国发〔2006〕5号的内容相同，只是在第三十一条"积极稳妥发展小城镇，提高产业集聚和人口吸纳能力"中提到"在县城和重点镇，规划建设务工经商农民居住小区，落实优惠政策，鼓励、吸引外出务工回到小城镇创业和居住"。① 这反映出广西农民工的居住问题主要集中在务工经商农民工住房所有权上。

2007年11月，广西壮族自治区人民政府印发了《关于解决城市低收入家庭住房困难的实施意见（桂政发〔2007〕44号）》。该文件开篇提到，"20多年来，我区住房制度改革不断深化，城市住宅建设持续快速发展，城市居民住房条件总体有了较大的改善，但与全国大部分省区相比，我区住房保障工作相对滞后"，"2007年8月底，14个设区城市均已建立廉租房制度，但大部分县（市）还没有建立廉租住房制度"。② 该文件虽将农民工列入了其他城市住房困难群体，但主要政策目标还是重点解决城市低收入家庭住房问题。

2010年12月，广西壮族自治区人民政府印发了《关于统筹城乡就业和社会保障体系建设的若干意见（桂政发〔2010〕78号）》。文件第二十一条提出加快建立城镇落户农民工的住房保障体系和政策体系。具体如下："把在城镇落户农民工住房问题纳入住房保障政策中统筹考虑与安排，建立'农民工经济租用房、廉租房、经济适用房、限价商

---

① 广西壮族自治区人民政府：《广西壮族自治区人民政府〈关于解决农民工问题的若干意见〉》，《广西壮族自治区人民政府公报》2007年第2期。

② 广西壮族自治区人民政府：《广西壮族自治区人民〈政府关于解决城市低收入家庭住房困难的实施意见〉（桂政发〔2007〕44号）》，广西壮族自治区人民政府网站：http://www.gxzf.gov.cn/zwgk/zfwj/zzqrmzfwj/20071219-297594.shtml，2007年11月。

品房'四位一体的、覆盖城镇常住人口的住房保障体系。对于在城镇落户、稳定就业一定年限的农民工，在保障性住房政策上给予城镇市民待遇，比照城镇居民收入标准，分别提供廉租住房、经济适用住房、公共租赁住房、限价商品住房。用人单位应为农民工缴存住房公积金，符合条件的农民工可以依照有关规定支取住房公积金购建或租赁自住住房，也可以申请住房公积金贷款购建自住住房"。[1] 此时，文件的主要目标是已经落户的农民工，不包括进城务工人员。

2011年1月，广西壮族自治区人民政府印发了《关于加快公共租赁住房的实施意见（桂政发〔2011〕5号）》。该文件首次强调，"随着城镇化快速发展，新近就业职工的阶段性住房支付能力不足矛盾日益显现，外来务工人员居住条件也亟待改善。大力发展公共租赁住房是引导城市居民合理住房消费、调整房地产市场供应结构的必然要求"。[2]文件还首次提出，"有条件的地区，可以将新就业职工和稳定职业并在城市居住一定年限的外来务工人员纳入供应范围"。[3]

2011年，广西壮族自治区启动改善农民工住房条件的相关项目和政策，提出将农民工纳入住房保障体系之中的概念，积极引导农民工实现就地落户城镇。

---

① 广西壮族自治区人民政府：《广西壮族自治区人民政府〈关于统筹城乡就业和社会保障体系建设的若干意见〉（桂政发〔2010〕78号）》，广西壮族自治区人民政府网站：http://www.gxzf.gov.cn/zwgk/zfwj/zzqrmzfwj/20110222-297860.shtml，2010年12月。

② 广西壮族自治区人民政府：《广西壮族自治区人民政府〈关于统筹城乡就业和社会保障体系建设的若干意见〉（桂政发〔2010〕78号）》，广西壮族自治区人民政府网站：http://www.gxzf.gov.cn/zwgk/zfwj/zzqrmzfwj/20110222-297860.shtml，2010年12月。

③ 广西壮族自治区人民政府：《广西壮族自治区人民政府〈关于加快发展公共租赁住房的实施意见〉（桂政发〔2011〕5号）》，广西壮族自治区人民政府网站：http://www.gxzf.gov.cn/zwgk/zfwj/zzqrmzfwj/20110414-299111.shtml，2011年1月。

2013年，广西壮族自治区人民政府办公厅印发《广西壮族自治区保障性住房管理暂行办法（桂政办发〔2013〕77号）》。该暂行办法指出："保障性住房包括廉租住房、公共租赁住房、经济适用住房、限价商品住房（含城市棚户区、国有工矿区、国有林区棚户区、国有垦区棚户区、侨区危房和城中村改造，以及旧住宅危房改造等方式建设的保障性住房）。其中廉租住房、经济适用住房和限价商品住房的保障对象定位为当地城镇中等偏下及以下住房困难家庭。公共租赁住房保障对象为城镇中等偏下收入住房困难家庭、新就业无房职工和城镇稳定就业的外来务工人员。"[1]

2014年7月，广西壮族自治区党委、人民政府印发了《广西壮族自治区新型城镇化规划（2014-2020年）》。规划指出2012年常住人口城镇化率为43.53%，户籍人口城镇化率为21.93%，相差高达21.6个百分点，1101万人居住在城镇但没有城镇户籍[2]，众多农业转移人口难以融入城市社会，没有享受城镇基本公共服务，处于"半市民化"状态。规划提出："要拓宽农业转移人口住房保障渠道，将进城落户的农业转移人口完全纳入城镇住房保障体系，逐步覆盖尚未落户的农业转移人口，采取廉租住房、公共租赁住房、租赁补贴等方式改善农民工居住条件。鼓励社会资本参与农民工集体宿舍和公共租赁住房建设。支

---

[1]　广西壮族自治区人民政府办公厅：《关于印发广西壮族自治区保障性住房管理暂行办法的通知（桂政办发〔2013〕77号）》，广西壮族自治区人民政府网站：http://www.gxzf.gov.cn/zwgk/zfwj/zzqrmzfbgtwj/2013ngzbwj/20131225-427225.shtml，2013年7月。

[2]　广西南宁市发展和改革委员会：《自治区党委 自治区人民政府关于印发〈广西壮族自治区新型城镇化规划（2014-2020年）〉的通知（桂发〔2014〕13号）》，广西南宁市发展和改革委员会网站：http://fgw.nanning.gov.cn/fggz/fzgh/t109915.html，2015年6月。

持农民工集中的开发区和产业园区建设单元型或宿舍型公共租赁住房。鼓励农民工数量较多的企业建设员工宿舍。支持农民工自主购买住房，在首付比例、贷款利率和期限等方面给予政策优惠。逐步将建立稳定劳动关系的农民工纳入住房公积金制度覆盖范围。2020年，广西基本实现城镇常住人口保障性住房全覆盖，覆盖率达到23%以上。"[1]

2014年12月，广西壮族自治区党委、人民政府印发《关于创新和加强农民工工作的若干意见（桂发〔2014〕12号）》。该文件将农民工住房服务列为基本公共服务的一部分，明确要求改善农民工的居住条件，提出了一项原则性措施和四项基本措施。原则性措施是，落实将符合条件的农民工纳入城镇住房保障体系的政策，多方式多渠道改善农民工住房条件。具体措施包括："政府投资建设的公共租赁住房，每年按一定比例提供给符合条件的农民工。对社区街道、工业园区、企业等建设适合农民工租赁的公租房，政府按规定给予贷款贴息补助。鼓励企业建设农民工集体宿舍、农民工公寓，并在项目审批、用地供应、资金筹措、行政收费减免等方面给予优惠政策。在城中村改造中配建农民工公寓，优先安排原居住的农民工。逐步将建立稳定劳动关系的农民工纳入住房公积金制度覆盖范围，调整和完善住房公积金提取使用政策，对农民工购房、租房给予支持。"[2]

---

[1] 广西南宁市发展和改革委员会：《自治区党委 自治区人民政府关于印发〈广西壮族自治区新型城镇化规划（2014—2020年）〉的通知（桂发〔2014〕13号）》，广西南宁市发展和改革委员会网站：http://fgw.nanning.gov.cn/fggz/fzgh/t109915.html，2015年6月。

[2] 广西壮族自治区总工会：《广西壮族自治区〈关于创新和加强农民工工作的若干意见〉（桂发〔2014〕12号）》，广西壮族自治区总工会网站：http://www.gxftu.org/xxgk/zcfg/201406/t20140620_50447.html，2014年6月。

　　2015 年，广西壮族自治区住房和城乡建设厅出台了《关于加强农民工住房保障工作的实施方案》。这是广西第一份农民工住房方面的文件。文件指出："要坚持以人为本，促进农民工市民化，分类分层次逐步将进城农民工住房问题纳入城镇住房保障体系筹安排解决，逐步实现农民工住房保障公共服务均等化。尊重农民工经济能力和居住意愿等自身实际，支持农民工根据就业、生活需要，多样化选择适宜的居住地，向困难农民工提供相应的住房保障和支持。文件定下几个工作目标：一是对已在城镇落户的农民工给予和城镇居民同等的住房保障；二是对有稳定职业并在城镇居住　定年限的农民工提供公共租赁住房；三是深化农民工住房保障供应管理改革，每年竣工的公共租赁住房房源按一定比例定向提供给农民工；四是坚持政府投资建设和企业自建相结合，多途径、多方式解决农民工住房问题；五是力争用 2 年时间基本形成较为完善的农民工住房保障政策体系和实施的体制机制，建立农民工住房保障的长效机制。"[①] 文件的一些具体举措包括："加大农民工住房保障供应，通过新建、购买和向市场长期租赁等形式，每年筹集一定规模的保障性住房定向供应给农民工。2015 年，新建 1 万套公共租赁住房定向供应农民工。在规划布局上，充分依托各地各类产业园区实施建设，设计为一居室、二居室或符合宿舍建筑设计规范的工业园区集体宿舍等。建立完善分配管理机制。逐步消除农民工户籍差别，除对农民工在当地的居住年限做适当规定外，不得对农民工设置其他排斥性规定。完善农民工住房保障服务工作。合理确定公共

---

　　① 中华人民共和国住房和城乡建设部：《广西完善农民工住房保障体系》，中华人民共和国住房和城乡建设部：http://www.mohurd.gov.cn/dfxx/201512/t20151214_225935.html，2015 年 12 月。

租赁住房租金标准，根据农民工经济条件、支付能力、适当降低向农民工供应的公共租赁住房租金标准。启动改革试点：实施建筑业农民工公寓建设试点、推行农民工住房券试点、推进农民工产权型保障性住房配售试点。开展城中村配套建设试点，有序推进城中村改造中配建农民工公寓，优先安置原住农民工"。文件还提出，"农民工住房保障服务需结合农民工就业特点，做到精准施策。"①

2016 年，广西壮族自治区人民政府办公厅印发《广西壮族自治区保障性住房申请条件及政策管理办法》。该办法规定："公共租赁住房保障对象为城镇中等偏下收入住房困难家庭、新就业无房职工和在城镇稳定就业的外来务工人员。公共租赁住房租金和限价商品住房售价实行指导价管理。公共租赁住房租金成本由房屋的折旧费、维修费、管理费、贷款利息、税金等构成。政府投资建设的公共租赁住房只租不售；企事业单位、开发企业等社会机构投资建设的公共租赁住房，按投资主体确定房屋权属，实行'谁投资、谁所有、谁受益'，设区市房屋产权登记机构应当在房屋登记簿和权属证书中注明公共租赁住房及其性质；属于共有份额的，应当注明共有份额。公共租赁住房出租人与承租人应签订《公共租赁住房租赁合同》，房屋租赁合同期限一般为 3–5 年。"②

2016 年 2 月，广西壮族自治区住房和城乡建设厅印发《关于支持农民工等新市民购房需求认真做好房地产去库存工作的通知》。通知指出，"自 2016 年 2 月 5 日至 2016 年 12 月 31 日（以网签合同备案时间

---

① 中华人民共和国住房和城乡建设部：《广西完善农民工住房保障体系》，中华人民共和国住房和城乡建设部：http://www.mohurd.gov.cn/dfxx/201512/t20151214_225935.html，2015 年 12 月。
② 广西住房城乡建设厅：《广西保障性住房申请条件及政策管理办法》，广西住房城乡建设厅：http://www.gxcic.net/News/shownews.aspx?id=195642，2018 年 1 月。

为准），凡在自治区棚户区改造货币化安置房源信息平台购买建筑面积在 144 平方米以下新建普通商品住房，且所购住房为家庭在购房地唯一住房的农民工等新市民，采取先购后补、定额补贴、分级结算、直补到户的方式，给予每套 1 万元的补助。2016 全区财政补贴农民工购房 13.7 亿元，资助新市民首次购房 13.7 万套。"①

2016 年 5 月，《广西壮族自治区国民经济和社会发展第十三个五年规划纲要》指出将居住证持有人纳入城镇住房保障范围，研究制定农民工购房支持政策。

2017 年 1 月，广西壮族自治区人民政府办公厅下发《关于加快培育和发展住房租赁市场的实施意见（桂政办发〔2017〕19 号）》通知，提出"要结合推进新型城镇化和户籍制度改革进程，适当放宽户籍、住房、财产和收入等准入条件，逐步扩大公共租赁住房保障范围。将在城镇有稳定就业的外来务工人员、新就业大学生和青年医生、青年教师等专业技术人员纳入公共租赁住房保障范围，对符合条件的给予公共租赁住房保障。该通知还指出，全区各市县政府要制定支持住房租赁消费的优惠政策措施，符合条件的承租人可按照《居住证暂行条例》和《广西壮族自治区流动人口服务管理办法》等有关规定申领居住证，享受义务教育、医疗等国家规定的基本公共服务。全区各市县政府要结合实际情况，研究出台符合承租人子女就近入学等基本公共服务政策措施。"②

---

① 中华人民共和国住房和城乡建设部：《广西出台新政推进房地产去库存》，中华人民共和国住房和城乡建设部：http://www.mohurd.gov.cn/dfxx/201602/t20160216_226638.html，2016 年 2 月。

② 广西壮族自治区人民政府：《广西壮族自治区人民政府办公厅〈关于加快培育和发展住房租赁市场的实施意见〉（桂政办发〔2017〕19 号）》，广西壮族自治区人民政府网站：http://www.gxzf.gov.cn/zwgk/zfwj/zzqrmzfbgtwj/2017ngzbwj/20170211-582452.shtml，2017 年 1 月。

2017 年 5 月，《广西壮族自治区住房城乡建设事业发展"十三五"规划》指出新市民的住房保障需要加快解决。"建立完善购租并举的住房保障体系，开展租赁型保障住房'租房券'、销售型保障性住房'购房券'试点，建立住房保障对象同城置换、调剂保障性住房机制。到 2020 年，基本实现公共租赁住房保障货币化，实现公共租赁住房从'补砖头'向'补人头'转变，推进城中村物业服务，加强治安管理，提高土地利用效率。以满足新市民的住房需求为主要出发点，优先满足自住型和改善型住房需求，引导居民形成科学合理的住房消费理念，推进住房梯度消费，形成'先租后买、先小后大、逐步升级'的住房消费格局。围绕加快农民工市民化，研究提出自愿缴存管理办法，积极推进住房公积金向城镇稳定就业新市民覆盖，为新市民改善居住条件提供有效的制度保障。推进各地将缴存公积金纳入劳动合同和企业集体合同，明确缴存单位义务。"[①]

2017 年 8 月，广西壮族自治区住房城乡建设厅财政厅人民银行南宁中心支行印发《广西个人自愿缴存住房公积金管理办法（桂建发〔2017〕9 号）》。该办法指出"为深入推进新型城镇化建设，进一步扩大住房公积金制度覆盖面，根据国务院《住房公积金管理条例（国务院令 350 号）》《关于住房公积金管理若干具体问题的指导意见（建金管字〔2005〕5 号）》以及《推动 1 亿非户籍人口在城市落户方案（国办发〔2016〕72 号）》等相关法规政策规定，以非全日制、临时性和弹性工作等灵活形式就业的人员（不包括外籍及中国港、澳、台人员），如

---

① 广西壮族自治区住房城乡建设厅：《广西住房城乡建设事业发展"十三五"规划》，广西十三五规划数据库：http://www.askci.com/news/dxf/20170515/14501398083_16.shtml，2017 年 1 月。

城镇个体工商户及其雇用人员、自由职业者等，符合以下条件的，可自愿缴存住房公积金。（一）年满18周岁，且未达到国家法定退休年龄的。（二）在缴存所在地居住。自愿缴存人员应与公积金中心签订《住房公积金自愿缴存协议》，约定缴存金额、缴存方式、双方的权利和义务等内容。"①

2018年2月，广西壮族自治区住房城乡建设工作会议上指出："我区将健全农民工等新市民住房保障新机制，优先保障环卫、公交等行业困难群体，全面将符合条件的新就业无房职工、外来务工人员和青年医生、青年教师等纳入保障范围，对低保、低收入住房困难家庭，实现应保尽保；持续推进公租房货币化保障试点，引导保障对象到市场租房。我区还将不断完善住房公积金制度，提高住房公积金住房租赁提取额度，加大住房公积金支持住房租赁力度；全面开展自愿缴存，培育、提高进城落户人员的住房消费能力，帮助进城落户人员'进得来，留得住'。"②

二、间接相关政策

与改善农民工居住条件相关的其他政策还包括户籍政策、社会保障政策、就业创业政策、农村土地产权政策和农民工子女教育政策等。

---

① 南宁住房公积金管理中心区直分中心：《自治区住房城乡建设厅财政厅人民银行南宁中心支行关于印发〈广西个人自愿缴存住房公积金管理办法〉》（桂建发〔2017〕9号）的通知》，南宁市住房公积金管理中心区直分中心网站：http://gjjqzfzx.gxzf.gov.cn/zcfg/zcwj/t2098797.shtml，2017年9月。

② 骆万丽：《广西加快调整住房供给结构》，广西壮族自治区人民政府网站：http://www.gxzf.gov.cn/html/41010/20180301-681732.shtml，2018年3月。

1. 户籍政策

2005 年，广西提出建立城乡统一的户口登记制度，取消柳州、桂林等 10 个市城乡分割的按农业户口、非农业户口登记常住户口的办法，实行按经常居住地登记常住户口的办法。

2010 年，广西壮族自治区人民政府下发《广西壮族自治区人民政府〈关于深化户籍制度改革的意见〉（桂政发〔2010〕80 号）》。该文件指出："为了促进城市人口集聚加快推动城镇化，需要深化户籍制度改革，按照分级承担原则，放宽南宁、柳州、桂林、梧州市区，进一步放开其他地级市市区，全面放开全区县（市）城镇落户条件。允许在城市市区具有合法稳定住所、务工经商有一定期限的本自治区籍农村居民及其配偶、直系亲属转为城市居民。在县（市）城镇及其他乡镇的本自治区籍农村居民本着自愿原则，可就近就地转为城镇居民。本自治区优秀农民工及其家属自愿转为城市居民的，不受居住限制。"[①]

2014 年 7 月，广西壮族自治区党委、人民政府颁布了《广西壮族自治区新型城镇化规划（2020 年）》。规划提出："将实施差别化的落户政策，以合法稳定就业和合法稳定住所（含租赁）为户口迁移基本条件，以长期进城就业、新生代农民工和返乡农民工为重点，兼顾高校和职业技术院校毕业生、城镇间异地就业人员和城区城郊农业人口，调整完善户口迁移政策，合理放开南宁、柳州、桂林、梧州、玉林 5 个城

---

① 广西壮族自治区人民政府：《广西壮族自治区人民政府关于深化户籍制度改革的意见（桂政发〔2010〕80 号）》，广西壮族自治区人民政府网站：http://www.gxzf.gov.cn/zwgk/zfwj/zzqrmzfwj/20110222-297862.shtml，2010 年 12 月。

区人口 100 万人以上的大城市落户限制，合理确定落户条件，有序放开城区人口 50-100 万人的中等城市落户限制，进一步降低落户门槛；全面放开其他中心城市、县城和建制镇落户限制，取消落户门槛。"①

2014 年 10 月，广西壮族自治区人民政府下发《广西壮族自治区人民政府〈关于印发广西北部湾经济区户籍同城化方案的通知（桂政发〔2014〕63 号〉〉》。该通知进一步放宽北部湾经济区户籍迁移条件，提出 "2015 年底前统一经济区外来人口到北海、防城港、钦州市的户籍准入标准，其在经济区四市工作、居住及参加社会保险的连续年限可以跨市累积，符合户籍准入标准的，可在居住地城市落户。经济区外来人口在南宁市申请落户的，可累积计算其此前在经济区四市工作、居住及参加社会保险的连续年限，达到南宁市落户条件并在南宁市工作、居住 2 年和参加社会保险连续 1 年以上的，可落户南宁。北海、防城港、钦州市户籍人口在南宁市工作、居住和参加社会保险连续 1 年以上的，可落户南宁。南宁市户籍人口在北海、防城港、钦州市工作或居住，若申请落户的，可进一步放宽落户条件，简化办理手续。"②

2015 年 3 月，广西壮族自治区人民政府印发《广西壮族壮族自治区人民政府〈关于进一步推进全区户籍制度改革的指导意见（桂政发〔2015〕8 号〉〉》。该意见提出，"在南宁、柳州市城区合法稳定就业达到一定年限并有合法稳定住所（含租赁），同时按照国家规定参加城镇社

---

① 广西南宁市发展和改革委员会：《自治区党委 自治区人民政府关于印发〈广西壮族自治区新型城镇化规划（2014-2020 年）〉的通知（桂发〔2014〕13 号）》，广西南宁市发展和改革委员会网站：http://fgw.nanning.gov.cn/fggz/fzgh/t109915.html，2015 年 6 月。

② 广西壮族自治区人民政府：《广西壮族自治区人民政府关于印发〈广西北部湾经济区户籍同城化方案的通知〉（桂政发〔2014〕63 号）》，广西壮族自治区人民政府网站：http://www.gxzf.gov.cn/zwgk/zfgb/2014nzfgb/d25q/zzqrmzfwj/20141205-437134.shtml，2014 年 12 月。

会保险达到一定年限的人员，本人及其共同居住生活的配偶、未成年子女、父母等，可以在当地申请登记常住户口。具体落户准入条件由南宁、柳州市人民政府根据本地实际情况制定。其中，对参加城镇社会保险具体年限的要求不得超过 3 年。在桂林、玉林市城区合法稳定就业并有合法稳定住所（含租赁），同时按照国家规定参加城镇社会保险达到一定年限的人员，本人及其共同居住生活的配偶、未成年子女、父母等，可以在当地申请登记常住户口。具体落户准入条件由桂林、玉林市人民政府根据本地实际情况制定。城市综合承载能力压力大的地方，可以对合法稳定就业的范围、年限和合法稳定住所（含租赁）的范围、条件等做出具体规定，但对合法稳定住所（含租赁）不得设置住房面积、金额等要求，对参加城镇社会保险具体年限的要求不得超过 2 年。其他设区市及县级市市区、县人民政府驻地镇和其他建制镇有合法稳定住所（含租赁）的人员，本人及其共同居住生活的配偶、未成年子女、父母等，可以在当地申请登记常住户口。"①

2017 年，广西壮族自治区人民政府办公厅下发《关于印发贯彻落实支持农业转移人口市民化若干财政政策实施方案的通知（桂政办发〔2017〕2 号）》。该通知提出："继续深化户籍制度改革，实施差别化落户政策，合理确定南宁、柳州市落户条件，有序放开桂林、玉林落户限制，全面放开其他设区市、县级市、县城和建制镇的落户限制，把有能力、有意愿并长期在城镇务工经商的农民工及随迁家属逐步转为

---

① 广西壮族自治区人民政府：《广西壮族自治区人民政府〈关于进一步推进全区户籍制度改革的指导意见〉（桂政发〔2015〕8 号）》，广西壮族自治区人民政府网站：http://www.gxzf.gov.cn/zwgk/zfwj/zzqrmzfwj/20150310-439298.shtml，2015 年 2 月。

城镇居民。"①

2018 年底，广西 14 个地级市已全面实施城乡统一的"一元化"户籍登记制度，除南宁、柳州外，其他设区市、县级市、县城和建制镇已全面放开落户限制，基本实现城镇落户"零门槛"。

2. 就业创业政策

2014 年，广西壮族自治区党委、人民政府颁布了《广西壮族自治区新型城镇化规划（2014-2020 年）》。该规划提出："健全城乡统一的公共就业服务体系，提供免费就业信息、就业指导、政策咨询等服务。实施农业转移人口就业培训工程，全面提供政府补贴职业技能服务。强化企业开展农民工技能培训责任，足额提取并合理使用职工教育和技能培训，推进职业技能实训基地建设。将未升入普通高中、高等院校的农村应届初高中全部纳入职业教育。完善农民工职业技能认定体系，鼓励农民工取得职业资格证书和专项职业能力证书。完善小额担保贷款政策，加大创业政策扶持力度，支持符合条件的农民工特别是返乡农民工创业就业。保障农业转移人口与市民同工同酬、同城同待遇。"②

2000 年以来，广西壮族自治区人民政府就重视保障农民工工资支付工作。2018 年 7 月，广西将打击拖欠农民工工资违法行为作为重大的政治责任，在全区范围内组织开展了专项整治攻坚行动。广西人力资

---

① 广西壮族自治区人民政府：《广西壮族自治区人民政府办公厅〈关于印发贯彻落实支持农业转移人口市民化若干财政政策实施方案的通知〉（桂政办发〔2017〕2 号）》，广西壮族自治区人民政府网站：http://www.gxzf.gov.cn/zwgk/zfwj/zzqrmzfbgtwj/2017ngzbwj/20170111-582441.shtml，2017 年 1 月。

② 广西南宁市发展和改革委员会：《自治区党委 自治区人民政府关于印发〈广西壮族自治区新型城镇化规划（2014-2020 年）〉的通知（桂发〔2014〕13 号）》，广西南宁市发展和改革委员会网站：http://fgw.nanning.gov.cn/fggz/fzgh/t109915.html，2015 年 6 月。

源和社会保障厅还下发了《关于做好拖欠农民工工资"黑名单"管理工作有关问题的通知》，该通知提出："要将拖欠农民工工资"黑名单"信息通过各种平台予以公布，并对列入"黑名单"的用人单位实施联合惩戒并追究相应的刑事责任。"① 广西还出台《广西壮族自治区保障农民工工资支付工作专项整治攻坚行动方案》以及配套的考核办法、问责办法、督察方案，加强政府工程农民工工资支付工作指导意见②。广西还构建建筑农民工实名制管理公共服务平台，重点解决建筑行业的农民工工资拖欠问题。目前，全区公共就业信息服务平台已实现区、市、县三级全覆盖③。

2008 年以来，广西返乡创业农民工逐渐增加。2009 年，广西壮族自治区人民政府印发《广西壮族自治区促进全民创业若干政策意见的通知（桂政发〔2009〕41 号）》。该通知指出："在区政府将设立 10 亿元的返乡农民工创业就业基金，扶持返乡农民工创业，对返乡农民工初次创业进行行政事业收费的全额补助，对初次创业成功的给予补贴。2015-2017 年，广西财政部门每年投放 3 亿元作为农民工创业专项扶持资金。近年来，广西分批建设了 38 个农民工创业园，设立了农民工创业专项扶持资金和担保贷款，促进了农民工创业就业。"④ 截至 2018 年

---

① 广西壮族自治区人民政府：《向拖欠农民工工资违法行为"亮剑"》，广西壮族自治区人民政府网站：http://www.gxzf.gov.cn/sytt/20181126-723356.shtml，2018 年 11 月。

② 罗琦、陈志平：《广西全面启动保障农民工工资支付工作专项整治攻坚行动》，广西壮族自治区人民政府网站：http://www.gxzf.gov.cn/sytt/20180713-703422.shtml，2018 年 7 月。

③ 广西壮族自治区住房城乡建设厅：《自治区住房建设厅〈关于广西建筑农民工实名制管公共服务平台上线试运行的通知〉（桂建管〔2018〕77 号）》，广西住房城乡建设厅网站：http://www.gxcic.net/news/shownews.aspx?id=197272，2018 年 11 月。

④ 广西壮族自治区人民政府：《广西壮族自治区人民政府〈关于印发广西壮族自治区促进全民创业若干政策意见的通知〉（桂政发〔2009〕41 号）》，广西壮族自治区人民政府网站：http://www.gxzf.gov.cn/zwgk/zfwj/zzqrmzfwj/20090710-297718.shtml，2009 年 5 月。

底，广西农民工就业创业政策环境有大幅的改善。

3.社会保障政策

2010 年，广西壮族自治区人民政府印发《广西壮族自治区人民政府〈关于统筹城乡就业和社会保障体系建设的若干意见（桂政发〔2010〕78 号）〉》。该文件提出要进一步完善各项社会保险制度，不断扩大社会保障的覆盖面。"（1）城镇企业职工基本养老保险制度要改革参保缴费办法，将符合条件的农村进城务工人员全部纳入城镇企业职工基本养老保险、城镇基本医疗保险等制度覆盖范围；对在城镇就业、居住、转为城镇户口的原农村居民，在执行社会保障政策方面与城市居民享受同等待遇。（2）加快推进新型农村社会养老保险试点工作，积极争取中央对我区开展试点扩面的倾斜和照顾，力争新型农村社会养老保险制度在'十二五'期内实现全覆盖，从根本上解决农民的老有所养问题，解除进城务工人员的后顾之忧。抓紧研究制定城镇居民养老保险政策制度，打通新农保与居民养老保障制度之间的连接，实现城乡居民养老保障制度的相互转接。健全完善覆盖城乡的失业保险体系。（3）进一步完善失业保险制度，强化失业保险基金的调剂功能，扩大失业保险基金的使用范围，使用失业保险基金对正在享受失业保险待遇的人员给予一定的社会保险补贴，适当提高对正在享受失业保险待遇人员职业、创业培训补贴标准。建立失业保险缴费激励机制，充分发挥失业保险'保生活、防失业、促就业'的作用。（4）进一步完善城镇职工基本医疗保险制度、城镇居民基本医疗保险制度及新型农村合作医疗的相关政策，根据不同人群和经济收入状况，建立与之相适应的多个缴费平台，使医疗保障制度覆盖城镇就业人口、城镇非就业人口、农村居民和城乡困难人群，不断扩大医疗保险覆盖面，尽快实现我区所有居民人人享有医疗保障的目标。"①

2014年，广西壮族自治区党委、人民政府颁布了《广西壮族自治区新型城镇化规划（2014-2020年）》。该规划提出："鼓励农民工积极参保、连续参保，参加城镇职工基本医疗保险，允许灵活就业农民工参加当地城镇居民基本医疗保险。加快建立统一的城乡居民基本养老保险制度，将与企业建立稳定劳动关系的农民工纳入城镇职工基本养老保险。完善社会保险关系转移接续政策，在农村参加的养老保险和医疗保险规范接入城镇社保体系，做好城镇职工基本医疗保险、城镇居民基本医疗保险、新型农村合作医疗保险的制度衔接。强化企业缴费责任，扩大农民工参加城镇职工工伤保险、失业保险、生育保险比例。"②

当前，广西建立了城镇职工基本养老保险和城乡居民基本养老保险制度，参保人可根据相关条件参加相应的基本养老保险。2017年，各地实施全区统一的城乡医保制度，农民工参加医疗保险不存在制度障碍和政策障碍。然而，由于就业具有灵活性和流动性，农民工参加社会保险的比例仍然较低。

4. 农村土地政策

2010年，广西壮族自治区人民政府下发《广西壮族自治区〈关于深化户籍制度改革的意见〉（桂政发〔2010〕80号）》。该文件指出："农

---

① 广西壮族自治区人民政府：《广西壮族自治区人民政府〈关于统筹城乡就业和社会保障体系建设的若干意见〉（桂政发〔2010〕78号）》，广西壮族自治区人民政府网站：http://www.gxzf.gov.cn/zwgk/zfwj/zzqrmzfwj/20110222-297860.shtml，2010年12月。

② 广西南宁市发展和改革委员会：《自治区党委 自治区人民政府关于印发〈广西壮族自治区新型城镇化规划（2014—2020年）〉的通知（桂发〔2014〕13号）》，广西南宁市发展和改革委员会网站：http://fgw.nanning.gov.cn/fggz/fzgh/t109915.html，2015年6月。

村土地承包期内，承包方家庭部分成员迁入设区城市市区和全家或部分成员迁入县（市）城区、小城镇落户的，应当按照承包方的意愿，保留其土地承包经营权，鼓励在城镇落户的农民依法将承包地进行流转。对从农村迁入城镇落户的，保留其农村原有的宅基地使用权。对自愿放弃原宅基地自行到城镇购房入户的农民，可由本人向所在乡（镇）提出书面申请并签订有关协议，给予一次性货币补偿，具体办法由各市、县人民政府结合当地实际制定"。[①]

2014 年，广西壮族自治区党委、人民政府颁布了《广西壮族自治区新型城镇化规划（2014-2020 年）》。该规划提出："在坚持和完善最严格的耕地保护制度前提下，赋予农民对承包地占有、使用、收益、流转及承包经营权抵押、担保权能。改革完善农村宅基地制度，选择试点稳妥推进农民住房财产权抵押、担保、转让，严格执行农村宅基地使用标准。建立农村产权流转交易市场，搭建农村土地承包经营权、农民住房财产权、农村集体经营性建设用地所有权等农村产权流转的专业交易服务和信息发布平台。积极争取纳入全国农村集体建设用地流转试点。妥善处理好农业转移人口进城落户后的土地承包经营权、宅基地使用权、集体收益分配权等问题。"[②]

2015 年 3 月，广西壮族自治区人民政府印发《广西壮族自治区人

---

① 广西壮族自治区人民政府：《广西壮族自治区人民政府〈关于深化户籍制度改革的意见〉（桂政发〔2010〕80 号）》，广西壮族自治区人民政府网站：http://www.gxzf.gov.cn/zwgk/zfwj/zzqrmzfwj/20110222-297862.shtml，2010 年 12 月。

② 广西南宁市发展和改革委员会：《自治区党委 自治区人民政府关于印发〈广西壮族自治区新型城镇化规划（2014—2020 年）〉的通知（桂发〔2014〕13 号）》，广西南宁市发展和改革委员会网站：http://fgw.nanning.gov.cn/fggz/fzgh/t109915.html，2015 年 6 月。

民政府〈关于进一步推进全区户籍制度改革的指导意见〉（桂政发〔2015〕8 号)》。该意见提出，"加快推进农村土地确权、登记、颁证，依法保障农民的土地承包经营权、宅基地使用权。推进农村集体经济组织产权制度改革，探索集体经济组织成员资格认定办法和集体经济有效实现形式，保护成员的集体财产权和收益分配权。建立农村产权流转交易市场，推动农村产权流转交易公开、公正、规范运行。现阶段，不得以退出土地承包经营权、宅基地使用权、集体收益分配权作为农民进城落户的条件"。[1]

2016 年，广西壮族自治区自然资源厅（原国土资源厅）印发《广西鼓励异地扶贫搬迁差异化补偿办法》。该办法"鼓励实施易地搬迁的建档立卡贫困户自愿退出宅基地及地上附着建构物，拆除旧房，复垦宅基地。其中宅基地的补偿标准分为两种情况。一是自愿退出宅基地不再新申请的，法定宅基地面积按每亩 4 万～6 万元补偿，超出部分按每亩 2 万～3 万元补偿。二是退出宅基地后需要重新申请的，新安排宅基地低于原有宅基地面积的，法定面积范围内差额按每亩 4 万～6 万予以补偿，超出法定标准的差额面积按照 2 万～3 万每亩予以补偿。地上附着的建筑物按当地征地拆迁标准予以补偿。自愿退出宅基地后，贫困户的住房原则上应由地方政府以集中安置为主，分散安置为辅予以解决。有条件的贫困户选择货币安置方式移居城市。"[2]

2017年6月，广西壮族自治区人民政府办公厅印发《关于印发广西农村产权流转交易市场建设方案的通知（桂政办发〔2017〕72号）》。通知指出："现阶段农村产权流转交易品种包括农户承包土地经营权、林权、四荒使用权、农村集体经营性资产、农业生产设施设备、不涉及公共安全的小型水利设施使用权、农业类知识产权、农村建设项目招标等其他有关品种。农户拥有的产权由农户自主决定是否入市流转交易，任何组织和个人不得强迫或妨碍自主交易。"①

2017年10月，广西壮族自治区人民政府办公厅印发《关于完善和落实支持政策促进农民持续增收的实施意见（桂政办发〔2017〕155号）》。该意见指出，"鼓励农村集体经济组织与工商资本合作，整合集体土地等资源性资产和闲置农房等，发展民宿经济等新型商业模式。支持农民依托自有和闲置农房院落发展农家乐。在符合农村宅基地管理规定和相关规划的前提下，允许当地农民合作改建自住房。在控制农村建设用地总量、不占用永久基本农田的前提下，盘活农村存量建设用地，允许村庄整治、宅基地整理等节约的建设用地，通过入股、联营等方式，重点支持乡村休闲旅游、养老等产业和农村第一、二、三产业融合发展。"②

2017年12月，广西壮族自治区党委、自治区人民政府联合印发

---

① 广西壮族自治区人民政府：《广西壮族自治区人民政府办公厅〈关于印发广西农村产权流转交易市场建设方案的通知〉（桂政办发〔2017〕72号）》，广西壮族自治区人民政府网站：http://www.gxzf.gov.cn/zwgk/zfwj/zzqrmzfbgtwj/2017ngzbwj/20170618-613058.shtml，2017年6月。

② 广西壮族自治区人民政府：《广西壮族自治区人民政府办公厅〈关于完善和落实支持政策促进农民持续增收的实施意见〉（桂政办发〔2017〕155号）》，广西壮族自治区人民政府网站：http://www.gxzf.gov.cn/zwgk/zfwj/20171130-666530.shtml，2017年11月。

了《关于稳步推进农村集体产权制度改革的实施意见》。该文件提出："探索农村集体所有制有效实现形式，发展壮大农村集体经济，增加农民财产性收入，完善农村土地所有权、承包权、经营权"三权"分置制度，落实农民的土地承包权、宅基地使用权、集体收益分配权和对集体经济活动的民主管理权利，形成有效维护农村集体经济组织成员权利的治理体系。从 2017 年起，力争 3 年完成农村集体资产清产核资，用 5 年时间完成农村集体经营性资产股份合作制改革。"[1]

2018 年，广西将在 33 个县（市、区）试点开展农村产权流转交易中心建设，以进一步深化农村产权制度改革，推动产权交易。

2018 年，广西壮族自治区自然资源厅（原国土资源厅）印发《广西壮族自治区国土资源厅〈关于贯彻实施乡村振兴战略的若干意见〉》。该意见提出："探索宅基地'三权分置'，保障农民合法权益。在保障农民宅基地用益物权、集体和农民个人自愿的前提下，农村集体经济组织和农民个人可以盘活利用空闲农房及宅基地，改造建设民俗民宿、休闲养老、创意办公、乡村旅游等农业农村体验活动场所。允许城镇居民和当地农民合作建自住房，或下乡租用农村房屋用于返乡养老或开展经营活动，但严禁违法违规买卖农村宅基地、进行房地产开发、建设别墅大院和私人会馆。"[2]

---

① 广西来宾市住房和城乡建设局网站：《自治区党委、自治区人民政府〈关于稳步推进农村集体产权制度改革的实施意见〉》，广西来宾住房和城乡建设局网站：http://www.lbszjw.gov.cn/index.php?s=/index/detail/id/400，2017 年 12 月。

② 广西壮族自治区自然资源厅：《广西壮族自治区国土资源厅〈关于贯彻实施乡村振兴战略的若干意见〉》，广西壮族自治区自然资源厅网站：http://dnr.gxzf.gov.cn/show?id=65854，2018 年 9 月。

当前，广西的农村土地产权政策总体是保障农民的土地承包权、宅基地使用权和集体收益分配权，鼓励进城务工农民流转土地承包权，活用宅基地资源增加财产性收入。

5.随迁子女教育政策

目前，广西各市都实施了"以流入地政府管理为主，以全日制公办学校接收为主、以居住证为主要依据的随迁子女入学政策，将农民工随迁子女义务教育纳入地方教育发展规划和公共教育服务体系，并加大了城镇学校等教育资源投入力度。"[1]2016年，全区农民工随迁子女读公办学校比例超过80%[2]。

---

① 江丹：《推进广西农业转移人口市民化对策建议》，《市场论坛》2018年第1期。
② 江丹：《推进广西农业转移人口市民化对策建议》，《市场论坛》2018年第1期。

第四章　农民工住房问题变迁

本章通过对历史文献的数据挖掘、相关政策的梳理以及逻辑推演，剖析广西农民工住房问题的发展过程，从而达到以广西为例透视我国农民工住房状况的变迁历程的目的。

第一节　农民工住房问题发展的阶段性特点

一、第一阶段（1978 年前）

20 世纪 70 年代，广西农村劳动力开始正式向非农领域转移。这一时期，农村转移劳动力主要进入了社队企业和乡镇企业。由于这些企业大都规模不大、发展速度缓慢，所以它们吸收农村转移劳动力的规模非常有限[1]。具体来看，"四五"计划时期，每年吸取的农村劳动力仅为 30 万人；"五五"计划时期，吸收的农村劳动力总量虽有所增长，但规模仍然有限[2]。这一阶段，农业转移劳动力进入乡镇企业并非完全脱离农村生活和农业生产，非农工作只是他们的兼职，"离土不离乡"是他

---

[1] 陈禄青：《广西农村劳动力转移问题研究》，《沿海企业与科技》2010 年第 5 期。
[2] 陈禄青：《广西农村劳动力转移问题研究》，《沿海企业与科技》2010 年第 5 期。

们的主要流动方式[①]。农村转移劳动力大多通过三种方式解决非农务工时的居住问题：一是，每日返回农村老家居住；二是，借住在乡镇亲友家；三是，居住在企业提供的宿舍[②]。总的来说，农村转移劳动力的住房矛盾并不突出，住房问题也不明显。

二、第二阶段（1978–1998 年）

改革开放后，家庭承包经营和统分结合的双层经营体制极大地激励了农民的生产积极性，提高了农村生产效率，造就了大量富余劳动力[③]。与此同时，城镇居民人均可支配收入与农村居民人均纯收入之间的差值逐年扩大（见表 6）。农村劳动力加速向非农领域转移。据统计，1982–1990 年，广西农村非农产业劳动力增加了 147 万人。90 年代以后，农村转移劳动力总数仍在递增。

表 6　广西主要年份城镇居民和农民人均年收入情况

年份	城镇居民人均可支配收入（元）	农民人均纯收入（元）	差额	比值
1990	1448.06	639.45	808.61	2.26
1995	4791.87	1446.14	3345.73	3.31
2000	5834.43	1864.51	3969.92	3.13

数据来源：广西统计年鉴。

农村转移劳动力主要有两种转移渠道。一是，进入本地乡镇企

---

① 商春荣、虞芹琴：《农民工的迁移模式研究》，《华南农业大学学报》（社会科学版）2015年第14卷第1期。
② 董昕：《中国农民工住房问题的历史与现状》，《财经问题研究》2013年第1期。
③ 陈禄青：《广西农村劳动力转移问题研究》，《沿海企业与科技》2010年第5期。

业务工。这一时期，乡镇企业迅速发展，吸纳农村劳动力人数逐年增加。1985 年乡镇企业劳动力人数占农村劳动力总数的 9.2%，1986 年为 10.56%，1990 年为 11.26%。1992-1996 年，乡镇企业进入高速发展时期，吸纳农村劳动力大幅增加。到 1995 年末，吸纳劳动力 588 万人，占当年农村从业人员的 27.94%[1]。二是，跨市或跨省进入城市。大部分广西农村转移劳动力进入广东务工，形成了庞大的在粤群体。这一时期，农村转移劳动力逐渐有了"农民工"的称呼。非农工作是他们的重要收入来源，其收入甚至超过了农业收入。"离土不离乡"和"离土又离乡"并存。

这一时期，农民工住房问题开始显现但并不突出。在本地乡镇企业务工的农民工大部分可以回村居住，少部分没有宿舍离家又远的，有的则借宿在亲友家。1984 年，国务院曾发出《关于农民进入集镇落户问题的通知》，鼓励到集镇落户的农民和家属建房、买房、租房。但在镇区建房、买房、租房的农民工整体比例还是很低。在大城市务工的农民工，大多居住在厂家或企业提供的集体宿舍，住房支出水平不高，住房条件虽差，但由于预期较低整体住房满意度较高[2]。

三、第三阶段（1999-2010 年）

1999 年以来，广西农村劳动力转移进入快速发展阶段。这一阶段，广西各地高度重视农村劳动力转移工作，出台了一系列相关文件，明

---

[1]　陈禄青：《广西农村劳动力转移问题研究》，《沿海企业与科技》2010 年第 5 期。

[2]　Weiping Wu, "Migrant housing in urban China: Choices and constraints", *Urban Affairs Review*, Vol.38, No.1, 2002.

确将农村劳动力转移就业作为解决"三农"问题，建设社会主义新农村和推动区域发展的重要抓手。2000年以来，广西农村外出就业人数逐年增加，从2000年的225万人猛增到2008年的760万人，见图12。这时，乡镇企业不再是吸纳农村劳动力的主要渠道，大量农村劳动力开始跨县跨市跨省流动。截止到2008年，广西全区跨县以上转移就业的农民工410万人，区内跨县务工农民工350万人。

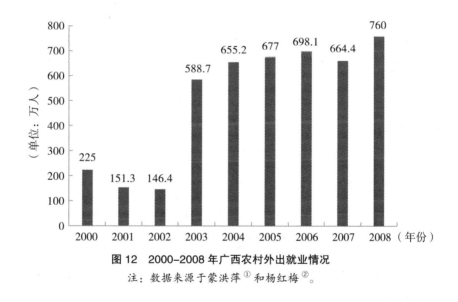

图12　2000-2008年广西农村外出就业情况

注：数据来源于蒙洪萍[1]和杨红梅[2]。

早期，受经济理性驱动，农民工涌入大城市谋求非农收入。他们的诉求主要集中在能否进城、能否留城、就业机会、工资水平、工伤事故、拖欠工资等方面，在住房方面的要求并不高。虽然居住条件较

---

①　蒙洪萍：《广西农村居民外出务工呈现新态势》，《广西经济》2010年第3期。

②　杨红梅：《广西农村劳动力转移研究》，广西大学农学硕士学位论文，2005年。

差，农民工的住房满意度并不低，住房消费意愿也不强。随着农民工城市就业问题逐步得到解决，住房开始成为农民工城市生活的重要问题。国务院发展研究中心课题组调研发现，农民工希望政府加快解决的公共服务中住房排名第三，农民工对住房的不满意程度仅次于收入待遇①。这反映出农民工住房诉求日益迫切。学者张协奎等基于小范围城市调研数据指出北部湾城市（南宁、北海、钦州和防城港）都存在不同程度的农民工住房问题，表现在面积小、住房类型单一、居住条件差、住房保障投入不足等方面②。

基于国家人口和计划生育委员会 2010 年的全国流动人口动态监测调查数据，本书提取了南宁、柳州、东兴和凭祥四地共 2701 名农民工数据，其中南宁为 1484 名，柳州为 911 名，东兴为 156 名，凭祥为 150 名。其中，跨省流动农民工为 624 名，省内跨市农民工为 1285 名，市内跨县农民工为 792 名。总体来说，本地农民工占绝大多数。

这一时期广西农民工住房问题不断积累已经到达一个临界点。如表 7 所示，就住房来源来看，高达 85.01% 的农民工租住私房，单位提供免费住房的比例仅为 5.44%，购买住房比例为 6.29%。这一情况与全国相比有很大的不同。国家统计局《2011 年我国农民工监测调查报告》显示，全国层面上，租赁住房的农民工比例为 33.6%，购买住房的比例为 0.7%；就西部地区来看，租赁住房的农民工比例为

---

① 侯云春、韩俊、蒋省三、何宇鹏、金三林：《"十二五"时期推进农民工市民化的政策要点》,《发展研究》2011 年第 6 期。

② 张协奎、袁红叶：《城市农民工住房保障问题研究——以南宁市为例》,《广西大学学报》（哲学社会科学版）2010 年 3 月；张协奎、张婧、刘若曦、谢明：《城市农民工住房保障实证研究——以北部湾港口城市为例》,《社会科学家》2010 年第 12 期。

33.1%，购买住房的比例为 1.0%[①]。数据对比反映出广西农民工大多依靠自身解决住房问题，获得单位方面的住房支持较少，存在比较严重的租房困难的情况。

表7　2010 年广西农民工住房来源情况

类别	频数	频率（%）
租住单位雇主房	363	13.44
单位雇主提供免费住房	147	5.44
政府提供廉租房	2	0.07
租住私房	1933	71.57
已购商品房	160	5.92
已购经济适用房	10	0.37
其他	86	3.18

注：在计算各类别频率时，由于四舍五入保留小数点后两位，所有类别频率之和为 99.99%。

如表 8 所示，广西农民工人均住房面积的均值为 14.63 平方米，远远小于同期广西城镇居民的人均住房面积 30.3 平方米。此外，人均住房面积最小为 3 平方米，最大为 80 平方米，标准差为 12.36,显示出广西农民工人均住房面积有很大差异。进一步计算人均住房面积的分布。如表 9 所示，人均住房面积在 5 平方米及以下居住困难的农民工占 16.88%；人均住房面积在 16 平方米及以下的农民工占 69.71%；人均住房面积在 34 平方米及以下的为 93.45%。以上数据表明，有相当一

---

① 国家统计局：《2011 年我国农民工监测调查报告》，国家统计局网站：http://www.stats.gov.cn/ztjc/ztfx/fxbg/201204/t20120427_16154.html，2012 年 4 月。

部分的农民工存在住房困难的状况，绝大多数农民工人均住房面积低于同期城镇居民水平。

表8　2010年广西农民工人均住房面积描述统计

均值	标准差	方差	峰度	偏度	最小值	最大值
14.63	12.36	152.67	9.82	2.28	3	80

表9　2010年广西农民工人均住房面积分布（单位：平方米）

类别	频率（%）
≤ 5	16.88
(5, 16]	52.83
(16, 34]	23.74
>34	6.55

注：5平方米为2016年国家统计局农民工监测调查报告中给出的住房困难标准[1]。

16平方米为2010年南宁市认定的住房困难标准[2]。

34平方米为2010年全区城镇居民人均住房面积[3]。

就住房设施来看，以厕所为例，6.63%的农民工住房内没有厕所，接近14.51%的农民工需要与邻居共用厕所（见表10）。这一情况与其他调查基本一致。

---

① 国家统计局：《2016年农民工监测调查报告》，国家统计局网站：http://www.stats.gov.cn/tjsj/zxfb/201704/t20170428_1489334.html，2017年4月。

② 张协奎、袁红叶：《城市农民工住房保障问题研究——以南宁市为例》，《广西大学学报》（哲学社会科学版）2010年3月。

③ 广西壮族自治区统计局：《广西流动人口特征分析——基于广西2015年全国1%人口抽样调查数据分析》，石日灿主编：《广西全国1%人口抽样调查课题论文集》，广西壮族自治区统计局2015年版，第901页。

表 10　2010 年广西农民工住房中配有厕所的情况

类别	频率（%）
有独立使用抽水式	52.35
有邻居合用抽水式	5.59
有独立使用其他式样	26.51
有邻居合用其他式样	8.92
无	6.63

注：作者根据 2010 年的全国流动人口动态监测调查数据自行计算得出。

就住房支出来看，农民工每月住房支出均值为 382.88 元，高于全国农民工每月住房支出的平均值（335 元）。农民工每月住房支出的众数为 230 元。农民工每月住房支出最小值为 10 元，最大值为 7000 元，最大值是最小值的 700 倍。农民工每月住房支出的标准差为 520.90，数值较大，数据之间的差异非常明显。进一步计算了农民工每月住房支出的分布。如表 12 所示，大约 78.12% 的农民工月住房支出水平在 400元以下。

表 11　2010 年广西农民工每月住房支出水平描述统计

均值	标准差	方差	峰度	偏度	最小值	最大值
382.8756	520.9041	271341.1	34.70349	4.92635	10	7000

注：删除住房支出为 0 和缺失的个案，总样本为 2427。

表 12　2010 年广西农民工每月住房支出水平情况

类别（元）	频数	累积频率（%）
≤ 100	397	16.36
(100, 250]	1019	58.34

续表

类别（元）	频数	累积频率（%）
(250, 400]	480	78.12
(400, 550]	147	84.18
(550, 700]	111	88.75
(700, 850]	64	91.39
(850, 1000]	66	94.11
(1000, 1150]	13	94.64
(1150, 1300]	31	95.92
(1300, 1450]	6	96.17
(1450, 1600]	28	97.32
>1600	65	100.00

注：作者根据 2010 年的全国流动人口动态监测调查数据自行计算得出，删除住房支出为 0 和数据存在缺失的个案，总样本为 2427。

　　另外，计划在本市县区买房的农民工占 35.06%，接近 41.10% 的农民工没有考虑过买房建房的问题。12.98% 的农民工认为城市房价太高是阻碍他们获得非农户口的原因，7.4% 的农民工对城市住房保障有期望。

　　面对不断增加的农民工群体和日益突出的住房问题，自治区政府也开始出台相应的应对政策。2003 年，自治区人民政府办公厅发布《关于做好农民进城务工就业管理和服务工作的通知》（桂政办发〔2003〕91 号），提出"建设部门要加强对农民工居住区的管理，要重视对居住区的选址规划，保证居住环境安全、清洁、卫生，提高农民工在城镇的生活质量。"①2006 年，自治区人民政府印发了《关于解决农民工问题

①　广西壮族自治区人民政府办公厅：《广西壮族自治区人民政府办公厅〈关于做好农民进城务工就业管理和服务工作的通知〉》，法律快车网：http://www.lawtime.cn/info/laodong/ldfg/ldzhfg/2007070321588.html，2003 年 5 月。

的若干意见》（桂政发〔2006〕51号），提出"把农民工纳入城市公共服务体系，多渠道改善农民工居住条件，在县城和重点镇，规划建设务工经商农民居住小区，落实优惠政策，鼓励、吸引外出务工者回到小城镇创业和居住。"[①]2007年，自治区人民政府印发了《关于解决城市低收入家庭住房困难的实施意见》（桂政发〔2007〕44号），首次承认农民工是城市住房困难群体[②]。2010年，自治区人民政府印发了《关于统筹城乡就业和社会保障体系建设的若干意见》（桂政发〔2010〕78号），提出把在城镇落户农民工纳入住房保障政策中统筹考虑与安排。这些政策间接证明广西农民工住房问题正日益突出[③]。

四、第四阶段（2011年至今）

2011年至今，广西农民工住房问题演变为一个突出的社会问题。2011年，自治区政府印发了《关于加快公共租赁住房的实施意见》（桂政发〔2011〕5号）首次指出："新近就业职工的阶段性住房支付能力不足矛盾日益显现，外来务工人员的居住条件也亟待改善。"[④]

---

① 广西壮族自治区人民政府：《广西壮族自治区人民政府〈关于解决农民工问题的若干意见〉》，《广西壮族自治区人民政府公报》2007年第2期。

② 广西壮族自治区人民政府：《广西壮族自治区人民政府〈关于解决城市低收入家庭住房困难的实施意见〉（桂政发〔2007〕44号）》，广西壮族自治区人民政府网站：http://www.gxzf.gov.cn/zwgk/zfwj/zzqrmzfwj/20071219-297594.shtml。

③ 广西壮族自治区人民政府：《广西壮族自治区人民政府〈关于统筹城乡就业和社会保障体系建设的若干意见〉（桂政发〔2010〕78号）》，广西壮族自治区人民政府网站：http://www.gxzf.gov.cn/zwgk/zfwj/zzqrmzfwj/20110222-297860.shtml，2010年12月。

④ 广西壮族自治区人民政府：《广西壮族自治区人民政府〈关于加快发展公共租赁住房的实施意见〉（桂政发〔2011〕5号）》，广西壮族自治区人民政府网站：http://www.gxzf.gov.cn/zwgk/zfwj/zzqrmzfwj/20110414-299111.shtml，2011年1月。

事实上，"十二五"以来，广西城镇化速度稳步推进，常住人口城镇化率从 2010 年的 40.1% 提高到 2015 年的 47.1%，全区城镇常住人口增加了约 151 万人，第一产业就业人员占比下降到 50%，第二和第三产业就业人员分别提高到 20% 和 30%[①]。若以 2010 年全区人均居住面积 30.3 平方米的标准来计算[②]，新增常住人口需要 4757.1 万平方米的住宅面积来居住。然而，2015 年底全区商品房销售面积才刚刚突破 3500 万平方米，远远少于所需面积。考虑到新增常住人口多为新市民，住房购买能力有限。可以想象，在住房供给总体不足的情况下，有相当一部分新增常住人口的人均居住面积会低于城镇原有居民。

2015 年，广西壮族自治区住房和城乡建设厅住房保障处调研发现四大问题。一是，房源构成复杂。"由用工单位向农民提供住宿的占 51%，提供住房补贴的占 5%，不提供住宿、无住房补贴的占 44%。以居住形式来看，农民工居住在用工单位集体宿舍的占 39%，居住在工棚、工地的占 7%，居住在生产场所的占 4%，与人合租的占 20%，单人租房的占 21%，其他形式住房的占 9%。"[③] 二是，住房拥挤，居住条件不佳。"大多数农民工选择的城中村，卫生条件差，安全保障欠佳。如南宁的万秀村，容纳了众多农民工，但许多民房建筑质量不合格，生活设施不完善，有 6% 的农民工住处不通自来水、95% 的农民工住处

---

① 广西南宁市发展和改革委员会：《自治区党委 自治区人民政府关于印发〈广西壮族自治区新型城镇化规划（2014–2020 年）〉的通知（桂发〔2014〕13 号）》，广西南宁市发展和改革委员会网站：http://fgw.nanning.gov.cn/fggz/fzgh/t109915.html，2015 年 6 月。
② 广西壮族自治区统计局：《广西居民住房面积逐年扩大住房条件明显改善》，搜狐网：http://www.sohu.com/a/111671704_159774，2016 年 8 月 22 日。
③ 广西住房和城乡建设厅住房保障处课题组：《调查实录：广西农民工住房现状》，《广西城镇建设》2015 年第 7 期。

不通管道燃气、17% 的农民工要与 10 人以上共用卫生间。绝大多数建筑业农民工居住在工地工棚，设施条件十分不理想，人均居住面积不足 5 平方米。"[①] 三是，自有产权比例较低，住房消费能力弱。南宁农民工及随迁子女中，有半数是依靠单位提供的集体宿舍，超过四成租住在"城中村"、城乡接合部或近郊的农民住房；在城镇拥有住建房的比例不到一成[②]；农民工每月人均房租占收入比为 10.3%，占月均生活消费比为 28%[③]。四是：市民化意愿较强，"农民工居住区位呈现出郊区化和向城中村聚集的趋势；农民工改善现有居住条件的意愿不强，但 40% 的农民工希望留在城市，半数以上有购房置业意愿。"[④]

2015 年，广西壮族自治区住房和城乡建设厅出台了一份与农民工住房直接相关的文件，即《关于加强农民工住房保障工作的实施方案》，提出"对已在城镇落户的农民工给予城镇居民同等住房保障；将进城务工人员纳入城镇住房保障体系。"[⑤]2016 年，自治区住房和城乡建设厅印发《关于支持农民工等新市民购房需求认真做好房地产去库存工作的通知》，对符合条件的购房农民工发放补贴[⑥]。2017 年，《广西壮族自

---

① 广西住房和城乡建设厅住房保障处课题组：《调查实录：广西农民工住房现状》，《广西城镇建设》2015 年第 7 期。

② 郭燕群：《南宁三分之二农民不想当市民 面临住房等诸多问题》，广西新闻网：http://www.sohu.com/a/28014993_115402，2015 年 8 月。

③ 广西住房和城乡建设厅住房保障处课题组：《调查实录：广西农民工住房现状》，《广西城镇建设》2015 年第 7 期。

④ 广西住房和城乡建设厅住房保障处课题组：《调查实录：广西农民工住房现状》，《广西城镇建设》2015 年第 7 期。

⑤ 莫艳萍：《广西完善农民工住房保障体系》，中华人民共和国住房和城乡建设部网站：http://www.mohurd.gov.cn/dfxx/201512/t20151214_225935.html，2015 年 12 月。

⑥ 陈飞燕，《广西出台新政推进房地产去库存》，中华人民共和国住房和城乡建设部网站：http://www.mohurd.gov.cn/dfxx/201602/t20160216_226638.html，2016 年 2 月。

治区国民经济和社会发展第十三个五年规划》提出将居住证持有人纳入城镇住房保障范围[①]；《广西壮族自治区"十三五"基本公共服务均等化规划》提出将在城镇稳定就业的外来务工人员纳入公租房体系，对符合条件的住房困难家庭发放租赁补贴。[②] 以上资料和政策均显示广西农民工住房问题十分严峻。

第二节　农民工的住房现状

本节基于国家人口和计划生育委员会 2016 年全国流动人口动态监测调查所得的大样本数据，对广西农民工住房现状进行更细致的刻画。全国流动人口动态调查利用 PPS 抽样方法在广西境内选择 5000 个流动人口进行问卷调查，其中南宁为 2000 个，其余城市共计 3000 个。剔除城 – 城流动人口，我们获得了 4136 名乡 – 城流动人口数据，即户籍在农村但居住就业在城市的流动人口。本节对这些数据展开描述性分析，力图描绘广西农民工的住房现状。

一、样本基本情况介绍

1. 受访者的城市分布

如表 13 所示，74.49% 的受访者集中在南宁、柳州、桂林三市。这

---

① 广西壮族自治区人民政府：《广西壮族自治区国民经济和社会发展第十三个五年规划》，广西"十三五"规划数据库网：http://sswgh.gxdrc.gov.cn/web/sxgh/index，2016 年 6 月。

② 广西壮族自治区人民政府办公厅：《广西壮族自治区人民政府办公厅〈关于印发广西"十三五"基本公共服务均等化规划的通知〉(桂政办发〔2017〕113 号)》，广西壮族自治区人民政府网站：http://www.gxzf.gov.cn/zwgk/zfwj/20170901-640686.shtml，2017 年 8 月。

三座城市也是区内流动人口最集中的城市。受访者较少的城市为河池、来宾和崇左。考虑到样本获得的困难，以及大样本能增加数据的信息量，因此我们保留了受访者较少的城市样本。

表 13　受访农民工的城市分布情况

城市	频数	频率（%）
南宁	1599	38.66
柳州	1024	24.76
桂林	458	11.07
梧州	105	2.54
北海	106	2.56
防城港	213	5.15
钦州	72	1.74
贵港	28	0.68
玉林	184	4.45
百色	186	4.50
贺州	81	1.96
河池	34	0.82
来宾	20	0.48
崇左	66	1.60

注：在计算各城市频率时，由于数据要四舍五入保留小数点后两位，导致所有城市的频率总和100.97。

2.受访者的人口属性

样本中，有2152名男性和1984名女性，男女比例接近1:1。20.27%的受访者无配偶，79.73%的受访者有配偶。就年龄来看，62.21%的受访者是1980年及以后出生的新一代农民工，是广西农民工的主力军。表14分城市给出了受访者的人口属性情况。就性别来看，除崇左外，其余十三个城市受访者的男女比例都接近 1:1；就婚姻状况来看，所有城市"有配偶受访者"的比例都小于"无配偶受访者"的比例；就年龄来看，南宁、北海、防城港、钦州、贵港、玉林、百色、贺州、河池、来宾十座城市的受访者以新生代为主。

表 14　不同城市受访农民工的人口属性特点（单位：%）

城市	性别		配偶		年龄代际	
	男	女	有	无	新生代	老一代
南宁	52.53	47.47	18.35	81.65	68.51	31.49
柳州	52.44	47.56	19.34	80.66	49.22	50.78
桂林	53.28	46.72	18.57	81.43	46.51	53.49
梧州	47.62	52.38	16.19	83.81	44.76	55.24
北海	53.77	46.23	41.40	58.60	50.94	49.06
防城港	48.83	51.17	28.17	71.83	70.42	29.58
钦州	40.28	59.72	5.56	94.44	63.89	36.11
贵港	46.43	53.57	10.71	89.29	57.14	42.86
玉林	42.93	57.07	20.65	79.35	61.41	38.59
百色	50.54	49.46	12.92	87.08	51.08	48.92
贺州	58.02	41.98	43.20	56.80	59.26	40.74
河池	52.94	47.06	32.35	67.65	52.94	47.06
来宾	50.00	50.00	35.00	65.00	60.00	40.00
崇左	77.27	22.73	34.84	65.16	43.94	56.06

如图 13 所示，受访者普遍受教育程度不高，52.76% 的受访者学历为初中。分城市来看，如表 15 所示，除贵港、贺州、来宾外，其余城市绝大多数农民工是初中学历；受访者中有研究生及以上学历的城市只有南宁、柳州和桂林。

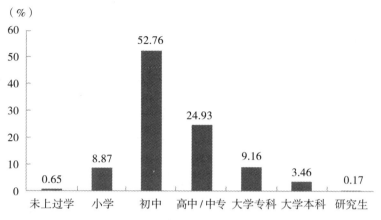

图 13 受访农民工受教育程度

表 15 受访农民工的受教育程度（分城市统计，%)

城市	未上过学	小学	初中	高中／中专	大学专科／本科	研究生及以上
南宁	0.58	4.81	49.07	26.11	19.24	0.19
柳州	0.88	12.21	59.57	18.16	8.89	0.29
桂林	0.87	11.14	50.44	26.20	11.14	0.22
梧州	0.00	10.48	62.86	20.95	5.71	0.00
北海	0.00	6.60	47.17	33.02	13.21	0.00
防城港	0.94	6.10	52.11	33.80	7.05	0.00
钦州	0.99	16.67	50.00	28.17	4.17	0.00
贵港	0.99	7.94	33.86	48.07	9.14	0.00
玉林	0.54	15.22	59.24	23.37	1.63	0.00
百色	1.08	12.90	61.29	17.74	6.99	0.00
贺州	0.00	4.94	30.86	58.02	6.18	0.00
河池	0.99	17.65	50.06	25.59	5.71	0.00
来宾	0.00	10.00	30.00	25.00	35.00	0.00
崇左	0.00	12.12	46.97	30.30	10.61	0.00

3. 受访者的就业情况

样本中，仅有 3362 名受访者提供了就业行业和就业身份的信息。如表 16 所示，受访者多集中在批发零售业、居民服务 / 修理 / 其他服务业和建筑行业。这与全国的情况不同，根据国家统计局《2016 年农民工监测调查报告》，从事制造业、建筑业、批发零售和居民服务 / 修理 / 其他服务业的农民工比重分别 30.5%，19.7%，12.3% 和 11.1%[①]。以上差异可能来自统计口径的不同或抽样偏差，也可能是广西的产业结构与全国的情况不同而造成的。

表 16　受访农民工的就业行业

类型	频数	频率（%）
农林牧渔	93	2.77
采矿	9	0.27
制造	325	9.67
电煤水热供应	12	0.36
建筑	474	14.10
批发零售	753	22.40
交通运输、仓储和邮政	168	5.00
住宿餐饮	380	11.30
信息传输、软件和信息技术服务	99	2.94
金融	24	0.71
房地产	73	2.17
租赁和商务服务	48	1.43

[①] 国家统计局：《2016 年农民工监测调查报告》，国家统计局网站：http://www.stats.gov.cn/tjsj/zxfb/201704/t20170428_1489334.html，2017 年 4 月。

续表

类型	频数	频率（%）
科研和技术服务	24	0.71
水利、环境和公共设施管理	12	0.36
居民服务、修理和其他服务业	680	20.23
教育	51	1.52
卫生和社会工作	71	2.11
文体和娱乐	37	1.10
公共管理、社会保障和社会组织	29	0.86
共计	3362	100.00

如表 17 所示，受访者中雇员和非雇员的人数比例接近 1 : 1。其中自营劳动者比例为 31.02%。

表 17　受访农民工的就业身份

类别	频数	频率（%）
雇员	1836	54.61
雇主	333	9.90
自营劳动者	1043	31.02
其他	150	4.46
共计	3362	100.00

如表 18 所示，1836 名雇员中，有 5 名未回答雇佣情况，其余 1831 名雇员中，44.24% 签订了固定期限的合同，29.44% 未签订劳动合同。这反映出有相当一部分的受访者处于就业不稳定的状态。根据

国家统计局《2016 年农民工监测调查报告》，没有签订劳动合同的农民工占比约为 64.9%①。因而，广西的情况总体好过全国。

表 18　雇员身份的受访者与就业单位签订劳动合同的状况

类别	频数	频率（%）
有固定期限	810	44.24
无固定期限	369	20.15
完成一次性工作任务	41	2.24
试用期	16	0.87
未签订劳动合同	539	29.44
不清楚	56	3.06
共计	1831	100.00

　　图 14 还给出了不同城市农民工的就业身份情况。可以看到，其余城市雇员身份的农民工都要多过非雇员身份的农民工。除钦州外，其余城市自营劳动者的比例要高过雇主身份劳动者的比例。

　　样本中，有 3422 名受访者提供了上个月的收入状况信息。对这些受访者的收入状况进行分析。如表 19 所示，受访者的上个月收入均值为 3485.36 元，高于西部地区的农民工月平均工资（3117 元）②。众数为 3000 元，标准差为 2902.32，数值较大。以上数据反映出样本月收入水平差距较大。

---

①　国家统计局：《2016 年农民工监测调查报告》，国家统计局网站：http://www.stats.gov.cn/tjsj/zxfb/201704/t20170428_1489334.html，2017 年 4 月。

②　国家统计局：《2016 年农民工监测调查报告》，国家统计局网站：http://www.stats.gov.cn/tjsj/zxfb/201704/t20170428_1489334.html，2017 年 4 月。

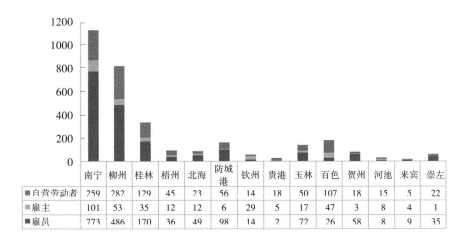

	南宁	柳州	桂林	梧州	北海	防城港	钦州	贵港	玉林	百色	贺州	河池	来宾	崇左
自营劳动者	259	282	129	45	23	56	14	18	50	107	18	15	5	22
雇主	101	53	35	12	12	6	29	5	17	47	3	8	4	1
雇员	773	486	170	36	49	98	14	2	72	26	58	8	9	35

图 14　不同城市农民工就业身份情况

表 19　受访农民工被访问时的前一个月收入的描述统计

均值	标准差	方差	峰度	偏度	最小值	最大值
3485.36	2902.32	8423465	61.84	5.97	0	50000

进一步计算受访者上个月收入的分布。如表 20 所示，收入在 2000 元至 3000 元之间的人数最多，约占 33.67%，收入在 1000 元至 2000 元的人数第二多，约占 23.90%；收入超过 7000 元的人占总数的 6.95%。分城市来看，可以看到各城市的工资收入差距存在但并不大，具体见图 15。

表 20　受访农民工被访问时的前一个月收入的分布

类别	频数	频率（%）
≤ 1000 元	184	5.38
(1000 元，2000 元]	818	23.90
(2000 元，3000 元]	1152	33.67
(3000 元，4000 元]	544	15.89
(4000 元，5000 元]	355	10.38
(5000 元，6000 元]	131	3.83
>7000 元	238	6.95
共计	3422	100.00

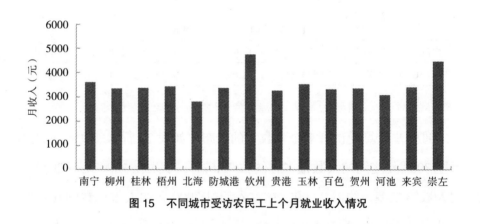

图 15　不同城市受访农民工上个月就业收入情况

4. 受访者参加社会保险的情况

如表 21 所示，参加养老保险的受访者占总数的 44.75%；参加失业保险、工伤保险和生育保险的受访者分别占总数的 16.13%，19.15%，

13.42%。总的来说，参加社会保险的比例较低。

表 21　受访农民工参加社会保险的比例（单位：%）

类别	是	否	不清楚
参加养老保险	44.75	54.01	1.24
参加失业保险	16.13	83.00	0.87
参加工伤保险	19.15	80.34	0.51
参加生育保险	13.42	85.66	0.92

　　如表 22 所示，样本城市中受访者中参加养老保险比例最高的城市是贵港（78.57%），比例最低的城市是玉林（20.11%）；有超过半数受访者参加养老保险的城市有桂林、梧州、贵港、贺州、河池、来宾。受访者中参加失业保险比例最高的城市是南宁（22.39%），比例最低的城市是崇左（1.52%）。受访者中参加工伤保险比例最高的城市是来宾（30%），最低的城市是钦州（4.17%）。受访者中参加生育保险最高的城市是来宾（20%），其次是南宁（17.70%），比例最低的城市是贵港（0.00%）。

表 22 不同城市受访农民工参加社会保险的情况

城市	参加养老保险			参加失业保险			参加工伤保险			参加生育保险		
	是	否	不清楚	是	否	不清楚	是	否	不清楚	是	否	不清楚
南宁	48.17%	50.99%	0.84%	22.39%	77.23%	0.39%	23.54%	76.07%	0.38%	17.70%	81.98%	0.32%
柳州	38.09%	61.23%	0.68%	18.36%	81.15%	0.49%	20.90%	78.61%	0.49%	17.19%	82.32%	0.49%
桂林	60.70%	38.43%	0.87%	14.63%	84.72%	0.65%	16.16%	82.97%	0.87%	13.32%	85.59%	1.09%
梧州	52.38%	47.62%	0.00%	10.48%	89.52%	0.00%	15.24%	84.76%	0.00%	10.48%	89.52%	0.00%
北海	21.70%	77.36%	0.94%	5.66%	92.45%	1.89%	13.21%	84.91%	1.89%	3.77%	94.34%	1.89%
防城港	48.83%	50.70%	0.47%	2.35%	97.18%	0.47%	2.82%	96.71%	0.47%	2.35%	97.18%	0.47%
钦州	36.11%	59.72%	4.17%	4.17%	95.83%	0.00%	4.17%	95.83%	0.00%	4.17%	95.83%	0.00%
贵港	78.57%	21.43%	0.00%	10.71%	89.29%	0.00%	7.14%	92.86%	0.00%	0.00%	100.00%	0.00%
玉林	20.11%	70.11%	9.78%	3.80%	86.96%	9.24%	26.09%	73.37%	0.54%	1.09%	89.67%	9.24%
百色	21.50%	77.42%	1.08%	5.38%	94.08%	0.54%	6.99%	92.47%	0.54%	5.38%	94.09%	0.54%
贺州	75.31%	24.69%	0.00%	14.81%	85.19%	0.00%	19.75%	80.25%	0.00%	1.23%	97.53%	1.24%
河池	55.88%	41.18%	2.94%	5.88%	94.12%	0.00%	5.88%	94.12%	0.00%	5.88%	94.12%	0.00%
来宾	60.00%	40.00%	0.00%	15.00%	85.00%	0.00%	30.00%	70.00%	0.00%	20.00%	80.00%	0.00%
崇左	50.00%	48.48%	1.52%	1.52%	96.97%	1.51%	16.67%	81.81%	1.52%	0.00%	98.48%	1.52%

5.受访者的流动特点

受访者区内流动趋势比较明显，22.86%是跨省流动，44.39%是省内跨市流动，32.75%是市内跨县流动。受访者流动总次数并不频繁，81.09%是第一次流动；12.86%有过两次流动经历；3.72%有过三次流动经历；其余为有过四次及以上流动经历的。受访者具有较强的家庭化流动倾向，独自流动的受访者为1466；占总数的35.44%；非独自流动的为2670，占总数的64.56%；非独自流动的受访者中，89.14%的是与配偶一起流动；59.70%的是携带子女一起流动。虽然受访者流动状态稳定，有60%的受访者打算在流入地长期定居（5年以上）；但受访者的落户意愿却并不强烈，仅有29%的愿意将户口迁入。

如表23所示，样本城市中跨省流动比例最高的城市是百色，比例最低的是南宁。省内跨市比例较高的城市有南宁和柳州，反映出这些城市对区内农民具有较大的吸引力。市内跨县比例较高的城市有桂林、钦州、河池，表明这些城市中心对市辖区范围内农村人口有较强吸引力。

表23 不同城市受访农民工流动范围（单位：%）

城市	跨省流动	省内跨市	市内跨县
南宁	14.11	58.69	27.20
柳州	19.53	52.25	28.22
桂林	30.35	7.86	61.79
梧州	41.90	31.43	26.67
北海	33.02	27.36	39.62
防城港	27.28	37.04	35.68
钦州	45.83	12.50	41.67
贵港	39.29	28.57	32.14

城市	跨省流动	省内跨市	市内跨县
玉林	34.78	26.63	38.59
百色	50.00	26.88	23.12
贺州	38.27	37.04	24.69
河池	38.24	20.59	41.17
来宾	25.00	55.00	20.00
崇左	45.45	34.85	19.70

如表 24 所示，样本城市中，受访者独自流动比例较高的城市是贺州、崇左、玉林；受访者与配偶一起流动比例较高的城市是贺州、贵港和钦州；受访者与子女一起流动比例较高的城市依次是来宾、梧州和河池。不同城市农民工的家庭化流动特征反映出城市接纳农民工随迁家属的能力。

表 24 不同城市受访农民工家庭化流动特点（单位：%）

城市	独自流动		与配偶一起流动			与子女一起流动		
	是	否	是	否	不适用	是	否	不适用
南宁	40.54	59.46	90.61	5.29	4.10	59.44	36.03	4.53
柳州	24.61	75.39	85.75	4.79	9.46	61.92	23.44	14.64
桂林	28.60	71.40	91.44	5.81	2.75	61.47	36.09	2.44
梧州	13.33	86.67	86.81	13.19	0.00	77.00	23.00	0.00
北海	35.85	64.15	76.47	19.12	4.41	66.18	30.88	2.94
防城港	38.50	61.50	92.37	7.63	0.00	53.44	46.56	0.00
钦州	36.11	63.89	95.65	4.35	0.00	39.13	60.87	0.00
贵港	32.14	67.86	100.00	0.00	0.00	47.37	52.63	0.00
玉林	61.41	38.59	94.37	5.63	0.00	46.66	53.52	0.00
百色	28.49	71.51	93.23	4.51	2.26	51.13	48.87	0.00

续表

城市	独自流动		与配偶一起流动			与子女一起流动		
	是	否	是	否	不适用	是	否	不适用
贺州	72.84	27.16	100.00	0.00	0.00	27.27	72.73	0.00
河池	38.24	61.76	90.48	9.52	0.00	76.19	23.81	0.00
来宾	35.00	65.00	92.31	7.69	0.00	84.62	15.38	0.00
崇左	56.06	43.94	68.97	5.29	25.74	58.62	41.38	0.00

如表 25 所示，样本城市中，超过一半以上的受访者愿意在流入地长期居住（5 年以上）的城市有：南宁、柳州、桂林、梧州、北海、钦州、百色、河池、来宾。

表 25　不同城市受访农民工流动计划（单位：%）

城市	打算长期居住	打算返乡	打算继续流动	没想好
南宁	61.83	5.45	3.91	28.81
柳州	75.59	1.95	4.69	17.77
桂林	60.70	7.64	1.97	29.69
梧州	65.71	0.00	2.86	31.43
北海	62.26	1.89	0.00	35.85
防城港	28.64	3.29	9.85	58.22
钦州	63.89	4.17	11.11	20.83
贵港	21.43	17.86	0.00	60.71
玉林	40.76	7.07	16.30	35.87
百色	60.22	3.22	1.61	34.95
贺州	13.58	12.35	3.70	70.37
河池	58.82	0.01	5.88	35.29
来宾	55.00	0.00	0.00	45.00
崇左	34.85	22.73	9.09	33.33

如表 26 所示，超过一半以上受访者愿意将户口迁入的城市只有北海。除开北海外，受访者落户意愿比例较高的城市还有南宁、柳州和桂林。这三座城市都是广西地区经济社会发展较好的城市。

表 26　不同城市受访农民工的落户意愿（单位：%）

城市	愿意	不愿意	没想好
南宁	35.16	21.44	43.38
柳州	28.24	41.53	30.23
桂林	27.05	34.30	38.65
梧州	22.55	22.55	54.90
北海	53.85	7.69	38.46
防城港	11.35	21.08	67.57
钦州	18.03	47.54	34.43
贵港	13.04	13.03	73.91
玉林	22.70	30.50	46.80
百色	16.95	45.76	37.29
贺州	16.18	10.29	73.53
河池	25.00	40.62	34.38
来宾	25.00	35.00	40.00
崇左	15.55	46.67	37.78

二、居住特点

1.居住社区类型

样本中，2410 名受访者居住在居委会社区，占总数的 58.27%；1726 名受访者居住在村委会社区，占总数的 41.73%。我国居委会社区和村委会社区是两种不同的社区类型，在居民构成、治理架构、土地房屋供应等方面存在不同。从土地房屋供应来看，居住在居委会社区的农民工可以通过购买和租赁的方式获得住房；居住在村委会社区的农民工只能通过租赁村民的自建房来获得住房。早期的研究发现，居住成本是影响农民工居住社区选择的决定因素。村委会社区（如"城中村"）大多租金便宜；居委会社区（如商品房小区）大多租金较高。后续研究发现，农民工的居住社区选择受到工作特点、就业方式、流动特征的影响，那些工作不稳定、自雇者、家庭化流动的人口更倾向于选择村委会社区。

2.居住模式

如图16所示，89.85%的受访者是分散居住，分散居住能使农民工更加灵活地满足自己的住房需求，实现职业发展、家庭完整、社会融入等多个目标。6.41%的受访者居住在企业或雇主统一安排的集体宿舍中。这类集体宿舍一般在工厂或者工作地点的周边，用地类型为工业用地，具有明显的价格优势。虽然集体宿舍能够保障企业用工的便利，方便企业或雇主的统一管理，也利于政府社会治理，但它们大多与城

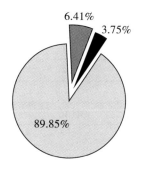

6.41%　3.75%

89.85%

■集体宿舍　■临时住所　□分散居住

图16　受访农民工居住模式特点

镇社区空间隔离开来，不利于居民的社会融合。[①]3.75% 的受访者居住在临时住所中，反映出他们的工作可能具有很强的流动性。

3. 住房来源

如表 27 所示，69.17% 的受访者租赁私房，18.06% 自购或自建住房，10.72% 居住在单位或雇主提供的住房中，0.36% 居住在政府提供的廉租房或公租房中。根据国家统计局《2016 年农民工监测调查报告》，"租房者占 62.4%，购房者为 17.8%，单位或雇主提供住房的占 13.4%，接近 3% 居住在政府的保障性住房中"。[②] 由此可见，广西农民工在保障性住房获取上落后于全国水平，但在购买和自建上高于全国水平。

表 27 受访农民工住房来源情况

类型	频数	频率（%）
租住单位/雇主房	267	6.46
租住私房	2861	69.17
政府提供廉租房	2	0.05
政府提供公租房	13	0.31
单位/雇主提供免费住房	176	4.26
自购住房	590	14.26
借助房	57	1.38
自建房	157	3.80
就业场所	11	0.27
其他非正规居所	2	0.05
合计	4136	100.00

① 丁成日、邱爱军、王瑾：《中国快速城市化时期农民工住房类型及其评价》，《城市发展研究》2010 年第 18 卷第 6 期。

② 国家统计局：《2016 年农民工监测调查报告》，国家统计局网站：http://www.stats.gov.cn/tjsj/zxfb/201704/t20170428_1489334.html，2017 年 4 月。

4. 与家人同住情况

如图 17 所示，560 名受访者是独自居住，约占总数的 13.54%，其余皆为与家人同住。与两名家人同住的情况最为普遍，人数为 1462 人，约占总数的 35.35%；与三名家人同住的情况也比较普遍，人数约为 1368 人，约占总数的 33.08%。这些数据证明了广西农民工流动的家庭化特征。

住房容纳人数

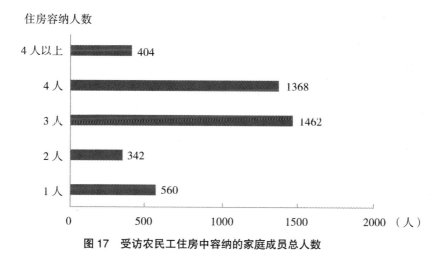

图 17　受访农民工住房中容纳的家庭成员总人数

5. 流入地购房情况

样本中，3301 名受访者没有在流入地购买住房，占总数的 79.82%；834 名受访者在流入地购买了住房，占总数的 20.17%。在住房来源分析中，自购或自建住房的比例为 18.06%，低于 20.17%。这有可能是因为一些受访者在受访时没有居住在自己购买的房屋中。根据国家统计局《2016 年农民工监测调查报告》，农民工购买住房的比例为 17.8%[1]。由此可见，广西农民工购买住房的比例要高于全国平均水平。

---

① 国家统计局：《2016 年农民工监测调查报告》，国家统计局网站：http://www.stats.gov.cn/tjsj/zxfb/201704/t20170428_1489334.html，2017 年 4 月。

6. 户籍地购房情况

一般来说，绝大多数农民工在农村老家都有住房，仅有少部分农民工在老家之外的地方拥有住房。如表28所示，在户籍地县政府所在地购房和在户籍地乡政府所在地购房的比例分别为2.49%和2.97%，数值都比较低。而在户籍地村购房的比例稍微高一些，为18.84%。但总的来看，在户籍地购房的比例要低于在流入地购房的比例（20.17%）。可以看到，农民工在购房选择上出现了两极分化的现象，要么选择在流入地购房，要么选择在户籍地村购房。这可能是因为广西县镇发展条件欠佳，经济较落后，公共服务相对薄弱，集聚能力差，造血功能不足，商品房市场不够发达，导致农民工转移层次较高。

表28 受访农民工在户籍地的购房情况 （单位：%）

类别	是	否
已在户籍地区县政府所在地购房	2.49	97.51
已在户籍地乡政府所在地购房	2.97	97.03
已在户籍地村购房	18.84	81.16

三、住房消费能力

1. 家庭每月住房支出

样本中，527个受访者"家庭每月住房支出水平"为0元，约占总数的12.74%。这些受访者可能由单位包住、居住在自建房、自购房（全款）、借助房中。除开这些受访者，剩余3609个受访者家庭需要支付住房费用。

如表29所示，受访者家庭每月住房支出的均值为779.21，众数为

500。最小值为20，最大值为18000，最大值是最小值的900倍，标准差为842.1。数据显示受访者家庭每月住房支出水平的差异较大。

表29 受访农民工家庭每月住房支出的统计（样本数为3609）

均值	标准差	方差	峰度	偏度	最小值	最大值
779.21	842.1	709165.1	65.68	5.21	20	18000

进一步计算受访者家庭每月住房支出的分布。如表30所示，受访者家庭每月住房支出在300~500元的受访者人数最多，约占33.19%；其次是支出水平在100~300元的，总数约占22.78%；再次是支出水平在500~800元的，总数约占18.15%。

表30 受访农民工家庭每月住房支出的分布

类别	频数	频率 (%)
≤ 100	43	1.19
(100, 300]	822	22.78
(300, 500]	1198	33.19
(500, 800]	655	18.15
(800, 1100]	219	6.07
(1100, 1400]	119	3.30
(1400, 1700]	149	4.13
(1700, 2000]	151	4.18
>2000	253	7.01
合计	3609	100.00

2.人均每月住房支出

假设人均每月住房支出（等于家庭每月住房支出／同住家庭总人数）。如表31所示，人均每月住房支出的均值为328.21元，小于2010年广西农民工人均每月住房支出（382.88元），也小于同期西部地区农民工人均每月住房支出（489.89元）[①]。但大于同期广西城镇居民人均每月居住支出（315.33元）[②]，还大于同期广西城镇居民人均每月租赁住房支出（170元）。综合这些数据，当前广西农民工的人均月住房支出的绝对值并不高，但总体高于同期城镇居民人均月住房支出水平。此外，数据显示样本的人均每月住房支出标准差为412.35，数值较大，即数据之间存在较大差异。进一步计算受访者人均每月住房支出的分布。如表32所示，77.83%的受访者人均每月住房支出在500元及以下的水平。

表31　受访者人均每月住房支出（样本数是3609）

均值	标准差	方差	峰度	偏度	最小值	最大值
328.21	412.35	170033.5	82.77	6.25	5	9000

表32　受访者人均每月住房支出分布

类别	频数	累积频率（%）
≤ 100	739	20.48
(100, 300]	1449	60.63
(300, 500]	621	77.83

① 国家统计局：《2015年农民工监测调查报告》，国家统计局网站：http://www.stats.gov.cn/tjsj/zxfb/201604/t20160428_1349713.html，2016年4月。

② 广西壮族自治区统计局：《广西统计年鉴2017》，广西壮族自治区统计局网站：http://tjj.gxzf.gov.cn/tjnj2020/2017/indexch.htm，2017年11月。

类别	频数	累积频率（%）
(500, 800]	309	86.39
(800, 1100]	175	91.24
(1100, 1400]	83	93.54
(1400, 1700]	85	95.90
(1700, 2000]	14	96.29
>2000	31	97.15
共计	3609	100

3. 房价收入比

房价收入比是一个被广泛用来衡量一定时期内某个国家或地区家庭住房支付能力的指标[1]。它等于该时期该地点具有代表性的住房销售价格与具有代表性的家庭年收入之间的比值。一般来说，房价收入与家庭购房支付能力成反比。房价收入比有中位数和平均数两种计算方式。这里采用平均数来计算房价收入比。具体公式如下：

受访者家庭房价收入比 =（2016 年广西商品房销售均价 ×90 平方米）÷（受访者家庭月收入平均数 ×12 月）=（5042 元 / 平方米 ×90 平方米）÷（5560 元 / 月 ×12 月）=6.8。

就经验来看，房价收入比在 5~7 为合理。根据这一标准，受访者群体似乎并未承受较大的购房压力。考虑到受访者的住房自有率并不高（约为 19%），因此有可能利用平均数求得的房价收入比不能反映总体的情况。事实上，受访者家庭月收入的标准差为 842.1，数值较大。

---

[1] 董昕：《中国农民工的住房问题研究》，经济管理出版社 2013 年版，第 87 页。

这说明受访者在家庭月收入方面确实存在贫富悬殊的情况。

表 33　受访农民工家庭的房价收入比分布

类别	频率 (%)	累积频率 (%)
>20	1.86	1.86
(15,20]	5.22	7.08
(10,15]	24.75	31.83
(7,10]	34.18	66.01
(5,7]	18.03	84.04
≤5	15.96	100

　　进一步计算了访者家庭的房价收入比分布。如表 33 所示，房价收入比在 7 及以上的受访者家庭比例为 84.04%，可见绝大部分受访者不具备购房支付能力，这与受访者住房自有率不高的事实相符。其中，房价收入比在 10 及以上的受访者家庭比例高达 66.01%，这说明有相当一部分农民工家庭在购买住房方面处于极度不可能的状态。房价收入比在 7 以下的占 33.99%，这表明仅有少部分受访者具备在务工地购买住房的能力。总的来说，受访者家庭的购房支付能力明显不足，半数以上受访者家庭几乎不能依靠自己的能力购房。

　　4. 租金收入比

　　租金收入比也是一个被广泛用来衡量一定时期内某个国家或地区家庭租房支付能力的指标[①]。它等于该时期该地点具有代表性住房的年租金与具有代表性的家庭年收入之间的比值。租金收入比与家庭租房

---

　　① 董昕：《中国农民工的住房问题研究》，经济管理出版社 2013 年版，第 89 页。

支付能力成反比。租金收入比的具体计算取值也有中位数和平均数两种。这里采用平均数来计算租金收入比。具体公式如下：

受访者家庭租金收入比 = 受访者家庭每月住房支出平均值 ÷ 受访者家庭月收入平均数 =679.92 元 ÷5560.09 元 =0.12

根据经验来看，租金收入比的合理水平是 0~0.3。根据这一标准，受访者群体似乎并未承受较大的租房压力。如前所述，受访者的人均每月住房支出水平小于西部地区农民工的人均每月住房支出水平，且大部分的受访者每月住房支出在 500 元以下。综合来看，当前广西农民工的租房压力并不大。进一步计算受访者家庭的租金收入比分布。如表 34 所示，绝大多数受访者家庭的租金收入比在合理范围内，仅有17.24% 的受访者当前承受较大的租房压力。当然，以上结果并不能证明广西农民工租房支付能力较强。因为当前计算的租金收入比是静态，无法动态地反映广西农民工应对未来房租变化的能力。

表 34　受访农民工家庭租金收入比分布

类别	频率（%）	累积频率（%）
>50	1.09	1.09
（40,50]	1.71	2.80
(30,40]	4.43	7.23
(20,30]	10.01	17.24
(10,20]	31.77	49.01
≤ 10	50.99	100.00

5. 住房消费比

住房消费比是衡量家庭住房支付能力的又一指标，即住房消费开支占家庭总支出的比例①。它是代表家庭的年住房消费总开支与其家庭年总支出之间的比值。一般来说，住房消费比值越高，家庭租房的支付能力越差；住房消费比值越低，家庭租房的支付能力越强。住房消费比的具体计算取值也有中位数和平均数两种。这里采用平均数来计算住房消费比值。具体公式如下：

受访者家庭住房消费比＝受访者家庭每月住房支出平均值 ÷ 受访者家庭月开支平均值＝679.92 元 ÷3057.02 元＝0.22

根据经验，住房消费比在 35% 以下视为合理。根据这一标准，受访者家庭住房消费比似乎在合理水平。进一步计算受访者家庭住房消费比分布。如表 35 所示，有 19.32% 的受访者承受较大的住房消费压力。

表 35　受访农民工家庭住房消费比分布

类别	频率（%）	累积频率（%）
>55	6.60	6.60
(45,55]	4.98	11.58
(35,45]	7.74	19.32
(25,35]	12.74	32.06
(15,25]	26.09	58.15
≤ 15	41.85	100.00

四、住房消费计划

1. 在流入城市的住房消费计划

对于未来 5 年的流动安排，60.83% 的受访者打算在流入城市继续

---

① 董昕:《中国农民工的住房问题研究》，经济管理出版社 2013 年版，第 90 页。

就业生活；29.62% 的受访者没想好。这些数据显示，受访者流动行为表现出长期性。不相匹配的是计划在流入地购房的受访者高达 29.18%，高于受访者的实际购房比例。这表明有相当比例的受访者有购房的愿望，但受制于现实状况和自身能力，难以实现这一愿望。

2. 在户籍地的住房消费计划

样本中，计划在户籍地购房的比例较小，远远小于计划在流入地购房的比例。如表 36 所示，计划在户籍地村购房的比例要大大高于计划在区县政府和乡政府购房的比例。这些数据指出大部分受访者未来并不将户籍地作为购房甚至定居的理想场所，侧面反映出受访者群体流动的稳定性和长期性。

表 36　在户籍地的住房消费计划　（单位：%）

类别	是	否
计划在户籍地区县政府所在地购房	4.55	95.45
计划在户籍地乡政府所在地购房	2.25	97.75
计划在户籍地村购房	11.68	88.32
计划在其他地点购房	1.93	98.07

五、住房保障服务

1. 住房公积金

样本中，仅有 270 名受访者参加了住房公积金计划，约占总数的 6.53%；3832 名受访者未参加，约占总数的 92.65%；34 名受访者不清楚是否参加了，约占总数的 0.82%。在参加住房公积金的 270 名受访者中，在本地缴纳公积金的比例为 92.22%；在户籍地缴纳公积金的比例为 2.96%；在其他地方缴纳公积金的比例为 4.82%。总的来说，缴纳住房公积金的比例较低。

2. 保障性住房

样本中，仅有 0.36% 的受访者居住在政府提供的廉租房或公租房中，比例非常低，反映出广西农民工获得的住房保障不足。

第三节　农民工住房问题的发展趋势

一、住房需求总量

住房服务一般是指住房为家庭提供的庇护、休息、娱乐和生活空间服务，它综合了住房面积、住房质量和社区环境等多种因素。住房需求一般是指对住房服务的需求，包括对住房面积、质量、社区环境等多种住房属性服务的需求。因为住房服务具有异质性且每个人的住房需求并不相同，因而加总每个人的住房需求以求得住房需求总量存在较大的技术障碍。为了简便，我们假设每个农民工的住房需求是同质的且住房需求特指是对住房面积的需求，在农民工人数已知的情况下，我们可以对农民工的住房需求总量进行一个初步的估计。

那么广西农民工的总人数未来会怎样变化呢？这很大程度上取决于当前广西城镇化发展情况。这里城镇化是"指随着一个国家和地区社会生产力的发展、科学技术的进步以及产业结构的调整，其社会由农业为主的传统乡村型社会向以工业和服务业等非农产业为主的城市型社会逐渐转变的过程。"[1] 城镇化的一个突出特征就是随着城镇化率的不断提高，城镇数量将稳步增加，从农村向城市转移的人口将持续增多，城镇常住人口总数也将上升。

根据《广西壮族自治区新型城镇化规划（2014–2020 年）》，"1978–2016 年广西城镇常住人口从 360 万人增加到 2326 万人，年均增加 50 万人，城镇化率从 10.64% 提高到 48.1%，年均提高 0.96 个百分点；随着城镇化的不断推进，城镇规模也在不断扩大；1978–2012 年，城镇建成区面积从 181 平方公里扩展到 2298 平方公里，城市数量从 4 个增加到 35 个，建制镇数量从 66 个增加到 715 个"[2]。按照城市化发展的 "S" 形曲线规律，广西正处于城镇化的中期，即快速城镇化阶段。2016 年末常住人口城镇化率为 48.08%，预计 2020 年将达到 54%，大量人口将在短时间内从农村流向城市。《广西人口发展规划（2016–2030 年）》预测未来广西的流入人口将持续增加，常住人口的增长还将会提速，而 2020 年末常住人口就将增加到 5030 万人[3]。

根据广西农民工总量的历史数据，我们简单估算了本地农民工全部定居城市后全区需要新增的住房面积。如表 37 所示，无论采用哪种计算标准，城镇住房供给的压力都不小，农民工住房需求总量都较大。

---

①　白南生、李靖：《城市化与中国农村劳动力流动问题研究》，《中国人口科学》2008 年第 4 期。

②　广西壮族自治区发展和改革委员会网站：广西壮族自治区新型城镇化规划（2014–2020 年）http://www.gxdrc.gov.cn/fzgggz/fzgh/gzjl_39778/201408/t20140812_561364.html。

③　广西壮族自治区人民政府：《广西壮族自治区人民政府〈关于印发广西人口发展规划（2016–2030 年）的通知〉（桂政发〔2017〕24 号）》，广西壮族自治区人民政府网站：http://www.gxzf.gov.cn/zwgk/zfwj/zzqrmzfwj/20170620–613527.shtml，2017 年 5 月。

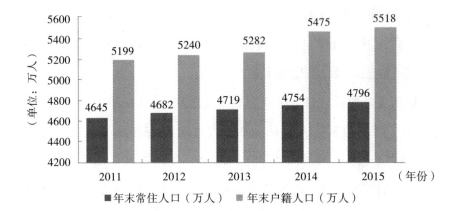

图18 "十二五"时期广西人口总量变动

注：图表来源于《广西人口发展规划（2016–2030年）》。①

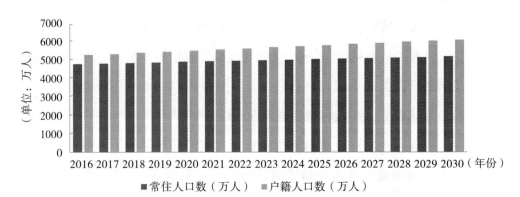

图19 2016–2030年广西人口总量的历史数据及预测

注：图表来源于《广西人口发展规划（2016–2030年）》。②

---

① 广西壮族自治区人民政府：《广西壮族自治区人民政府〈关于印发广西人口发展规划（2016–2030年）的通知〉（桂政发〔2017〕24号）》，广西壮族自治区人民政府网站：http://www.gxzf.gov.cn/zwgk/zfwj/zzqrmzfwj/20170620–613527.shtml，2017年5月。

② 广西壮族自治区人民政府：《广西壮族自治区人民政府〈关于印发广西人口发展规划（2016–2030年）的通知〉（桂政发〔2017〕24号）》，广西壮族自治区人民政府网站：http://www.gxzf.gov.cn/zwgk/zfwj/zzqrmzfwj/20170620–613527.shtml，2017年5月。

表 37　三种不同标准下 2018-2022 年本地农民工住房需求及预测数据

年份	预测本地农民工总量（万人）	预测农民工增幅（万人）	根据标准 1 预测的新增建筑面积（万平方米）	根据标准 2 预测的新增建筑面积（万平方米）	根据标准 3 预测的新增建筑面积（万平方米）
2017	354.00	—	—	—	—
2018	379.94	25.94	906.34	503.24	337.22
2019	407.77	27.83	972.38	539.90	361.79
2020	437.65	29.88	1044.00	579.67	388.44
2021	469.72	32.07	1120.53	622.16	416.91
2022	504.13	34.41	1202.29	667.55	447.33

注．①本地农民工的总数用上年度的本地农民工数量乘以 2012 至 2016 年的本地农民工平均增长率。

②标准 1：2015 年广西壮族自治区 1% 人口抽样调查资料中全区城市人均住房面积为 34.94 平方米。

③标准 2：2016 年国家统计局的农民工监测调查报告，进城农民工人均住房面积为 19.4 平方米。

④标准 3：2017 年南宁市住房保障对象，人均住房面积标准为低于 13 平方米。

二、住房需求结构

住房需求结构是指人们根据不同的支付能力和实际需要，对住房服务各个档次的需求结构。住房需求结构可以按照住房价位、户型、面积、分布区域等不同的指标来加以归类。就农民工来说，可以用住房类型对其住房需求结构加以划分，即单位宿舍、工地工棚、生产经营场所、与他人合租、独立租赁、务工地购房、乡外从业人员回家居住和其他。根据国家统计局 2008-2015 年的农民工监测调查报告，我们估算了外出农民工的住房需求结构。如表 38 所示，2008-2015 年全国农民工住房需求结构总体变化不大，但农民工居住在单位宿舍和生产经营场所的比例有所减少，务工地购房的比例有所增加。

表38　2008-2015年外出农民工住房类型（单位：%）

年份	单位宿舍	工地工棚	生产经营场所	与他人合租	独立租赁住房	务工地自购房	乡外从业回家居住	其他
2008	35.1	10.0	6.8	16.7	18.8	0.9	8.5	3.2
2009	33.9	10.3	7.6	17.5	17.1	0.8	9.3	3.5
2010	33.8	10.7	7.5	18.0	16.0	0.9	9.6	3.5
2011	32.4	10.2	5.9	19.3	14.3	0.7	13.2	4.0
2012	32.3	10.4	6.1	19.7	13.5	0.6	13.8	3.6
2013	28.6	11.9	5.8	18.5	18.2	0.9	13.0	3.1
2014	28.3	11.7	5.4	18.4	18.5	1.0	13.3	3.4
2015	28.7	11.1	4.8	18.1	18.9	1.3	14.0	3.1

注：1. 根据国家统计局《2008-2015年农民工监测调查报告》汇总得出。

2. 国家统计局《2016年农民工监测调查报告》中没有披露外出农民工的住房类型数据，而是公布了进城农民工数据，进城农民工中，租房者占62.4%，购房者占17.8%，居住在单位或雇主住房的占13.4%，以其他方式解决居住问题的占6.4%。

3. 国家统计局《2017年农民工监测调查报告》中没有披露农民工住房类型数据。

学者吕萍指出农民工住房需求结构受到其就业结构的影响[1]。例如制造业农民工一般居住在用工企业提供的集体宿舍中，而服务业农民工更倾向于自己在市场上租房居住。研究还进一步指出，就业结构又受到产业结构变化的影响。例如伴随产业结构的调整与升级；第一产业从业人员下降，第二、三产业从业人员将增加[2]。如果说产业结构决定就业结构，进而决定农民工住房需求结构的逻辑是正确的，那么我们可以通过观察产业结构变化来预测住房需求结构的变化。图20所示，1985-2016年广西第一产业和第二产业的就业人数总体呈下降趋势；第

① 吕萍：《农民工住房理论、实践与政策》，中国建筑工业出版社2012年版，第125页。

② 吕萍、甄辉、丁富军：《差异化农民工住房政策的构建设想》，《经济地理》2012年第32卷第10期。

三产业的就业人数总体呈上升趋势。因此采取集中居住的农民工可能会减少。

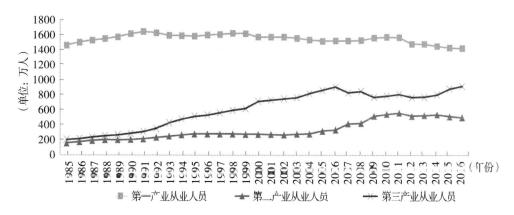

图20 1985-2016年广西三次产业从业人员总量变化趋势（单位：万人）

注：数据来源于《广西统计年鉴》[1]。

借鉴学者吕萍的做法[2]，我们初步计算了第二、第三产业的就业弹性。这里"就业弹性就是经济每增长一个百分点，带动就业增长的百分比。"[3]对于某一区域，它的第二、第三产业对劳动力的吸纳情况可以分别写成下面的两个公式：

$$LnL_2 = \alpha_2 + \beta_2 \times LnGDP_2$$
$$LnL_3 = \alpha_3 + \beta_3 \times LnGDP_3$$

式中 L_2 表示第二产业的就业人数，GDP_2 是第二产业的产出，α_2 是

---

① 广西壮族自治区统计局：《广西统计年鉴2017》，广西壮族自治区统计局：http://tjj.gxzf. gov.cn/tjnj2020/2017/indexch.htm，2017年11月。

② 吕萍：《农民工住房理论、实践与政策》，中国建筑工业出版社2012年版，第82页。

③ 吕萍：《农民工住房理论、实践与政策》，中国建筑工业出版社2012年版，第82页。

常数，β_2 表示第二产业的就业人数对该产业产出的弹性。式中 L_3 是第三产业的就业人数，GDP_3 是第三产业的产出，α_3 是常数，β_3 表示第三产业的就业人数对该产业产出的弹性。

利用《广西统计年鉴 2017》公布的 1978–2016 年人口和国民经济核算数据进行线性回归，根据回归结果，上面两个公式可以改写为：

$$LnL_2 = 9.039 + 0.235 \times LnGDP_2$$
$$LnL_3 = 7.350 + 0.326 \times LnGDP_3$$

根据广西"十三五"规划，2020 年，广西三次产业结构将调整为 14：44：42，地区生产总值将达到 24130 亿元。根据以上公式，2020 年，广西第二产业和第三产业吸纳的从业人员数分别为 562.84 万人和 1259.361 万人。如果按农民工占产业工人的 40% 来计算，2020 年，第二产业和第三产业吸纳的农民工人数将分别达到 225.136 万人和 503.744 万人。由此可知，农民工住房需求结构将发生显著变化，采取分散居住模式的农民工会更多。

除产业结构外，农民工群体的人口结构变化也将影响其住房需求结构。首先，伴随农民工流动方式的家庭化，农民工有主观改善住房条件的愿望。就全国来看，国家人口和计划生育委员会的流动人口动态监测数据显示，2011–2016 年全国流动人口的家庭化居住模式日趋明显（如图 21 所示）。就广西来看，2015 年全国 1% 人口抽样调查数据显示：广西区内流动以女性为主；在随迁人口中，小孩和老人占大多数。在我们的样本数据中，独自流动的受访者为 1466 人，占总数的 35.44%；非独自流动的为 2670 人，占总数的 64.56%；非独自流动的受访者中，89.14% 的是与配偶一起流动；59.70% 的是携带子女一起流动。这些数据同样展示出广西农民工有较强的家庭化流动趋势[①]。如果有家属随迁，农民工常常很少选择集体宿舍／临时工棚，倾向于自行租房或购房[②]。因此，未来广西农民工的住房需求将从低层次向高层次过渡。

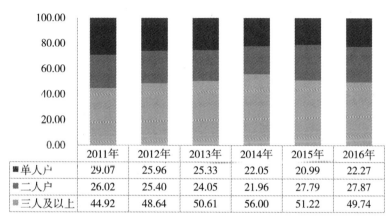

	2011年	2012年	2013年	2014年	2015年	2016年
■单人户	29.07	25.96	25.33	22.05	20.99	22.27
■二人户	26.02	25.40	24.05	21.96	27.79	27.87
■三人及以上	44.92	48.64	50.61	56.00	51.22	49.74

图 21　2011-2016 年全国流动人口同住家庭规模变化趋势（单位：%）[③]

　　其次，伴随农民工群体的代际转换，农民工住房需求偏好发生变化。就全国来看，2013-2017 年新生代农民工占比持续增加并最终超过了 50%（如图 22 所示）。就广西来看，2015 年 1% 的全国人口抽样数据显示，1980 年及以后出生的流动人口介于流动人口总数的 41.6%—52.6%。在我们提取的样本数据中，新生代农民工占总数的 58.34%。以

　　① 　广西壮族自治区统计局：《广西流动人口特征分析——基于广西 2015 年全国 1% 人口抽样调查数据分析》，石日灿主编：《广西全国 1% 人口抽样调查课题论文集》，广西壮族自治区统计局 2015 年版，第 901 页。

　　② 　魏万青：《从职业发展到家庭完整性：基于稳定城市化分析视角的农民工入户意愿研究》，《社会》2015 年第 35 卷第 5 期。

　　③ 　国家卫生健康委流动人口服务中心：《2011-2016 年中国流动人口同住家庭规模变化趋势》，国家卫生健康委流动人口服务中心流动人口数据平台数据可视化产品：http://www.chinaldrk.org.cn/wjw/#/data/classify/visualization，2018 年 12 月。

上表明，广西农民工群体正进行代际转换。如表 39 所示，新生代农民工租住单位 / 雇主房和自购房的比例要高于老一代农民工。这是因为相较于老一代"离土不离乡"的农民工，新一代农民工大多处在"离土又离乡"的长期流动状态，乡土意识淡薄、对城市生活更加向往，城市定居意愿更强，改善住房条件的愿望也更强，也更倾向于提高住房消费水平[1]。

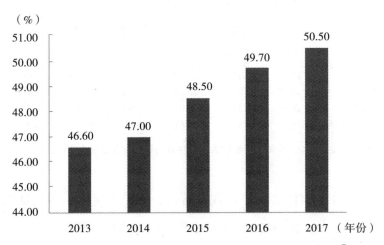

图 22　2013–2017 年我国新生代农民工占农民工群体百分比[2]

表 39　我国农民工住房类型的代际差异（单位：%）

类型	所有	新生代	老一代
租住单位 / 雇主房	6.46	7.14	5.19
租住私房	69.17	68.43	69.71

---

① 倪建伟、桑建忠：《完全成本视角下新生代农民工城市住房成本构成研究——一个理论分析框架》，《经济社会体制比较》2016 年第 11 期。

② 国家统计局：《2017 年农民工监测调查报告》，国家统计局网站：http://www.stats.gov.cn/tjsj/zxfb/201804/t20180427_1596389.html，2018 年 4 月。

类型	所有	新生代	老一代
政府提供廉租房	0.05	0.12	0.25
政府提供公租房	0.31	0.41	0.77
单位/雇主提供免费住房	4.26	3.48	4.81
自购住房	14.26	15.44	13.43
借助房	1.38	1.28	1.45
自建房	3.80	3.53	3.98
就业场所	0.27	0.17	0.33
其他非正规居所	0.04	0.00	0.08
合计	100.00	100.00	100.00

　　注：作者根据国家人口和计划生育委员会2016年全国流动人口动态监测调查数据计算所得。

　　总的来说，广西农民工住房需求结构将日趋复杂，构建多层次的住房供应结构支撑农民工群体理性梯度将刻不容缓。

三、住房矛盾程度

　　住房矛盾一般是指住房供给和需求不均衡的一种状态。当前，我国城镇住房矛盾主要表现在大城市住房供不应求，住房价格持续上涨，居民住房可支付能力不足等方面。就广西来看，未来住房矛盾将持续加剧，农民工住房困难将加重。

　　一是住房供应日趋紧张。首先以广西人均住房面积34.94平方米为标准计算广西城镇新增人口所需住房面积，然后结合房地产企业开发竣工面积的历史数据，我们发现2010–2016年广西住房供需缺口虽然在逐步缩小，但住房供应不足的情况一直存在，见表40。此外，如图23 所示，广西土地供应一直趋紧。由此可见，广西住房供求缺口会继续扩大，农民工会面临更加困难的住房状况。

表40　2010-2016广西住房面积供需差距

年份	城镇总人口（万人）	与上年比新增常住人口（万人）	新增人口所需住房面积（万平方米）	房地产开发企业竣工房屋面积（万平方米）	住房供需面积差距（万平方米）
2010	1844	—	—	—	—
2011	1942	98	3424.12	2303.35	1120.77
2012	2038	96	3354.24	2333.58	1020.66
2013	2115	77	2690.38	1712.68	977.70
2014	2187	72	2515.68	1865.98	649.70
2015	2257	70	2445.80	1675.18	770.62
2016	2326	69	2410.86	1735.05	675.81

注：1.城镇总人口数据根据国家统计局网站披露数据整理得出。

2.2010 年广西城镇居民平均住房面积 39.94 平方米乘以新增人口数量。

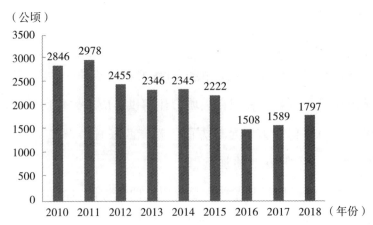

图23　2010-2018 年广西各市住房用地供应计划汇总数据（单位：公顷）

注：数据来源于广西壮族自治区国土资源厅 2010-2018 各年度各市住房用地供应计划公告。

二是住房支出持续增加。一方面，如图 24 所示，1995-2016 年广西城镇居民家庭人年均住房支出的上升趋势非常明显，由 1995 年的 325.52 元稳步上升到 2016 年的 3784 元；如图 25 所示，近年来广西城镇居民家庭人年均租房支出也呈现上涨趋势。另一方面，如图 26 所示 2008-2016 年广西商品房平均销售价格也大幅增加，增幅为 2408 元 / 平方米。假设广西农民工工资等于西部地区农民工平均工资。借助房价收入比指标，我们发现 2008-2016 年农民工的房价收入比始终大于 7，具体结果见图 27。这反映出农民工住房购房困难的状况一直存在。考虑到广西农民工的月收入水平实际略高于西部地区农民工收入的水平，计算结果可能存在些许高估。

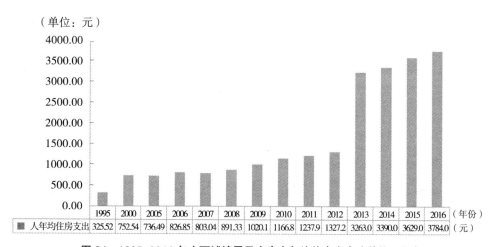

图 24　1995-2016 年广西城镇居民家庭人年均住房支出（单位：元）

注：数据来源于各年度广西统计年鉴。

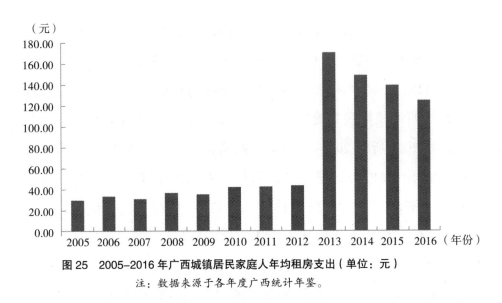

图 25 2005–2016 年广西城镇居民家庭人年均租房支出（单位：元）

注：数据来源于各年度广西统计年鉴。

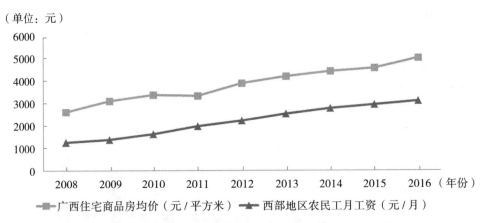

图 26 2008–2016 年广西住宅商品房均价与西部地区农民工月工资走势

注：数据来源于各年度广西统计年鉴和国家统计局农民工监测报告。

通过整理 2009–2015 年国家统计局《农民工监测调查报告》，我们发现当住房价格走高，企业为了压缩用工成本不再提供免费住宿或住房补贴（见表 41）。这样农民工的居住成本将增加。就广西来看，一些

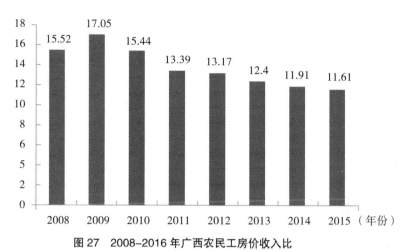

图 27　2008-2016 年广西农民工房价收入比

注：数据来源于各年度广西统计年鉴和国家统计局农民工监测报告。

新闻报道指出在广西农民工聚集的重点城市，租房价格一直保持上涨的势头。不少农民工感叹，房子是买也买不起，租也快租不起了。

表 41　2009-2015 年全国农民工居住支出变化

年份	雇主或单位提供免费住宿或住房补贴的比例（%）	雇主或单位既不提供免费住宿也不提供住房补贴的比例（%）	农民工月均住房支出（元）	商品房均价（元/平方米）
2009	57.90	42.10	245.00	4459.00
2010	54.50	45.50	—	4725.00
2011	58.70	41.30	335.00	4993.17
2012	58.70	41.30	—	5429.93
2013	55.10	44.90	453.00	5850.00
2014	55.40	44.60	445.00	5933.00
2015	54.00	46.00	475.00	6473.00

注：数据来源于 2009-2015 年国家统计局农民工监测报告。

三是住房信贷政策缩紧，农民工较难获得住房金融支持。2010 年中国人民银行颁布的《个人住房贷款管理办法》明确要求，借款人必须"有稳定的职业和收入，信用良好，有偿还贷款本息的能力。"[1]然而，大部分农民工存在"收入不稳定、缺乏社保及住房公积金保障、农村住房难以抵押"等问题，导致还款保障系数过低，贷款风险较高，成为金融机构拒绝的对象[2]。目前，国家出台的农民工住房金融政策仅有住房公积金政策。2007 年 3 月，原建设部发布了《2006 年全国住房公积金缴存使用情况》提出要将公积金制度覆盖范围扩大到在城市有固定工作的农民工[3]。根据该规定，广西一些城市着手研究如何将农民工纳入住房公积金覆盖范围。2014 年，广西壮族自治区党委、政府印发《广西壮族自治区〈关于创新和加强农民工工作的若干意见〉》，明确提出逐步把稳定劳动关系的农民工纳入住房公积金制度覆盖范围[4]。然而，本书提出的 2010 年广西农民工调查样本中，仅有 33 名受访者参加了住房公积金计划，占总数的 1.22%；2016 年广西农民工调查样本中，仅有 270 名受访者参加了住房公积金计划，占总数的 6.53%。总的来说，参加住房公积金的农民工人数有增长，但由于农民工的就业流动性大、

---

① 周锐、谭震翔、莫积雁、唐乐、李江锋：《金融支持农民工购房情况的调查研究——以广西玉林市为例》，《区域金融研究》2016 年第 6 期。

② 周锐、谭震翔、莫积雁、唐乐、李江锋：《金融支持农民工购房情况的调查研究——以广西玉林市为例》，《区域金融研究》2016 年第 6 期。

③ 中华人民共和国住房和城乡建设部：《2006 年全国住房公积金缴存使用情况》，2007 年 1 月，中华人民共和国住房和城乡建设部网站（http://www.mohurd.gov.cn/zxydt/200804/t20080424_162809.html）。

④ 广西壮族自治区总工会：《广西壮族自治区关于〈创新和加强农民工工作的若干意见〉（桂发〔2014〕12 号）》，广西壮族自治区总工会网站：http://www.gxftu.org/xxgk/zcfg/201406/t20140620_50447.html，2014 年 6 月。

季节性强等特点，农民工缴存公积金的积极性并不高。

2016 年以来，响应政府鼓励农民工购买商品房去库存的号召，一些金融机构尝试开展农民工购房贷款业务。以玉林为例，辖区金融机构农民工购房贷款业务有所增长，但农民工购房贷款占居民个人住房消费贷款的比例不足 6.25%。2017 年以来，国家为了严控房地产风险，采取了偏紧的住房信贷政策（见表 42）。在农民工集中的广西区内重点城市（如南宁、柳州、桂林，见表 42），购房的贷款利率明显提高，无形之中增加了农民工这类低收入群体的购房难度。

表 42　部分银行房贷基准利率上浮情况：以南宁为例（单位：%）

银行名称	首套住宅房贷利率	二套住宅房贷利率
中国工商银行	上浮 10	上浮 15
中国农业银行	上浮 5	上浮 15
中国银行	上浮 10	上浮 20
中国建设银行	上浮 5	上浮 15
中国邮政储蓄银行	上浮 10	上浮 15
中国民生银行	上浮 20	上浮 25
广西北部湾银行	上浮 10	上浮 15
桂林银行	上浮 15	上浮 25
柳州银行	上浮 5~10	上浮 15~20
兴业银行	上浮 15	上浮 25
招商银行	上浮 10	上浮 25

* 基准利率 4.9%，2018 年 2 月数据。

第五章　农民工住房问题的地区差异

以往经验表明农民工住房问题存在显著的地区差异。本章将重点比较广西十四个地级市的农民工住房问题情况。主要内容分为二个部分：一是，借助调研数据，描绘不同城市农民工在居住行为、住房消费能力、住房消费计划和住房保障服务等方面的差异；二是，从经济发展水平、产业结构、住房市场容量、城市政府住房保障能力几个角度，解释农民工住房问题存在城市差异的原因。

第一节　不同城市农民工住房现状比较

一、居住行为差异

1.居住社区类型

如前所述，居委会社区和村委会社区是两种不同的社区类型。它们接纳农民工和促进其城市融入的能力并不相同。农民工的居住社区选择固然受到其个人偏好和住房可支付能力的影响，但也受到城市社区治理的影响。如果城市居民普遍歧视农民工，那么居委会社区会采取一些正式或非正式的手段，限制农民工入住，迫使他们进入城市的非核心地带——如"城中村"或城乡接合部的村委会社区。基于这一逻辑，我们比较了不同城市农民工居住社区的情况。如图 28 所示，十四个城市中，柳州、梧州、北海、钦州、贵港、玉林、百色、贺州、河池、来宾、崇左的居委会社区受访者人数大于村委会社区受访者人数；南宁、桂林、防城港三个城市则情况相反。那么不同城市农民工居住社区的分布是否存在显著的差异呢？我们利用 STATA 软件求得了变量城市和变量居住社区的 Spearman 相关系数。结果显示变量城市和变量居住社区之间存在统计学意义上显著的线性相关（p 值 -0.000<0.01）。但这一关系很弱，相关系数仅为 0.17，即不同城市农民工居住社区的分布存在微弱的不同。

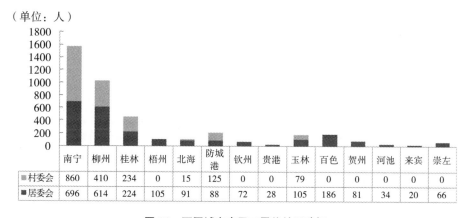

（单位：人）

	南宁	柳州	桂林	梧州	北海	防城港	钦州	贵港	玉林	百色	贺州	河池	来宾	崇左
村委会	860	410	234	0	15	125	0	0	79	0	0	0	0	0
居委会	696	614	224	105	91	88	72	28	105	186	81	34	20	66

图 28　不同城市农民工居住社区选择

2.居住模式

如前所述，集中居住和分散居住是两种不同的城市居住模式。集中居住满足了农民工最基本的居住需要，能够帮助他们降低居住成本；分散居住可能意味着更高的居住成本，但能够满足农民工的家庭生活需要、人际交往诉求和公共服务需要。同样地，居住模式选择固然受到农民工就业模式、家庭特征和未来流动计划等个体因素的影响，但也受到城市住房供给结构的影响。如果城市中提供包吃包住单位／企业的数量很少，那么大多数农民工将被迫去住房市场上租赁或购买房屋。基于这一逻辑，我们比较了不同城市农民工的居住模式。如图29所示，所有城市中，选择分散居住的受访者都多过选择集中居住的受访者。为了进一步验证，我们计算了变量城市和变量居住模式的Spearman和Kendall's tau-b相关系数，结果都显示两个变量之间不存在统计学意义上的显著相关关系，即农民工的居住模式存在城市趋同现象。

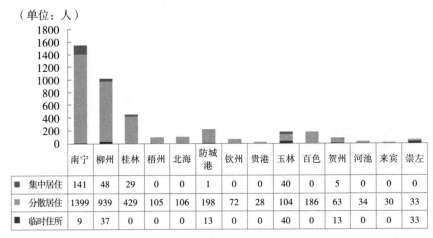

（单位：人）

	南宁	柳州	桂林	梧州	北海	防城港	钦州	贵港	玉林	百色	贺州	河池	来宾	崇左
■ 集中居住	141	48	29	0	0	1	0	0	40	0	5	0	0	0
▨ 分散居住	1399	939	429	105	106	198	72	28	104	186	63	34	30	33
■ 临时住所	9	37	0	0	0	13	0	0	40	0	13	0	0	33

图29 广西不同城市农民工居住模式选择

3. 住房来源

对农民工而言，住房不仅具有居住生活等使用价值，还是他们立足城市和融入城市的物质基础；住房将会影响他们身份认同的过程，进而影响他们市民化的进程。从微观尺度来看，农民工住房状况是农民工个体能力差异的结果；从城市的中观尺度来看，农民工住房状况反映出城市住房市场容纳农民工的能力差异。

　　基于这一逻辑，我们比较了不同城市农民工住房来源情况。如表43所示，以南宁为例，排名第一的是租住私房，比例71.84%；排名第二的是自购房，比例为14.69%；排名第三的是租住单位／雇主房，比例为6.80%；排名第四的是自建房，比例皆为3.8%；排名第五的是单位提供的免费住房或借住房，比例为1.15%；排名第六的是政府提供的公共租赁房，比例为0.19%；排名第十的是政府提供的廉租房，比例为0.13%。大部分城市基本遵循这样的一个排序规律。但有一些城市例外。如桂林，受访者中享受政府提供公共租赁租房的比例要高于享受单位免费住房的比例；北海、防城港、玉林、贺州和河池，受访者中租住单位／雇主房的比例要高于自购房的比例；崇左，受访者中租住单位免费住房的比例要高于租住私房的比例。那么不同城市农民工住房来源的分布是否真的存在显著的不同呢？我们求得了变量城市和变量住房来源的Kendall's tau-b相关系数。结果显示变量城市和变量住房来源之间存在统计学意义上的相关关系（p值=0.000< 0.01）。但这一关系很弱，相关系数仅为0.09，即不同城市农民工住房来源的分布存在些许不同。

表43　不同城市农民工住房来源情况

城市样本数	租住单位/雇主房	租住私房	政府提供廉租房	政府提供公共租赁房	单位提供免费住房	自购住房	借助房	就业场所	自建房	其他非正规住所
南宁 1559	106 6.80%	1120 71.84%	2 0.13%	3 0.19%	18 1.15%	229 14.69%	18 1.15%	1 0.06%	60 3.85%	2 0.13%
柳州 1024	23 2.25%	705 68.85%	0 0.00%	1 0.10%	40 3.91%	217 21.19%	19 1.86%	0 0.00%	19 1.86%	0 0.00%

城市 样本数	租住单 位/雇主房	租住私 房	政府提 供廉 租房	政府提 供公共 租赁房	单位提 供免费 住房	自购住 房	借助房	就业场 所	自建房	其他非正 规住所
桂林 458	40 8.73%	332 72.49%	0 0.00%	9 1.97%	7 1.53%	41 8.95%	3 0.65%	1 0.22%	25 5.46%	0 0.00%
梧州 105	1 0.95%	58 55.24%	0 0.00%	0 0.00%	2 1.90%	39 37.14%	5 4.76%	0 0.00%	0 0.00%	0 0.00%
北海 106	16 15.09%	74 69.81%	0 0.00%	0 0.00%	0 0.00%	12 11.32%	4 3.77%	0 0.00%	0 0.00%	0 0.00%
防城港 213	12 5.63%	163 76.53%	0 0.00%	0 0.00%	11 5.16%	9 4.23%	1 0.47%	1 0.47%	16 7.51%	0 0.00%
钦州 72	5 6.94%	29 40.28%	0 0.00%	0 0.00%	5 6.94%	13 18.06%	2 2.78%	1 1.39%	17 23.61%	0 0.00%
贵港 28	1 3.57%	23 82.14%	0 0.00%	0 0.00%	0 0.00%	3 10.71%	0 0.00%	1 3.57%	0 0.00%	0 0.00%
玉林 184	40 21.74%	99 53.80%	0 0.00%	0 0.00%	34 18.48%	3 1.63%	1 0.54%	0 0.00%	7 3.80%	0 0.00%
百色 186	8 4.30%	147 79.03%	0 0.00%	0 0.00%	7 3.76%	17 9.14%	1 0.54%	2 1.09%	4 2.15%	0 0.00%
贺州 81	9 11.11%	50 61.73%	0 0.00%	0 0.00%	19 23.46%	0 0.00%	2 2.47%	0 0.00%	1 1.23%	0 0.00%
河池 34	3 8.82%	24 70.59%	0 0.00%	0 0.00%	2 5.88%	2 5.88%	0 0.00%	1 2.94%	2 5.88%	0 0.00%
来宾 20	1 5.00%	12 60.00%	0 0.00%	0 0.00%	1 5.00%	2 10.00%	1 5.00%	0 0.00%	3 15.00%	0 0.00%
崇左 66	2 3.03%	25 37.88%	0 0.00%	0 0.00%	30 45.45%	3 4.55%	0 0.00%	3 4.55%	3 4.55%	0 0.00%

4. 与家人同住情况

如前所述，当前农民工流动的家庭化趋势明显，表现在农民工大多与家人同住在流入地城市。家庭化迁居是人口流动的高级阶段。随着城市化水平的不断提高，城乡收入差距拉大，家属随迁或举家搬迁是农民工经济理性和社会理性驱动下的必然选择。长期以来，一些城市希望通过农民工中勤劳肯干者和能力突出者发展地区的社会经济，但对他们的家属，尤其是子女和老人却没有相应配套政策。近年来，随着新型城镇化的不断推进，一些城市开始面向农民工及其家属提供均等化的公共服务。例如，广西各市都将农民工随迁子女义务教育纳入地方教育发展规划和公共教育服务，以居住证为依据，实施以全日制公办学校接收为主的随迁子女入学政策[1]。但受制于城市公办学校的办学规模，城市接受农民工随迁子女入学的能力还是存在差异。2016年，全区农民工随迁子女入读公办学校比例超过80%，但南宁、桂林、玉林和北海四市低于全区水平。因此，受访农民工家庭同住现象可能存在城市差异。

基于这一猜想，我们比较了不同城市的受访农民工与家人同住的情况。如表44所示，以南宁为例，与两名家人同住的情况最为普遍；其次是与三名家人同住的情况，再次是独自居住的情况。与南宁情况相同的城市有柳州、北海、防城港。与南宁情况不同的城市有桂林、梧州、钦州、贵港、玉林、百色、贺州、来宾、河池和崇左。那么不同城市农民工与家人同住的情况是否存在显著差异呢？我们求得了变量城市和变量"与家人同住情况"的Spearman相关系数。结果显示两者存在统计学意义上相关关系（p值=0.000< 0.01）。但这一关系很弱，相关系数仅为0.06，即不同城市农民工与家人同住的情况存在些许差异。

---

① 江丹：《推进广西农业转移人口市民化对策建议》，《市场论坛》2018年第1期。

表44　不同城市受访农民工与家人同住情况

城市	1	2	3	4	5	6	7	8	合计
南宁	232 14.88%	156 10.01%	585 37.52%	463 29.70%	99 6.35%	19 1.22%	5 0.32%	0 0.00%	1559 100%
柳州	77 7.52%	75 7.32%	389 37.99%	369 36.04%	79 7.71%	23 2.25%	7 0.68%	6 0.59%	1024 100%
桂林	59 12.88%	19 4.15%	146 31.88%	202 44.10%	23 5.02%	8 1.75%	1 0.22%	0 0.00%	458 100%
梧州	7 6.67%	2 1.90%	28 26.67%	43 40.95%	19 18.10%	4 3.81%	1 0.95%	1 0.95%	105 100%
北海	18 16.98%	12 11.32%	39 36.79%	26 24.53%	8 7.55%	3 2.83%	0 0.00%	0 0.00%	105 100%
防城港	50 23.74%	10 4.69%	71 33.33%	57 26.76%	14 6.57%	9 4.23%	0 0.00%	2 0.94%	213 100%
钦州	1 1.39%	3 4.17%	25 34.72%	34 47.22%	6 8.33%	3 4.17%	0 0.00%	0 0.00%	72 100%
贵港	3 10.71%	3 10.71%	7 25.00%	10 35.71%	4 14.29%	1 3.57%	0 0.00%	0 0.00%	28 100%
玉林	30 16.30%	25 13.59%	53 28.80%	59 32.07%	16 8.70%	1 0.54%	0 0.00%	0 0.00%	184 100%
百色	16 8.60%	13 6.99%	59 31.72%	70 37.63%	24 12.90%	3 1.61%	1 0.54%	0 0.00%	186 100%
贺州	34 41.98%	13 16.05%	31 38.27%	3 3.70%	0 0.00%	0 0.00%	0 0.00%	0 0.00%	81 100%
河池	9 26.47%	2 5.88%	8 23.53%	10 29.41%	5 14.71%	0 0.00%	0 0.00%	0 0.00%	34 100%
来宾	6 30.00%	1 5.00%	6 30.00%	6 30.00%	1 5.00%	0 0.00%	0 0.00%	0 0.00%	20 100%
崇左	18 27.27%	8 12.12%	15 22.73%	17 25.76%	5 7.58%	2 3.03%	1 1.52%	0 0.00%	66 100%

注：1表示独自居住，2表示与一名家人居住，3表示与两名家人居住，以此类推。

5.流入地购房情况

相比城市居民来说，农民工大多工资收入较低，享受的公共福利较少，在流入地购房的压力较大。但农民工在流入地购房也并非完全不可能。根据国家统计局《2016 年全国农民工监测调查报告》，进城农民工购房比例为 17.80%[①]。以此为参考标准，结合图30，我们发现南宁、柳州、梧州、钦州、贵港、来宾六个城市，农民工购房比例高于全国水平，而剩下的八个城市，农民工购房比例低于全国水平。农民工流入地购房行为是农民工定居流入地意愿的外在表现，是他们落户城镇的前置条件。农民工流入地购房行为受到其人口家庭属性、就业模式等个体层面因素的影响，但也受到城市层面因素的作用。如城市住房的可支付性、限购政策、公积金政策、去库存政策等。因而，农民工流入地购房行为可能表现出城市差异。为验证上述假说，我们计算了变量城市和变量"流入地购房"的 Spearman 相关系数。结果显示，两

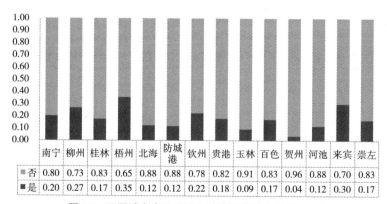

	南宁	柳州	桂林	梧州	北海	防城港	钦州	贵港	玉林	百色	贺州	河池	来宾	崇左
否	0.80	0.73	0.83	0.65	0.88	0.88	0.78	0.82	0.91	0.83	0.96	0.88	0.70	0.83
是	0.20	0.27	0.17	0.35	0.12	0.12	0.22	0.18	0.09	0.17	0.04	0.12	0.30	0.17

图30　不同城市农民工流入地购房情况（单位：%）

---

① 国家统计局：《2016 年农民工监测调查报告》，国家统计局网站：http://www.stats.gov.cn/tjsj/zxfb/201704/t20170428_1489334.html，2017 年 4 月。

变量之间存在统计学意义上的相关关系（p 值 =0.055<0.1），但该关系非常弱，强度系数为 0.03。

6. 户籍地购房行为

当农民工认为无法在流入地定居时，会计划流入别的城市，但更多的时候他们会选择返回户籍地。户籍地购房行为被认为是农民工采取此种流动策略的一个外在表现。而户籍地购房地点的选择则展示了他们梯度城市化的策略。表 45 给出了不同城市农民工在户籍地购房的空间选择。可以看到，除了贵港和百色外，其余城市中选择在"户籍地村所在地"购房的比例要明显高于"户籍地县政府所在地"和"户籍地乡政府所在地"购房的比例。我们利用 Spearman 系数进一步验证了农民工户籍地购房空间选择是否存在城市差异。结果发现，农民工的"户籍地县政府所在地购房"（p 值 =0.065<0.1）和"户籍地村所在地购房"（p 值 =0.071<0.1）行为存在城市差异，但差异非常小。

表 45　不同城市农民工的购房行为

城市	户籍地县政府所在地购房		户籍地乡政府所在地购房		户籍地村所在地购房	
	是	否	是	否	是	否
南宁 1558	28 1.80%	1530 98.20%	41 2.63%	1517 97.37%	330 21.18%	1228 78.82%
柳州 1024	26 2.54%	998 97.46%	29 2.83%	995 97.17%	78 7.62%	946 92.38%
桂林 458	15 3.28%	443 96.72%	10 2.18%	448 97.82%	74 16.16%	384 83.84%
梧州 105	3 2.86%	102 97.14%	1 0.95%	104 99.05%	36 34.29%	69 65.71%

城市	户籍地县政府所在地购房		户籍地乡政府所在地购房		户籍地村所在地购房	
	是	否	是	否	是	否
北海 106	2 1.89%	104 98.01%	10 9.43%	96 90.57%	19 17.92%	87 80.08%
防城港 213	1 0.47%	212 99.53%	4 1.88%	209 98.12%	106 49.77%	107 50.23%
钦州 72	1 1.39%	71 98.61%	2 2.78%	70 97.22%	16 22.22%	56 77.78%
贵港 28	4 14.29%	24 85.71%	2 7.14%	26 92.86%	2 7.14%	26 92.86%
玉林 184	1 0.54%	183 99.46%	2 1.09%	182 98.91%	18 9.78%	166 90.22%
百色 186	9 4.84%	177 95.16%	1 0.54%	185 99.46%	2 1.08%	184 98.92%
贺州 81	6 7.41%	75 92.59%	16 19.75%	65 80.25%	46 56.79%	35 43.21%
河池 34	1 2.94%	33 97.06%	1 2.94%	33 97.06%	5 14.71%	29 85.29%
来宾 20	0 0.00%	20 100.00%	1 5.00%	19 95.00%	9 45.00%	11 55.00%
崇左 66	6 9.09%	60 90.91%	3 4.55%	63 95.45%	11 16.67%	35 53.03%

二、住房消费水平差异

1.家庭月住房支出

一个城市农民工家庭每月住房支出的绝对水平反映出农民工家庭在该城市居住的成本。我们分城市计算了受访者家庭每月住房支出均值。如图 31 所示,崇左受访者的家庭每月住房支出均值为 2301.52 元/

月，明显高于其他城市。除崇左之外，其余城市的受访家庭每月住房
支出水平在 385~1157 元 / 月。那么，不同城市受访者家庭每月住房支
出水平是否存在显著差异呢？我们假设：所有城市受访者家庭每月住
房支出水平均值相等，利用 STATA 软件的 mvtest 命令对该假设进行了
检验，结论是受访者家庭每月住房支出水平存在显著的城市差异（p 值
=0.000<0.01）。

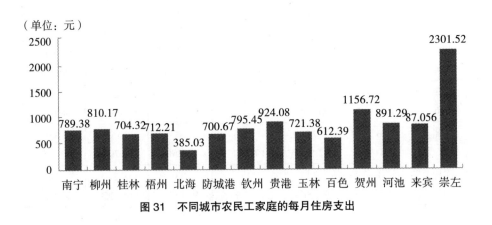

（单位：元）

图 31　不同城市农民工家庭的每月住房支出

2. 人均月住房支出

一个城市农民工人均每月住房支出也反映了该城市农民工居住的成
本。基于受访者家庭住房支出数据和家庭同住人数数据，我们进一步计
算了受访者人均每月住房支出情况，并与城镇居民的人均每月住房支出
进行了比较。如图 32 所示，除开桂林、防城港、钦州和梧州外，其余
城市农民工人均每月住房支出水平都要高于同期广西城镇居民的人均每
月住房支出水平。其中北海、贵港、玉林、来宾、贺州、崇左六个城市，
农民工与广西城镇居民的人均每月住房支出相差较大。就农民工的人

均每月住房支出来看，贺州、贵港、河池、崇左的住房支出水平较高，
而农民工集中的南宁、柳州和桂林住房支出水平相对较低。

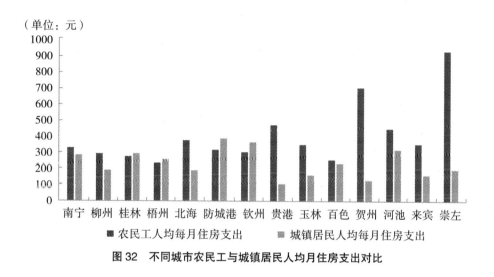

（单位：元）

图32 不同城市农民工与城镇居民人均月住房支出对比

3. 房价收入比

农民工的城市房价收入比反映了该城市农民工的购房可支付能力。
我们利用样本数据，计算了不同城市受访者的房价收入比，见图33。
如图所示，仅有梧州、钦州、贵港、百色、贺州、河池、来宾七个城
市的受访者房价收入比在5~7，其余城市的受访者房价收入比都大于7。
其中南宁、柳州、北海、桂林四个城市的受访者房价收入比较高，显
示出受访者承受了较大的购房压力。我们利用STATA软件的mvtest命
令对不同城市受访者的房价收入比均值进行了检验，结果显示不同城
市的受访者房价收入比均值有显著差异。

4. 租金收入比

如前所述，农民工的城市住房租金收入比反映了该城市农民工的

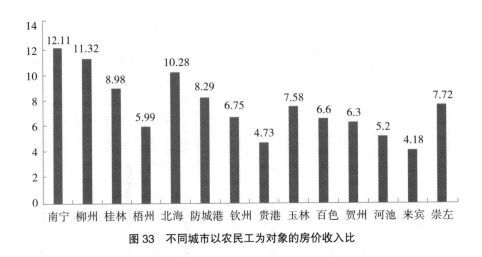

图33　不同城市以农民工为对象的房价收入比

租房可支付能力。我们利用样本数据，计算了不同城市受访者的租金收入比。如图34所示，各城市的受访者租金收入比都在0.3以下，说明受访者租房压力并不突出。相对来讲，租房压力最高的城市是崇左和北海，受访者租金收入比的均值分别为0.24和0.21；租房压力最小的城市是玉林和百色，受访者租金收入比皆为0.12。那么，不同城

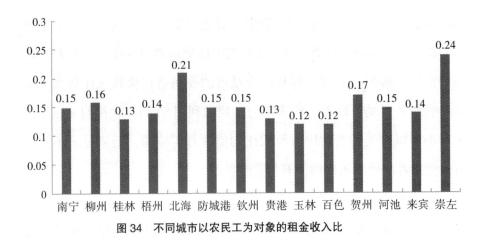

图34　不同城市以农民工为对象的租金收入比

市受访者租房压力是否相同呢？我们假设：所有城市的租金收入比均值相同，利用 STATA 软件的 mvest 命令对该假设进行了检验，结果表明受访者承受的租房压力存在显著的城市差异（p 值 =0.000<0.01 ）。

5. 住房消费比

与租金收入比一样，农民工的城市住房消费比也反映了该城市农民工的租金可支付能力。因此，我们利用样本数据计算了不同城市的受访者住房消费比。总的来说，所有城市受访者住房消费比都低于 0.35，反映出各城市的租房压力并未达到警戒水平。具体来看（见图 35），受访者住房消费比最高的城市为崇左和北海，分别为 0.25 和 0.21 ；受访者住房消费比最低的城市为玉林和百色，皆为 0.12。我们假设：所有城市的农民工住房消费比均值相同，利用 STATA 软件的 mvtest 命令对该假设进行了检验，结果表明受访者家庭承受的租房压力存在显著的城市差异（p 值 =0.000<0.01 ）。

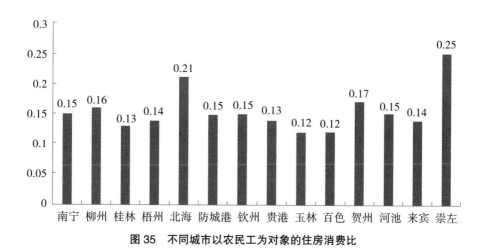

图 35　不同城市以农民工为对象的住房消费比

三、住房消费计划差异

1. 流入地购房计划

就流入地购房计划来看，北海、来宾、梧州、南宁和柳州五个城市，受访者计划在流入地购房的比例较高。我们利用 STATA 软件求得了变量城市和变量流入地购房计划的 Spearman 相关系数，结果发现受访者流入地的购房意愿存在统计学意义上的差异（p 值 =0.000），但两者的相关关系较弱，仅为 0.15。

表 46　不同城市农民工流入地计划购房比例（单位：%）

城市	是	否
南宁	33.10	66.90
柳州	31.15	68.85
桂林	23.80	76.20
梧州	37.14	62.86
北海	61.32	38.68
防城港	17.84	82.16
钦州	15.28	84.72
贵港	14.29	85.71
玉林	14.67	85.33
百色	24.19	75.81
贺州	7.41	92.59
河池	8.82	91.18
来宾	40.00	60.00
崇左	25.76	74.24

2. 户籍地购房计划

如表 47 所示，就户籍地购房计划来看，崇左、贺州、贵港三座城市，计划在县政府所在地购房的受访者比例高于其他城市；北海、来宾、梧州三座城市，计划在乡政府所在地购房的受访者比例高于其他城市；防城港、崇左两座城市，计划在村所在地购房的受访者比例高于其他城市。相关性分析表明城市类型与受访者的住房消费计划存在微弱的相关关系。利用 STATA 软件求得城市和流入地购房计划的 Spearman 相关系数为 0.15（p 值 =0.000<0.01）；城市和户籍地县政府购房计划的 Spearman 相关系数为 –0.04（p 值 =0.01<0.05）；城市与户籍地乡政府购房计划的 Spearman 相关系数为 –0.02，但并不显著，城市与户籍地村购买住房的 Spearman 相关系数为 –0.06（p 值 =0.000<0.01）。

表 47　不同城市农民工户籍地计划购房比例（单位：%）

城市	计划在县政府所在地购房		计划在乡政府所在地购房		计划在村所在地购房	
	是	否	是	否	是	否
南宁	3.59	96.41	1.60	98.40	12.89	87.11
柳州	3.61	96.39	1.27	98.73	3.71	96.29
桂林	5.24	94.76	23.80	76.20	11.35	88.65
梧州	5.71%	94.29	37.14	62.86	15.24	84.76
北海	3.77%	96.23	61.32	38.68	1.89	98.11
防城港	5.16	94.84	17.84	82.16	46.01	53.99
钦州	2.78	97.22	15.28	84.72	2.78	97.22
贵港	14.29	85.71	14.29	85.71	3.57	96.43
玉林	0.00	100	14.67	85.33	17.39	82.61
百色	7.53	92.47	24.19	75.81	0.54	99.46
贺州	16.05	83.95	7.41	92.59	18.52	81.48

续表

城市	计划在县政府所在地购房		计划在乡政府所在地购房		计划在村所在地购房	
	是	否	是	否	是	否
河池	8.82	91.18	8.82	91.18	5.88	94.12
来宾	10.00	90.00	40.00	60.00	15.00	85.00
崇左	18.18	81.82	25.76	74.24	30.30	69.70

四、住房保障服务差异

1. 住房公积金

就住房公积金来看，南宁、柳州、桂林、来宾等城市受访者参加住房公积金的比例较高，见表48。我们利用STATA软件求得变量城市和变量是否参加公积金之间的Spearman相关系数，发现城市类型与受访者是否参加公积金之间存在统计学意义上的相关关系，但这种相关关系非常弱，仅为0.09。

表48 不同城市农民工参加住房公积金情况（单位：%）

城市	是	否	不清楚
南宁	9.69	89.99	0.32
柳州	5.56	93.95	0.49
桂林	7.42	91.92	0.66
梧州	1.90	98.10	0.00
北海	1.89	97.17	0.94
防城港	1.88	97.65	0.47
钦州	4.17	95.83	0.00
贵港	0.00	100.00	0.00

城市	是	否	不清楚
玉林	0.54	90.22	9.24
百色	3.22	96.24	0.54
贺州	2.47	97.53	0.00
河池	5.88	94.12	0.00
来宾	30.00	70.00	0.00
崇左	0.00	98.48	1.52

2.保障性住房

就保障性住房来看，仅有南宁、桂林、柳州三座城市，有受访者享受到政府提供的公共租赁住房，其余城市，并未有受访者享受到当地政府提供的保障性住房服务。

第二节　农民工住房状况存在城市差异的原因

如前所述，不同城市农民工的居住行为、住房消费能力、住房消费计划和住房保障服务情况都或多或少存在着不同。这一方面是由于农民工自我选择的结果，另一方面也受到城市特征的影响。具体来看，由于各市社会经济发展不平衡、产业结构不一，农民工的迁移规模呈现出显著的地区差异。农民工规模上的差异又造成住房需求总量上的地域分异。此外，不同城市住房市场容量和政府住房保障供给能力不同，导致不同城市农民工承受的住房压力大小不一，进而表现出不同的居住行为、住房消费特征等。

一、经济社会发展差距导致农民工住房需求总量差异

农民工迁移是一种社会经济现象。农民工在进行迁移决策时会主观比较乡村和城镇的经济社会状况。农民工对乡村就业和生活条件越不满，对区域间的收益差别了解越多，他做出向城镇迁移决定的可能性越大。一般情况下，经济发达的地区，城镇化水平也会较高，就业机会更多，基础设施更完备，文化生活更多彩，社会包容度更高[①]。目前，广西各市社会经济水平差异较为显著，由区域差异导致的农民工分布及迁移规律十分明显。由于缺乏广西农民工城市分布和迁移的具体数据，我们参考学者吕萍的做法，利用引力模型的基本形式构建城市间农民工流向与流量的研究方程[②]。对于任意两个城市 i 和 j，两者之间的农民工迁移引力可用如下公式表示：

$$G_{ij} = \frac{(D_i - D_j) \times m_i \times m_j}{r^2}$$

其中，G_{ij} 是城市 i 和 j 之间的农民工迁移引力，D_i 和 D_j 分别为两地的地区生产总值，m_i 和 m_j 为两地的农村人口数量，r 为两地的距离。通过上式的计算，可以得到一个 14×14 的矩阵（矩阵结果略），判断一个城市 i 是农民工迁入地还是迁出地，主要看 $\sum_{j=1}^{14} G_{ij}$ 的正负。如果为正，则该城市对于其他城市的吸引力大于外地对于该城市农民的吸引力。反之则不然。

---

① 吕萍、甄辉、丁富军：《差异化农民工住房政策的构建设想》，《经济地理》2012 年第 32 卷第 10 期。

② 吕萍：《农民工住房理论、实践与政策》，中国建筑工业出版社 2012 年版，第 72 页。

表 49　广西十四市之间的相对吸引力

城市	农民工吸引力	排序	2014-2020 年农业转移人口目标数（万人）
南宁	45209.17	1	100
柳州	12150.24	2	60
桂林	3416.00	3	50
梧州	−1331.05	5	45
北海	−1551.28	6	20
防城港	−3187.55	9	15
钦州	−8578.39	12	40
贵港	13423.04	14	50
玉林	1823.12	4	85
百色	−3021.58	8	30
贺州	−1884.50	7	30
河池	−7486.66	10	25
来宾	−13161.58	13	30
崇左	−7948.63	11	20

　　如表 49 中所示，南宁、柳州、桂林、玉林四市的吸引力为正，它们是当前农民工的净迁入地；而剩余的城市吸引力为负，这些城市是农民工的净迁出地区。《广西壮族自治区新型城镇化规划（2014-2020年）》中给出了不同城市的农业转移人口目标数。通过计算城市吸引力与农业转移人口目标数的相关系数，我们发现两者之间高度相关（相关系数为 0.736）。这侧面反映了引力模型能够反映未来广西农民工的迁移规律。

　　此外，引力模型也基本符合当前广西区内流动人口的迁移规律。根据 2015 年全国 1% 人口抽样调查数据中的广西流动人口数据，南宁、柳州、桂林及贵港、玉林和河池流动人口占全区流动人口的 62.9%。南宁、柳州和桂林主要以自治区内流动为主。首府南宁市，吸纳了大量区内流动人口，占流动人口的比例多达 58.1%；工业城市柳州吸纳的区内流动人口占全部流动人口比例达 67%；旅游城市桂林的区内流动人口占全部流动人口的比例为 56.8%[①]。而贵港、玉林和河池作为新兴城市和人口大市，大部分流动人口流出广西。贵港流出到广西外的流动人口占该市全部流动人口的 68.9%，玉林占 61.7%，河池占 52.5%。梧州市虽为传统城市，但毗邻广东，流出广西的人口占全市流动人口的比例高达 76.9%，为全区流出自治区外最高的市[②]。

总的来说，引力模型指出地区间社会经济发展的差异将影响农民工的分布现状及未来的迁移趋势。假设单个农民工的住房需求量是无差别的，那么城市农民工的住房需求总量由流入该城市的农民工数量所决定。因此，不同城市农民工住房需求状况并不相同。在广西农民工集中的传统城市（南宁、柳州、桂林和玉林），住房供给压力更大。

二、产业结构不同导致农民工住房需求结构性差异

农民工住房需求受到其就业特征的影响。从事建筑行业和制造业的农民工一般居住在用工企业提供的集体宿舍中，而服务业的农民工更倾向于自己在市场上租赁私房。经验研究表明，地区就业市场情况

---

① 广西壮族自治区统计局：《广西流动人口特征分析——基于广西 2015 年全国 1% 人口抽样调查数据分析》，石日灿主编：《广西全国 1% 人口抽样调查课题论文集》，广西壮族自治区统计局 2015 年版，第 901 页。

② 广西壮族自治区统计局：《广西流动人口特征分析——基于广西 2015 年全国 1% 人口抽样调查数据分析》，石日灿主编：《广西全国 1% 人口抽样调查课题论文集》，广西壮族自治区统计局 2015 年版，第 901 页。

与本地产业发展特征息息相关，即地区产业规模决定了本地容纳的就业人数，地区产业结构决定了该地区劳动力就业结构。因此，产业发展特征将影响农民工住房需求总量和结构。假设同一产业的农民工住房需求量相同；不同产业的农民工住房需求量不同，那么农民工的住房需求总量和需求结构可以由农民工的产业分布来决定。

　　下面我们通过计算不同城市的就业弹性，来评估不同城市第二、第三产业吸纳就业人员的能力。具体如下：对于城市 i，它的第二、第三产业对劳动力的吸纳情况可以分别写成下面的两个公式：

$$LnL_{2i} = \alpha_{2i} + \beta_{2i} \cdot LnGDP_{2i}$$
$$LnL_{3i} = \alpha_{3i} + \beta_{3i} \cdot LnGDP_{3i}$$

　　式中，L_{2i} 是城市 i 第二产业的就业人数，GDP_{2i} 是城市 i 第二产业的产出，α_{2i} 是常数，β_{2i} 表示第二产业的就业人数对该产业产出的弹性。式中，L_{3i} 是城市 i 第三产业的就业人数，GDP_{3i} 是城市 i 第三产业的产出，α_{3i} 是常数，β_{3i} 表示第三产业的就业人数对该产业产出的弹性。利用《中国城市统计年鉴》和《广西统计年鉴》2004-2016 年的统计数据，我们可以求得广西十四市第二产业和第三产业的就业弹性，见表50。

表50　广西十四市第二产业和第三产业的就业弹性

城市	第二产业就业弹性	第三产业就业弹性
南宁	0.44	0.24
柳州	0.34	0.29
桂林	0.32	0.19
梧州	0.17	0.09
北海	0.42	0.15

续表

城市	第二产业就业弹性	第三产业就业弹性
防城港	0.33	0.02
钦州	0.54	0.20
贵港	0.17	0.18
玉林	0.44	0.15
百色	0.08	0.09
贺州	0.06	0.22
河池	0.04	0.17
来宾	0.28	0.17
崇左	−0.02	0.14

通过计算就业弹性，我们发现不同城市第二、三产业的就业弹性并不相同。因此，不同城市就业人员的住房需求总量和需求结构也不尽相同。南宁、柳州、桂林、玉林、北海、钦州有着更高的第二产业就业弹性。这些城市更容易在城镇化过程中吸纳农业转移人口。此外，这些城市的第三产业就业弹性也比较高，因而传统的集中式居住模式将无法满足城市中从事服务行业的农民工的住房需求。

三、住房市场状况不同导致农民工居住成本差异

农民工进入城市，首先要解决的是居住问题。除了雇主提供的免费住所外，接近半数的农民工需要通过城镇住房市场来解决居住问题。因此，城镇住房市场的有效性直接决定了农民工的居住状况。从1978年改革开放至今，我国城镇住房制度经历了从计划经济向市场经济转

变的过程。当前，住房市场已比较成熟。因此，住房市场是解决农民工住房问题的主要手段；住房市场变化将直接影响农民工的住房状况。住房供给不足将导致农民工住房面积下降；住房价格上涨将导致农民工租房成本和购房成本提高。经验研究表明，住房市场具有明显的地区差异。如表 51 所示，广西十四个地级市在建筑企业单位个数上差异巨大，最大值为 1274，最小值仅为 19；在房屋建筑竣工面积上的差异非常大，最大值为 1660.45，最小值仅为 27.68；在商品房均价上的差异比较明显，最大值为 6767.38，最小值为 2448.62；在房价收入比上的差异存在，最大值为 6.61，最小值为 2.54。总的来说，这十四个城市在住房市场存在显著差异，表明它们的住房市场供给能力不同。因而，农民工面临的住房困难程度不一。

表 51　2016 年广西十四市的住房市场状况

城市	建筑企业单位数（个）	房屋建筑竣工面积（万平方米）	商品房均价（元／平方米）	城镇居民年均可支配收入（元）	房价收入比	居民人均住房面积（平方米）	居民人均居住支出水平（元）
南宁	401	1660.45	6767.38	30728	6.61	35.60	3467
柳州	85	1497.91	6478.00	30270	6.42	31.70	2324
桂林	134	145.59	4782.87	30124	4.76	38.00	3537
梧州	41	27.68	3668.30	27260	4.04	34.10	3138
北海	1274	235.90	4708.97	29412	4.80	45.20	2308
防城港	72	331.90	3791.18	29758	3.82	50.00	4727
钦州	62	132.25	3807.06	29360	3.89	51.70	4431
贵港	44	376.71	4019.45	26771	4.50	41.20	1308
玉林	19	1255.19	3916.56	30083	3.91	45.30	1951
百色	80	157.25	3951.43	26919	4.40	38.00	2824

城市	建筑企业单位数（个）	房屋建筑竣工面积（万平方米）	商品房均价（元/平方米）	城镇居民年均可支配收入（元）	房价收入比	居民人均住房面积（平方米）	居民人均居住支出水平（元）
贺州	38	64.70	2908.50	26883	3.25	55.30	1559
河池	53	84.99	3516.51	23660	4.46	29.70	3860
来宾	32	280.06	2448.62	28962	2.54	47.60	1971
崇左	34	69.36	6193.81	26605	6.98	43.40	2376

注：数据来自《广西统计年鉴2017》，计算房价收入比中的收入等于城镇居民个人年均可支配收入 × 城镇家庭每户平均人数，居民人均居住水平以年为单位。

四、住房保障能力差异导致农民工住房保障水平差异

住房是农民工在城市的基本生活资料之一。面对城市住房问题的压力，农民工除了依靠自身奋斗和家庭支持外，还可以向城市政府寻求住房支持。2008年以来，随着广西农民工规模的不断壮大，农民工住房问题逐渐受到广西壮族自治区政府的关注。2011年，广西正式启动改善农民工住房条件的相关项目和政策，提出将农民工纳入住房保障体系，积极引导农民工实现就地落户城镇。目前，各市都在积极探索完善城镇住房供应体系，拓展住房保障覆盖网，给予农民工在城市公平发展的机会。然而，由于城市的财政能力存在差异，不同城市能够提供的住房保障服务也不尽相同，如表52所示，2012-2015年，广西十四个城市在住房保障方面的支出水平存在显著差异。住房保障支出最高的城市南宁比住房保障支出最低的城市百色要多113679万元，差距非常大。由于不同城市政府的住房保障能力不同，因而农民工住房困难的状况也呈现出城市差异。

表52　2012-2015 年广西十四市住房保障支出水平（单位：万元）

城市	2012	2013	2014	2015	各年均值
南宁	83947	83969	112932	192079	118230
柳州	55093	43780	36520	56619	48003
桂林	33937	22705	21723	34144	28127
梧州	30235	19059	15583	34787	24916
北海	22633	24673	27196	41260	28941
防城港	12771	18020	27094	45315	25800
钦州	32826	27724	35442	58396	38597
贵港	18687	27008	22869	63762	33082
玉林	25605	24339	22659	83877	39120
百色	6067	4139	4084	3915	4551
贺州	24543	18627	31249	36667	27771
河池	8584	7599	5537	8876	7649
来宾	10745	6250	37234	18520	18187
崇左	11525	9403	17089	17791	13952

注：数据来源于《广西统计年鉴2017》。

第三节　城市解决农民工住房问题的压力评估

一、数据准备和评估

根据表3，整理《中国城市统计年鉴2017》和《广西统计年鉴2017》得到广西十四个地级市的原始数据。然后，对原始数据进行归一化处理以消除量纲和量纲单位对类型分析的影响。最后，利用SPSS24的K-means聚类法对十四个城市进行聚类分析，将其分为住房重度压力型、住房中度压力型和住房轻度压力型三类。其中住房重度压力型城市为南宁，住房中度压力型为柳州、桂林、玉林；其余十个城市为住房轻度压力型。

二、结果说明

住房重度压力型城市的特点是整体发展水平高，经济增长动能大，产业结构调整迅速，农民工数量庞大；城市土地空间资源竞争激烈，住房市场供应紧张，城市居住成本高；政府财力稳健，且有志于解决农民工住房问题。就广西地区来看，重度压力型的代表城市为省会南宁，城市等级最高，经济总量大，当前发展速度非常快，农民工住房需求矛盾相对尖锐。

住房中度压力型城市的特点是经济总量具有规模，但整体不如重度压力型城市；产业发展潜力存在且优势明显；当前是农民工的净流入地，未来仍有足够的产业发展空间吸纳更多的农民工；土地供应紧张程度相对缓和，政府具有一定的财政能力。就广西地区来看，住房中度压力型的代表城市为柳州、桂林和玉林。这些城市发展势能强，农民工住房问题存在但并不特别突出。

住房轻度压力型城市的特点是经济总量和发展速度适中，产业发展较落后，潜力有限；农民工大多来自本地或邻近地区，外地农民工规模不大；城市房价收入比不高，住房租金较低，农民工住房压力不大，整体住房问题并不突出；政府财力相对不足。就广西地区来看，住房轻度压力型城市包括梧州、北海、防城港、钦州、贵港、河池、百色、贺州、来宾、崇左。

第六章　农民工住房选择研究

在宏观层面，农民工住房问题受到经济社会结构和制度变迁因素的影响；在中观层面，农民工住房问题受到城镇化、经济增长、产业结构、住房市场等因素的影响；在微观层面，农民工面临的住房困难程度不一，表现出明显的个体差异。要全面解决农民工的住房问题，不仅要考虑宏观层面的背景因素和中观层面的结构因素，更重要的是考虑微观层面的个体因素。对微观层面因素的考察，有利于政策制定者精准地设计政策，从而能够分阶段、有步骤、有序解决农民工的住房问题。

第一节　农民工居住社区选择分析

居住社区选择是指农民工进入城市后所选择的社区类型，包括居委会社区和村委会社区两大类。在我国的制度框架下，居委会社区和村委会社区在房屋供应方式、治理架构和居民构成等多个方面存在不同，可以视为两种截然不同的居住空间选择。国外研究表明，乡城移民的居住空间选择呈现出一定的规律性。例如约翰·C.特纳（John C.

Turner）的两阶段居住模式理论，乡城移民在城市化初期由城市中心过渡到城市边缘[1]；彼得·M.沃德（Peter M. Ward）的新居住模式理论，乡城移民直接进入城市边缘的棚户区[2]。早期的国内研究也关注农民工的居住空间选择，但更多地关注居住区位选择，较少关注居住社区选择。近期的研究表明，居住社区选择能够影响农民工融入城市社会的进程。

一、全样本的农民工居住社区选择

1. 模型变量介绍

从国家人口和计划生育委员会 2016 年全国流动人口动态监测调查数据中提炼出广西的乡城流动人口数据共计 4136 个。该样本中，居住在村委会社区的受访者有 1726 人，居住在居委会社区的受访者有 2410 人，比例接近 1：1。接下来我们将探究广西农民工居住社区选择受到哪些因素的影响。

我们关注的因变量是居住社区类型。该因变量为分类变量，取值为 0 和 1，0 代表受访者居住在村委会社区，1 代表受访者居住在居委会社区。由于因变量是二元分类变量，我们将采用二元逻辑回归模型（Binary Logistic Regression）进行分析。文献综述表明农民工的居住社区选择受到一系列因素的影响，结合二手数据的情况，我们将重点关注表 53 中的解释变量。表 54 给出了这些变量的描述性统计结果。

---

[1] John C. Turner, "Housing priorities, settlement patterns, and urban development in modernizing countries", *Journal of American Institute of Planners*, Vol.34, No.6, 1968.

[2] Peter M. Ward, "Intra-city migration to squatter settlements in Mexico city", *Geoforum*, Vol.7, No.5-6, 1976.

表 53　居住社区选择分析中的解释变量列表

		变量类型	变量说明
经济因素	家庭月收入	连续变量	各观测值加 1 后取自然对数
人口属性	年龄	连续变量	=2016– 受访者出生年份
	婚姻状况	分类变量	当前处于婚姻状态中 =1，当前未处于婚姻状态 =0
	性别	分类变量	男 =0，女 =1
	受教育程度	连续变量	受教育年限
社会保障因素	是否参加养老保险	分类变量	是 =1，否 =0
	是否参加失业保险	分类变量	是 =1，否 =0
	是否参加工伤保险	分类变量	是 =1，否 =0
	是否参加生育保险	分类变量	是 =1，否 =0
	参加医疗保险	分类变量	否 =0，参加一种 =1，参加二种及以上 =2
	是否参加住房公积金	分类变量	是 =1，否 =0
流动特征	流入地同住的家庭规模	分类变量	总人数为 1=1，总人数为 2=2，总人数为 3=3，总人数为 4=4，总人数为 5 及以上 =5
	本次流动范围	分类变量	市内跨县 =1，省内跨市 =2，跨省 =3
	本次流动时长	连续变量	=2016– 本次进入流入地时间
	总共流动总次数	分类变量	流动总次数为 1=1，流动总次数为 2=2，流动总次数为 3 及以上 =3
	本次是否独自流动	分类变量	是 =1，否 =0
	本次流动原因	分类变量	务工 / 工作 =1，经商 =2，其他 =3
市民化意愿	是否打算在流入地购买住房	分类变量	是 =1，否 =0
	是否打算在流入地长期居住	分类变量	是 =1，否 =0
	是否愿意把户口迁入流入地	分类变量	愿意 =1，不愿意 =2，不清楚 =3

续表

		变量类型	变量说明
城市类型	所在城市的农民工住房压力类型	分类变量	流入城市为南宁 =1，流入城市为柳州、桂林、玉林 =2，流入城市为广西其他地级市 =3

注：1.关于参加医疗保险。受访者能够参加的医疗保险类别包括新型农村合作医疗保险、城乡居民合作医疗保险、城镇居民医疗保险、城镇职工医疗保险、公费医疗。同一时间，受访者可能参加两项及以上医疗保险险种。故"是否参加医疗保险"这一变量的设计包含三个类别。

2.关于家庭月收入。由于家庭月收入可能出现 0 值或缺失值，为保证样本量不损失过大，选择给各观测值加 1。且由于家庭月收入存在右偏，故取其自然对数进行修正。

3.关于婚姻状况。原始数据中婚姻状况是多分类变量，包括未婚、离婚、丧偶、同居、初婚、再婚六种类别。为了简便，构造一个新的婚姻状况变量。这个新的变量是二分类变量。取值为 0，如果受访者是未婚、离婚、丧偶、同居状态；取值为 1，如果受访者是初婚、再婚状态。

表 54　居住社区选择分析中的解释变量的描述统计

	均值	标准差	最小值	最大值
家庭月收入	8.453	0.523	6.780	11.695
年龄	33.959	9.009	15	81
婚姻状况	0.797	0.402	0	1
性别	0.480	0.500	0	1
受教育程度	10.231	2.687	0	19
是否参加养老保险	0.448	0.497	0	1
是否参加失业保险	0.161	0.368	0	1
是否参加工伤保险	0.191	0.394	0	1
是否参加生育保险	0.134	0.341	0	1
参加医疗保险	0.952	0.292	1	3
是否参加住房公积金	0.065	0.247	0	1
流入地同住的家庭规模	3.172	1.147	1	5

	均值	标准差	最小值	最大值
本次流动范围	1.901	0.739	1	13
本次流动时长	5.289	4.934	0	37
流动总次数	1.249	0.555	1	3
本次是否独自流动	0.354	0.478	0	1
本次流动原因	1.456	0.702	1	3
是否打算在流入地购买住房	0.292	0.455	0	1
是否打算在流入地长期居住	0.608	0.488	0	1
是否愿意把户口迁入流入地	1.992	0.767	1	3
流入城市类型	1.843	0.757	1	3

我们采用 STATA15 中的 Logit 函数进行回归分析。将表 53 中所列的所有解释变量全部进入回归模型，模型回归结果显示有的解释变量并不显著。剔除不显著的解释变量以及对模型整体解释率没有贡献的变量，我们得到下面的模型。

$$\log\left(\frac{P1}{1-P1}\right) = \alpha_0 + \alpha_1 * 家庭月收入 + \alpha_2 * 年龄 + \alpha_3 * 婚姻状况 + \alpha_4 \\ * 受教育程度 + \alpha_5 * 参加医疗保险 + \alpha_6 * 是否参加住房公积金 \\ + \alpha_7 * 本次流动范围 + \alpha_8 * 本次流动时长 + \alpha_9 * 是否独自流动 \\ + \alpha_{10} * 是否打算在流入地长期居住 + \alpha_{11} \\ * 是否打算在流入地落户 + \alpha_{12} * 流入城市类型$$

这里 P1 是农民工购房的概率，α_i=1,2,3,…,12 是回归系数。

2. 回归结果展示

剔除缺失值后，参与回归的样本个数为 3741 个。LRchi2(17) 的值为 796.20，p 值为 0.000<0.01，表明回归模型整体在 1% 的水平上显著，即被解释变量的变化能够被解释变量的组合所解释。表 55 展示了具体的回归结果。

表 55　全样本农民工居住社区选择的模型估计结果

	系数	标准误差	Z 值	P 值	比值比
常数	−0.819	0.000	−10.61	0.000	0.000
家庭月收入	0.701	0.171	8.28	0.000	2.016
年龄	0.016	0.005	3.08	0.002	1.017
婚姻状况（参考组是 0= 未处于婚姻状态中）	0.300	0.155	2.62	0.009	1.350
性别（参考组是 0= 男）	0.186	0.091	2.45	0.014	1.204
受教育程度	0.116	0.019	7.02	0.000	1.123
参加医疗保险（参考组是 0= 不参加医疗保险）					
1= 参加一种医疗保险	−0.697	0.079	−4.38	0.000	0.498
2= 参加二种医疗保险	−1.311	0.080	−4.43	0.000	0.269
是否参加住房公积金（参考组是 0）	0.550	0.280	3.41	0.001	1.734
本次流动范围（参考组是 市内跨县 =1）					
2= 省内跨市	0.238	0.107	2.80	0.005	1.269
3= 跨省	0.474	0.175	4.35	0.000	1.607
本次流动时长	0.014	0.008	1.72	0.085	1.014
本次是否独自流动（参考组是 0= 否）	0.624	0.169	6.88	0.000	1.866
是否打算在流入地长期居住（参考组是 0= 否）	0.584	0.160	6.56	0.000	1.794

续表

	系数	标准误差	Z 值	P 值	比值比
是否愿意把户口迁入流入地（参考组是 1= 愿意）					
2= 不愿意	−0.301	0.069	−3.23	0.001	0.740
3= 不清楚	−0.629	0.052	−6.33	0.000	0.533
流入城市类型（参考组是 1= 重度压力城市）					
2= 中度压力城市	0.561	0.151	6.54	0.000	1.753
3= 轻度压力城市	2.241	1.171	18.00	0.000	9.403

3. 回归结果分析

第一，经济因素。"家庭月收入"的回归系数为正且在 1% 水平下显著，这说明家庭月收入对农民工居住社区类型的影响具有统计学意义。"家庭月收入"的比值比为 2.016 大于 1，说明随着家庭月收入的增加，农民工选择居委会社区的可能性也会增加。这与之前的研究结论相符。一些农民工从事非正规、低报酬的临时性工作，在求廉求实的消费动机驱动下，可能会更倾向于选择村委会社区。基于这一结果，我们建议努力提高农民工的工资水平，实现农民工同城镇职工的同工同酬，促使农民工选择居委会社区，帮助他们更快融入城市社会。

第二，人口属性因素。"年龄"的回归系数为正且在 1% 水平下显著，说明年龄是决定农民工居住社区选择的因素。"年龄"的比值比为 1.017，非常接近 1，表明年龄的增加会伴随着农民工选择居委会社区概率的增加，但总体增加幅度不大。"婚姻状况"的回归系数也为正且在 1% 水平下显著，比值比为 1.35 大于 1，显示已婚农民工比未婚农民工更有可能选择居委会社区。"性别"的回归系数为正且在1%的水平下显著，比值比为1.204大于1。这说明相较于男性农民工，女性农民工更倾向于选择居委会社区。"受教育程度"的回归系数为正且在1%水平下显著，比值比为1.123大于1。这反映出教育程度高的农民工更积极地选择居委会社区，更愿意贴近城市生活。

第三，社会保障因素。"参加医疗保险"的回归系数为负且在1%水平下显著。其中，"参加一种医疗保险"和"参加二种医疗保险"的比值比分别为0.498和0.269，皆明显小于1。这说明参加医疗保险会降低农民工选择居委会社区的概率。可能原因有二：一是，农民工群体未参加医疗保险的比例较小（仅为6.77%），这意味着数据在"参加医疗保险"变量上的分布并不平衡，使得结果出现了偏差。二是，对于农民工来说，医疗保险支出也是一笔不小的开支。在预算有限的情况下，农民工只能压缩住房开支，选择价格低廉的村委会社区居住。"是否参加住房公积金"的回归系数为正且在1%水平下显著，比值比为1.734，明显大于1。这说明参加住房公积金的农民工选择居委会社区的概率远大于未参加者。这间接表明，住房公积金政策有利于引导农民工向居委会社区居住，加快其市民化进程。

第四，流动因素。"本次流动范围"的回归系数都为正且都在1%水平下显著，说明流动方式是影响农民工居住社区选择的重要因素。其中省内跨市的农民工居住在居委会社区的比值比是市内跨县农民工的1.26倍，跨省（区）农民工居住在居委会社区的比值比是市内跨县农民工的1.607倍。如果将选择居委会社区看作农民工市民化的一个指标，以上结果反映出农民工就地城镇化的趋势并不明显。"本次流动时

长"的回归系数也为正且在 1% 水平下显著。"本次流动时长"的比值
为 1.014，接近于 1。这暗示随着流入时间的增加，农民工选择居委会
社区居住的概率并未明显增加，农民工市民化的进程仍然缓慢。"是否
独自流动"的回归系数为正且都在 1% 水平下显著，其比值比为 1.866，
明显大于 1，即独自流动的农民工选择居委会社区的比值比是携带家眷
迁移农民工的 1.866 倍。这一结果显示随着流动模式由独自流动向夫妻
同行再向举家搬迁过渡，农民工选择居委会社区的概率并未增加，农
民工市民化进程存在较大阻碍。

第五，市民化因素。"是否打算在流入地长期居住"的回归系数为
正且在 1% 水平下显著，说明居留意愿是影响农民工居住社区类型的重
要因素。"是否打算在流入地长期居住"的比值比为 1.794，明显大于 1，
即有长期居住意愿的农民工选择居委会社区居住的比值比是没有长期
居住意愿农民工的 1.794 倍。"是否愿意把户口迁入流入地"的回归系
数为负且在 1% 的水平下显著，表明户口迁移意愿能够提高农民工选择
居委会社区的概率。

第六，流入城市类型。"流入城市"的回归系数为正且在 1% 的水
平下显著。具体来看，中度压力城市的农民工选择居委会社区的比值
比是重度压力城市农民工的 1.753 倍，轻度压力城市的农民工选择居委
会社区的比值比是重度压力城市农民工的 9.403 倍。以上结果说明，随
着城市住房压力的增加，农民工选择居委会社区的概率明显下降了。

综合以上结果，我们发现最可能选择居委会社区的农民工多位于
轻度压力城市。这些农民工通常是跨省（区）独自流动的女性，收入
水平和受教育水平都比较高，有较强的定居意愿和落户意愿。如果将

选择居委会社区视作农民工融入城市生活和适应城市生活的关键步骤，我们还发现随着年龄增加、流动年限增加、流动模式转变，农民工融入和适应城市的程度并未明显增强。这或许暗示农民工市民化进程越到后期困难越多。此外，本节的全样本分析揭示出城市类型是造成农民工居住社区选择差异的重要因素。基于这一结果，下面我们将分城市探索农民工的居住社区选择。

二、住房重度压力型城市农民工居住社区选择

住房重度压力型城市的样本总数为1559，选择在村委会社区居住的个案数为863，选择在居委会社区居住的个案数为696，比接近5：4。利用二元逻辑回归模型对流入地为重度压力型城市的农民工样本进行回归分析得到结果。删除缺失值后，参与回归的样本数为1413个。LRchi2(15)的值为284.44，p值为0.000<0.01，表明回归模型整体在1%水平上显著，即被解释变量的加入能够改善回归效果。

如表56所示，除"是否参加住房公积金"和"省内跨市"两个变量外，其余变量均在1%水平下显著，其中"是否参加住房公积金"在10%水平上显著。家庭月收入仍然是影响住房重度压力型城市农民工居住社区选择的重要因素。随着"家庭月收入"增加1个单位，选择居委会社区居住的概率增加。"年龄""婚姻状况""性别""受教育程度"的回归系数全部为正且在1%水平上显著。这些解释变量的比值比都大于1，表明它们与因变量存在正向相关关系。"参加医疗保险"的回归系数全部为负且在1%水平上显著，其比值比也小于1。这表明参加医疗保险并未能提高重度压力城市农民工选择居委会社区的概率。"是否

参加住房公积金"的回归系数为正且在 10% 的水平上显著，相应的比值比也大于 1。这一结果证实参加住房公积金能够提高重度压力城市农民工选择居委会社区的概率。对于市内跨县农民工来说，省（区）内跨市农民工似乎更有可能选择居委会社区，但这一结果并不显著。对于市内跨县农民工来说，跨省农民工选择居委会社区的概率明显提高了，且该结果具有统计学意义。"流动时长"仍然能够对居住社区类型选择施加正向影响，但影响比较微弱。住房重度压力城市中独自流动农民工选择居委会社区的概率显著高于非独自流动的农民工。此外，有意愿在城市长期居住的农民工更倾向于选择居委会社区；有意愿在城市落户的农民工也更青睐居委会社区。

表 56　重度压力城市农民工居住社区选择的模型估计结果

	系数	标准误差	Z 值	P 值	比值比
常数	−8.537	1.242	−6.87	0.000	0.000
家庭月收入	0.622	0.254	4.56	0.000	1.862
年龄	0.032	0.010	3.27	0.001	1.033
婚姻状况（参考组是 0= 未处于婚姻状态中）	0.612	0.369	3.06	0.002	1.844
性别（参考组是 0= 男）	0.368	0.177	3.00	0.003	1.445
受教育程度	0.151	0.029	5.95	0.000	1.160
参加医疗保险（参考组是 0= 不参加医疗保险）					
1= 参加一种医疗保险	−0.993	0.087	−4.20	0.000	0.371
2= 参加二种医疗保险	−2.024	0.062	−4.33	0.000	0.132
是否参加住房公积金（参考组是 0）	0.377	0.309	1.78	0.076	1.458
本次流动范围（参考组是市内跨县 =1）					
2= 省（区）内跨市	0.137	0.160	0.99	0.323	1.148
3= 跨省	0.750	0.428	3.71	0.000	2.118

续表

	系数	标准误差	Z 值	P 值	比值比
本次流动时长	0.050	0.014	3.78	0.000	1.052
本次是否独自流动（参考组是 0= 否）	0.639	0.264	4.58	0.000	1.894
是否打算在流入地长期居住（参考组是 0= 否）	0.591	0.258	4.14	0.000	1.806
是否愿意把户口迁入流入地（参考组是 1= 愿意）					
2= 不愿意	−0.477	0.098	−3.02	0.003	0.621
3= 不清楚	−0.742	0.080	−4.43	0.000	0.476

三、住房中度压力型城市农民工居住社区选择

住房中度压力型城市的样本总数为 1666，选择在村委会社区的个案数为 723，选择居委会社区个案数为 943。利用二元逻辑回归模型对流入地为住房中度压力型城市的农民工样本进行回归分析。删除缺失值后，参与回归的样本个数为 1511 个。LRchi2(15) 的值为 210.29，P 值为 0.000<0.01，表明回归模型整体在 1% 的水平上显著，自变量的组合对因变量具有解释力。

如表 57 所示，家庭月收入仍然是影响住房中度压力城市农民工居住社区选择的重要因素。随着家庭月收入的对数值每增加 1 个单位，居住社区类型的比值比增加 0.732 个单位。这一结果与住房重度压力城市的结果基本一致。"年龄""婚姻状况""性别"的回归系数全部不显著（大于 10%）；仅有"受教育程度"的回归系数在 1% 水平上显著；但其比值比接近 1，说明受教育程度的变化并不能显著增加农民工选择居委会社区概率。以上结果表明人口属性因素与农民工选择居委会社区的可能性关系不大，这些结果与住房重度压力城市的结果完全不一致。"参加医疗保险"的回归系数都不显著，这一结果与住房重度压力城市的

结果部分一致。"参加住房公积金"的回归系数为正且在 1% 水平下显著，其比值比为 3.087，表明参加住房公积金能够显著提高农民工选择居委会社区的可能性。这一结果与住房重度压力城市的结果一致。

"本次流动范围"的回归系数全部为正且都在 1% 水平下显著；即相较于市内跨县的农民工，省内跨市农民工和跨省农民工选择居委会社区的概率要大一些。"流动时长"的回归系数并不显著，表明流动时间不是决定农民工居住社区选择的因素。"是否独自流动"的回归系数为正且在 1% 水平下显著，表明流动模式是决定农民工居住社区选择的因素。以上结果有与住房重度压力城市相似的地方但也有不同的地方。"是否愿意把户口迁入流入地"是影响农民工居住选择的因素，有迁入意愿的农民工，选择居委会社区居住的概率要明显大于没有迁入意愿的农民工。然而，落户意愿的影响却并不稳定。具体来看，有落户意愿和没有落户意愿的农民工在居住社区选择上的差异并不显著，有落户意愿和无法确定落户意愿的农民工在居住社区选择上存在显著差异。

表 57　中度压力城市农民工居住社区选择的模型估计结果

	系数	标准误差	Z 值	P 值	比值比
常数	−7.742	1.182	−6.54	0.000	0.000
家庭月收入	0.732	0.274	5.56	0.000	2.079
年龄	0.010	0.007	1.35	0.176	1.010
婚姻状况（参考组是 0= 未处于婚姻状态中）	−0.036	0.164	−0.21	0.833	0.964
性别（参考组是 0= 男）	0.813	0.131	1.17	0.242	1.143
受教育程度	0.094	0.029	3.59	0.000	1.099

续表

	系数	标准误差	Z 值	P 值	比值比
参加医疗保险（参考组是 0= 不参加医疗保险）					
1= 参加一种医疗保险	−0.219	0.208	−0.85	0.397	0.803
2= 参加二种医疗保险	−0.225	0.362	−0.50	0.620	0.799
是否参加住房公积金（参考组是 0）	1.127	0.965	3.61	0.000	3.087
本次流动范围（参考组是市内跨县 =1）					
2= 省（区）内跨市	0.560	0.219	4.47	0.000	1.750
3= 跨省（区）	0.841	0.361	5.40	0.000	2.321
本次流动时长	−0.014	0.011	−1.16	0.246	0.987
本次是否独自流动（参考组是 0 = 否）	0.813	0.321	5.70	0.000	2.253
是否打算在流入地长期居住（参考组是 0= 否）	0.513	0.227	3.78	0.000	1.670
是否愿意把户口迁入流入地（参考组是 1= 愿意）					
2= 不愿意	−0.092	0.122	−0.68	0.494	0.912
3= 不清楚	−0.657	0.073	−4.66	0.000	0.518

四、住房轻度压力型城市农民工居住社区选择

住房轻度压力型城市样本总数为911，选择村委会社区个案数为140，选择居委会社区居住的个案数为771，后者明显多于前者。利用二元逻辑回归模型对流入地为住房轻度压力型城市的农民工样本进行回归分析。删除缺失值后，参与回归的样本个数为817个。LRchi2(15)的值为59.77，P值为0.000<0.01,表明回归模型整体在1%的水平上显著。

如表58所示，家庭月收入仍然是影响农民工居住社区选择的重要因素。"家庭月收入"的对数值每增加1个单位，居住社区类型的比值

比增加 0.625 个单位。这一结果与住房重度压力城市和中度压力城市的结果基本一致。"年龄"和"受教育程度"都能够影响农民工居住社区的选择，但影响大小比较弱。"婚姻状况"和"性别"的回归系数都不显著，即轻度压力城市，男性农民工和女性农民工在居住社区选择上的差异并不明显；已婚农民工和未婚农民工在居住社区选择上的差异也不明显。这一结果与住房重度压力城市的结果不同，也与中度压力城市的结果不同。

就"参加医疗保险"来看，参加一种医疗保险并不能影响农民工选择居委会社区的概率，但参加二种医疗保险能够降低农民工选择居委会社区的概率。不同于住房重度压力型城市和中度型压力城市，"是否参加住房公积金"的回归系数并不显著。这可能是因为住房轻度压力城市中，参加住房公积金的样本太少，仅有 27 个。就"本次流动范围"来看，省内跨市和市内跨县的农民工在居住社区选择上并无显著不同；但跨省和市内跨县的农民工在居住市区选择上却存在显著差异。跨省流动的农民工选择居委会社区的概率要低于市内跨县的农民工。这一结果不同于重度压力城市和中度压力城市的结果。此外，"本次流动时长"和"是否独自流动"两个变量的回归系数也不显著。"是否打算在流入地长期居住"和"是否把户口迁入流入地"的回归系数都在 10% 的水平下显著，反映出居住社区选择受到居留意愿和落户意愿的影响。

表 58　轻度压力城市农民工居住社区选择的模型估计结果

	系数	标准误差	Z 值	P 值	比值比
常数	−4.013	1.927	−2.08	0.037	0.000
家庭月收入	0.625	0.402	2.90	0.004	1.867

	系数	标准误差	Z 值	P 值	比值比
年龄	0.029	0.014	2.14	0.032	1.030
婚姻状况（参考组是 0= 未处于婚姻状态中）	0.239	0.388	0.78	0.434	1.269
性别（参考组是 0= 男）	−0.118	0.190	−0.55	0.582	0.889
受教育程度	0.096	0.052	2.02	0.043	1.100
参加医疗保险（参考组是 0= 不参加医疗保险）					
1= 参加一种医疗保险	−0.498	0.262	−1.16	0.248	0.608
2= 参加二种医疗保险	−2.331	0.106	−2.15	0.032	0.097
是否参加住房公积金（参考组是 0）	−0.406	0.415	−0.65	0.514	0.667
本次流动范围（参考组是市内跨县 =1）					
2= 省（区）内跨市	−0.323	0.205	−1.14	0.254	0.724
3= 跨省（区）	−0.847	0.119	−3.06	0.002	0.429
本次流动时长	−0.033	0.023	−1.37	0.172	0.968
本次是否独自流动（参考组是 0= 否）	−0.048	0.256	−0.18	0.858	0.953
是否打算在流入地长期居住（参考组是 0= 否）	0.456	0.395	1.82	0.069	1.577
是否愿意把户口迁入流入地（参考组是 1= 愿意）					
2= 不愿意	−0.795	0.129	−2.79	0.005	0.452
3= 不清楚	−0.607	0.200	−1.66	0.097	0.545

第二节　农民工租买选择分析

　　农民工租买选择是指农民工进入城市后选择采用哪种方式解决自己的住房问题，主要包括购买和租赁两种方式。当然，也有农民工居住在单位 / 雇主提供的"免费"住房中。事实上，这些住房虽然名义上不收取费用，但并非完全"免费"，通常单位 / 雇主会将其视作福利作为对农民工低工资的补偿。这类住房视作准租赁住房，但并不参加实证分析。农民工租买选择的结果将影响其市民化进程。主要理由有三：一是，住房产权对农民工具有锚定效应，在流入地拥有住房产权的农民工更倾向于在该地长期生活甚至落户。二是，住房产权是农民工获得属地化城市公共服务的有效途径之一，例如购房落户、就近入学、社区医疗服务等。三是，拥有住房产权意味着较为稳定的社区邻里关系，有助于农民工与本地居民交往并融入。长期以来，由于户籍制度的阻碍和自身住房可支付能力不足，农民工在城市拥有住房产权的比例极低。近年来，随着户籍制度逐步放开和农民工财产性收入的增加，这一比例开始缓慢增加。因此，我们将关注广西农民工的租买选择问题，探究相关影响因素及其作用机制。

一、全样本的农民工租买选择

1. 模型介绍

4136个样本中，流入地购房者和未购者的百分比分别为20.17%和79.83%，比例接近1∶4。我们关注的是农民工的租买选择，因此构造一个因变量，名称为"是否在流入地购买房屋"，定义其取值为0和1，0代表否，1代表是。由于该变量是二元分类变量，故采用二元逻辑回归模型（Binary Logistic Regression）进行数据分析。

采用STATA15中的Logit函数进行分析。首先将表53中所列的所有解释变量全部进入回归模型。模型回归结果显示有的解释变量并不显著，包括"婚姻状况""是否参加养老保险""是否参加失业保险""是否参加工伤保险""是否参加生育保险""是否独自流动"。剔除不显著的和对模型拟合度没有改进的解释变量，再次回归。最终，我们得到了如下回归方程。

$$\log\left(\frac{P2}{1-P2}\right) = \beta_0 + \beta_1 * 家庭月收入 + \beta_2 * 年龄 + \beta_3 * 婚姻状况 + \beta_4$$
$$* 受教育程度 + \beta_5 * 参加医疗保险 + \beta_6 * 是否参加住房公积金$$
$$+ \beta_7 * 本次流动范围 + \beta_8 * 本次流动时长 + \beta_9 * 流入城市家庭规模$$
$$+ \beta_{10} * 流动总次数 + \beta_{11} * 是否打算在流入地长期居住 + \beta_{12}$$
$$* 是否打算在流入地落户 + \beta_{13} * 流入城市类型$$

这里 P2 是农民工购房的概率，β_i=1,2,3,…,13 是回归系数。

2. 模型回归结果

剔除缺失值后，参与回归的样本个数为 3740 个。LRchi2(22) 的值为 798.00，P 值为 0.000<0.01，表明回归模型整体在 1% 的水平上显著，即自变量的组合能够解释因变量的变化。表 59 展示了回归分析的具体结果。

表 59　全样本农民工的租买选择估计结果

	系数	标准误差	Z 值	P 值	比值比
常数	−15.129	0.918	−16.48	0.000	0.000
家庭月收入	1.138	0.304	11.67	0.000	3.129
年龄	0.016	0.006	2.57	0.010	1.016
婚姻状况（参考组是 0= 未处于婚姻状态中）	0.128	0.211	0.69	0.490	1.137
性别（参考组是 0= 男）	0.230	0.116	2.49	0.013	1.259
受教育程度	0.145	0.023	7.31	0.000	1.156
参加医疗保险（参考组是 0= 不参加医疗保险）					
1= 参加一种医疗保险	−0.884	0.063	−5.76	0.000	0.413

	系数	标准误差	Z 值	P 值	比值比
2= 参加二种医疗保险	−1.504	0.081	−4.14	0.000	0.222
是否参加住房公积金（参考组是 0）	0.348	0.235	2.10	0.036	1.416
本次流动范围（参考组是市内跨县 =1）					
2= 省内跨市	0.202	0.129	1.92	0.055	1.224
3= 跨省	−0.133	0.114	−1.02	0.307	0.875
本次流动时长	0.044	0.009	4.87	0.000	1.044
流入城市家庭规模（参考组是 1）					
2= 流入家庭规模为 2 人	0.915	0.757	3.01	0.003	2.496
3= 流入家庭规模为 3 人	0.879	0.695	3.05	0.002	2.410
4= 流入家庭规模为 4 人	0.857	0.686	2.95	0.003	2.357
5= 流入家庭规模为 5 人及以上	1.154	0.234	2.10	0.036	1.416
流动总次数（参考组是 1=1 次）					
2= 流动总次数为 2 次	−0.207	0.127	−0.16	0.873	0.980
3= 流动总次数为 3 次及以上	0.793	0.116	−3.09	0.002	0.452
是否打算在流入地长期居住（参考组是 0= 否）	1.860	0.940	12.70	0.000	6.423
是否愿意把户口迁入流入地（参考组是 1= 愿意）					
2= 不愿意	0.120	0.123	1.10	0.273	1.128
3= 不清楚	−0.525	0.068	−4.54	0.000	0.591
流入城市类型（参考组是 1= 重度压力城市）					
2= 中度压力城市	0.227	0.134	2.11	0.035	1.254
3= 轻度压力城市	0.061	0.144	0.45	0.654	1.062

3. 回归结果分析

第一，经济因素。"家庭月收入"回归系数为正且在 1% 水平下显著，比值比为 3.129，远远大于 1，反映出随着家庭月收入的增加，农民工购房的概率将大幅提升。这一结果与以往研究结果一致。考虑到变量"家庭月收入"是实际家庭月收入取自然对数且回归模型是非线性模型，以上结果进一步说明家庭收入与农民工购房概率存在非线性的正向相关关系。基于以上结果，我们建议政府通过多种手段提高农民工就业率和就业水平从而提高农民工住房拥有率。具体举措包括加大农民工培训力度、培育新型农民工、打击拖欠农民工工资违法行为、鼓励农民工签订正规合同保障就业稳定性、规范就业市场做到农民工与本地居民同工同酬等。

第二，人口属性因素。"年龄"回归系数为正且在1%水平下显著，比值比为1.016接近于1。这说明年龄是影响农民工租买选择的因素，但其影响力有限。为了进一步考察新生代农民工和老一代农民工在租买选择上的差异，我们将"年龄"重新赋值，1表示受访者是1980年后出生的农民工，反之为0。以重新赋值的"年龄"变量进行回归，我们发现新生代农民工购房概率要显著低于老一代农民工（比值比为0.786，p值为0.027<0.05）。"性别"的回归系数为正且在5%水平下显著，比值比为1.258，说明女性农民工比男性农民工更倾向于购房。"受教育程度"的回归系数为正且在1%水平下显著，比值比为1.259，即受教育程度每增加一年，农民工购买住房的概率要增加15.9%。

第三，社会保障因素。"参加医疗保险"的回归系数为负且都在1%水平下显著，显示参加医疗保险计划与农民工购房概率呈现负相关关系。主要原因有三：一是农民工群体未参加医疗保险的比例较小，数据在"参加医疗保险"变量上的分布并不平衡，导致结果出现了偏差。

二是对于农民工来说，医疗保险支出是一笔不小的开支，缴纳医疗保险影响农民工购房资金储蓄。三是广西目前医疗保险还未完全实现异地报销。"参加住房公积金"的回归系数为正且在5%水平下显著。参加住房公积金的农民工是未参加住房公积金的农民工购房概率的1.416倍。这说明住房公积金对农民工购房具有支撑作用。

第四，流动因素。就"本次流动范围"来看，与市内跨县农民工相比，省内跨市农民工在流入地购房的可能性较低；就"流入城市家庭规模来看"，与流入城市家庭规模为1人（独自流动）的参照组相比，流入城市家庭规模为2、3、4或5人及以上的农民工购房可能性更高。流动总次数为1次和2次的农民工在租买选择上的差异并不显著。与流动总次数为1的参考组相比，流动总次数为3的农民工购房可能性更低。

第五，市民化因素。就"是否打算在流入地长期定居"来看，有定居意愿的农民工比没有定居意愿的农民工更倾向于购房。就"是否打算在流入地落户"来看，有落户意愿的农民工与没有落户意愿的农民工在租买选择上的差异并不显著；有落户意愿的农民工与落户意愿不明确的农民工在租买选择上的差异在1%水平下显著。

第六，城市类型。"城市类型"的回归系数皆为正，反映出随着城市住房压力的降低，农民工更倾向于购房而不是租房。其中，中度压力型城市的回归系数在5%的水平下显著，而轻度压力型城市的回归系数并不显著。以上分析揭示出城市类型是影响农民工租买选择的重要因素。基于这一发现，我们将分城市来探索农民工的租买选择差异。

二、重度压力型城市农民工租买选择

重度压力型城市样本总数为 1559，购房者和未购房者分别为 312 和 1247 人，比例接近 1∶4。删除缺失值后，得到参与回归的样本个数为 1412 个。利用二元逻辑回归模型对流入地为重度压力型城市的农民工样本进行回归分析。得到 LRchi2(20) 的值为 386.85，p 值为 0.000<0.01，表明回归模型整体在 1% 水平上显著。

如表 60 所示，"家庭月收入"回归系数为正，比值比为 4.121，在 1% 水平下显著，显示家庭月收入是决定农民工租买选择的重要因素。除"婚姻状况"外，"年龄""性别"和"受教育程度"的回归系数都在 5% 水平下显著。就"年龄"来看，随着年龄增加，农民工购房可能性也随之增加。为了进一步考察新生代农民工和老一代农民工的租买选择差异，我们将"年龄"重新赋值（1 表示受访者是 1980 年后出生的农民工，否则为 0），以重新赋值的"年龄"变量回归，我们发现新生代农民工购房概率要显著低于老一代农民工（比值比为 0.520，p 值为 0.027<0.05）。就"性别"来看，女性农民工购房概率要高于男性农民工。就"受教育程度"来看，农民工受教育程度与其在流入地的租买选择有关，但影响不大。

"参加医疗保险"的回归系数都为负且在 1% 水平下显著，反映出农民工参加医疗保险行为与购房行为存在负相关关系。"是否参加住房公积金"回归系数为正且在 5% 水平下显著，揭示出农民工参加住房公积金行为与购买住房行为存在正相关关系。"本次流动范围""流动次数""流入城市家庭规模"的回归系数都不显著。仅有"流动时长"的回归系数为正且在 1% 水平下显著，但比值比接近 1，反映出该因素的影响作用不大。最后，定居意愿能够显著提高农民工的购房概率，但落户意愿与农民工购房行为并无绝对联系，反映出在重度压力型城市中定居行为、购房行为和落户行为的分离。

表 60　重度压力型城市中农民工租买选择模型估计结果

	系数	标准误差	Z 值	P 值	比值比
常数	−18.815	1.660	−11.33	0.000	0.000
家庭月收入	1.416	0.722	8.08	0.000	4.121
年龄	0.052	0.129	4.28	0.000	1.054
婚姻状况（参考组是 0= 未处于婚姻状态中）	0.299	0.637	0.63	0.526	1.349
性别（参考组是 0= 男）	0.389	0.232	2.47	0.013	1.476
受教育程度	0.152	0.037	4.28	0.000	1.053
参加医疗保险（参考组是 0= 不参加医疗保险）					
1= 参加一种医疗保险	−0.751	0.110	−3.21	0.001	0.472
2= 参加二种医疗保险	−1.597	0.121	−2.66	0.008	0.202
是否参加住房公积金（参考组是 0）	0.473	0.370	2.05	0.040	1.604
本次流动范围（参考组是市内跨县 =1）					
2= 省（区）内跨市	−0.262	0.137	−1.47	0.143	0.770
3= 跨省（区）	−0.143	0.217	−0.57	0.569	0.867
本次流动时长	0.090	0.0162	6.06	0.000	1.094
流入城市家庭规模（参考组是 1）					
2= 流入家庭规模为 2 人	0.748	0.237	1.28	0.201	2.113
3= 流入家庭规模为 3 人	0.261	0.765	0.44	0.657	1.298
4= 流入家庭规模为 4 人	0.201	0.722	0.34	0.733	1.223
5= 流入家庭规模为 5 人及以上	0.358	0.900	0.57	0.569	1.40
流动总次数（参考组是 1=1 次）					

续表

	系数	标准误差	Z 值	P 值	比值比
2= 流动总次数为 2 次	0.077	0.258	0.32	0.748	1.080
3= 流动总次数为 3 次及以上	−0.713	0.247	−1.41	0.157	0.490
是否打算在流入地长期居住（参考组是 0= 否）	1.946	1.833	7.43	0.000	7.000
是否愿意把户口迁入流入地（参考组是 1= 愿意）					
2= 不愿意	0.245	0.261	1.26	0.207	1.291
3= 不清楚	−0.394	0.138	−1.92	0.054	0.674

三、中度压力型城市农民工租买选择

中度压力型城市样本总数为 1666，选择购房者个案数仅为 370。删除缺失值后，参与回归的样本个数为 1511 个。利用二元逻辑回归模型对流入地为中度压力型城市的农民工样本进行回归分析得到 LRchi2(20) 的值为 350.74，p 值为 0.000<0.01。这表明回归模型整体在 1% 的水平上显著。

如表 61 所示，"家庭月收入"系数为正且在 1% 的水平上显著。"年龄""婚姻状况""性别"的回归系数都不显著。这反映这三个变量不能解释受访农民工租买选择的差异。"受教育程度"回归系数为正且在 1% 水平上显著，比值比为 1.167。这表明受教育程度虽然能影响农民工的租买选择行为但影响并不大。不同于重度压力型城市，"参加医疗保险"的回归系数在 1% 水平下显著，但"参加住房公积金"的回归系数却并不显著。这可能是因为在中度压力型城市，住房公积金的作用并未发挥出来又或者农民工参与者样本太少。

就"流动范围来看",与市内跨县农民工相比,跨省（区）农民工在租买选择上表现出明显的不同。就"本次流动时长"来看,其回归系数并不显著。就"流入城市家庭规模"来看,与参考组相比,家庭规模为 2 以上的组别在购房行为上都表现出差异性。就"流动总次数"来看,流动总次数为 1 次和 2 次的农民工租买选择行为差异并不明显,当流动总次数为 3 次及以上时,相应的差异性才逐步表现出来。定居意愿能够显著提高农民工的购房概率,但落户意愿与农民工的购房行为并无正向联系,这一结果与重度压力型城市基本相同。

表 61 中度压力型城市中农民工租买选择模型估计结果

	系数	标准误差	Z 值	P 值	比值比
常数	−17.906	1.553	−11.53	0.000	0.000
家庭月收入	1.407	0.662	8.69	0.000	4.088
年龄	0.013	0.009	1.42	0.156	1.013
婚姻状况（参考组是 0= 未处于婚姻状态中）	−0.006	0.248	−0.02	0.982	0.994
性别（参考组是 0= 男）	0.104	0.159	0.730	0.466	1.110
受教育程度	0.155	0.038	4.81	0.000	1.167
参加医疗保险（参考组是 0= 不参加医疗保险）					
1= 参加一种医疗保险	−0.650	0.147	−2.30	0.021	0.522
2= 参加二种医疗保险	−0.931	0.200	−1.84	0.066	0.394
是否参加住房公积金（参考组是 0）	0.088	0.326	0.030	0.766	1.093
本次流动范围（参考组是市内跨县 =1）					
2= 省（区）内跨市	0.643	0.221	1.15	0.248	1.230
3= 跨省（区）	0.022	0.183	−1.83	0.067	0.534
本次流动时长	−0.013	0.014	−0.91	0.360	0.987
流入城市家庭规模（参考组是 1）					
2= 流入家庭规模为 2 人	0.939	1.519	1.58	0.114	2.558

续表

	系数	标准误差	Z值	P值	比值比
3= 流入家庭规模为 3 人	1.905	3.680	3.84	0.001	6.722
4= 流入家庭规模为 4 人	1.859	3.516	3.39	0.001	6.416
5= 流入家庭规模为 5 人及以上	1.890	3.816	3.28	0.001	6.622
流动总次数（参考组是 1=1 次）					
2= 流动总次数为 2 次	0.207	0.221	1.15	0.248	1.230
3= 流动总次数为 3 次及以上	−0.628	0.182	−1.83	0.067	0.533
是否打算在流入地长期居住（参考组是 0= 否）	1.791	1.455	7.38	0.000	5.996
是否愿意把户口迁入流入地（参考组是 1= 愿意）					
2= 不愿意	0.020	0.165	0.12	0.902	1.020
3= 不清楚	−0.647	0.091	3.69	0.000	0.524

四、轻度压力型城市农民工租买选择

轻度压力型城市样本总数为 911，购房者与未购房者的人数分别为 152 和 759。删除缺失值后，参与回归的样本个数为 812 个。利用二元逻辑回归模型对流入地为轻度压力型城市的农民工样本进行回归分析得到 LRchi2(19) 的值为 178.05，p 值为 0.000<0.01。这表明回归模型整体在 1% 的水平上显著。

如表 62 所示，"家庭月收入"系数为正且在 1% 水平上显著。"年龄""婚姻状况""性别"的回归系数都不显著。这反映出以上三个变量不能解释受访农民工租买选择的差异。"受教育程度"回归系数为正且在 5% 水平上显著，比值比为 1.134，显示其影响作用有限。参加医疗保险与不参加医疗保险的农民工在租买选择上存在非常显著的差异，参加住房公积金与不参加住房公积金的农民工在租买选择上也存在较为明显的差异。"本次流动范围"和"流入地家庭规模"对农民工租买选择的影响并不显著。而"流动总次数"和"本次流动时长"对农民工购买住房的影响比较显著，其中前者是负向影响，后者是正向影响。定居意愿能够显著地影响农民工的租买选择，但落户意愿的影响却并不显著。

表62　轻度压力型城市中农民工租买选择模型估计结果

	系数	标准误差	Z值	P值	比值比
常数	−9.840	1.849	−5.32	0.000	0.000
家庭月收入	0.681	0.393	3.43	0.001	1.977
年龄	−0.005	0.013	−0.39	0.696	0.994
婚姻状况（参考组是0=未处于婚姻状态中）	0.256	0.523	0.63	0.528	1.291
性别（参考组是0=男）	0.284	0.288	1.31	0.189	1.329
受教育程度	0.126	0.056	2.55	0.011	1.134
参加医疗保险（参考组是0=不参加医疗保险）					
1=参加一种医疗保险	−1.322	0.0914	−3.87	0.000	0.270
2=参加二种医疗保险	无				
是否参加住房公积金（参考组是0）	1.072	1.663	1.88	0.060	2.921
本次流动范围（参考组是市内跨县=1）					
2=省（区）内跨市	−1.382	0.397	1.43	0.153	1.470
3=跨省（区）	−1.553	0.311	0.52	0.603	1.151
本次流动时长	0.073	0.024	3.26	0.001	1.076
流入城市家庭规模（参考组是1）					
2=流入家庭规模为2人	0.960	1.697	1.48	0.140	2.610
3=流入家庭规模为3人	0.554	1.026	0.94	0.347	1.740
4=流入家庭规模为4人	0.514	1.001	0.86	0.391	1.672
5=流入家庭规模为5人及以上	1.191	2.017	1.94	0.052	3.290

续表

	系数	标准误差	Z值	P值	比值比
流动总次数（参考组是1=1次）					
2=流动总次数为2次	-1.382	0.110	-3.14	0.002	0.251
3=流动总次数为3次及以上	-1.553	0.140	-2.34	0.019	0.211
是否打算在流入地长期居住（参考组是0=否）	1.725	1.605	6.03	0.000	5.6128
是否愿意把户口迁入流入地（参考组是1=愿意）					
2=不愿意	-0.026	0.253	-0.10	0.922	0.975
3=不清楚	-0.278	0.215	-0.98	0.329	0.756

第三节　农民工住房消费分析

农民工住房消费行为是反映农民工居住行为的重要指标，是理解农民工住房需求的重要依据。农民工住房消费行为通常用住房支出大小来衡量。接下来我们将重点探讨影响广西农民工住房支出的因素及其作用机制。

一、全样本的农民工住房消费

1. 模型介绍

我们关注的因变量是农民工在流入地的住房消费水平。在国家人口和计划生育委员会2016年全国流动人口调查数据中，农民工流入地的住房消费信息可以通过受访者对"过去一年，您家在本地每月住房支出为多少？"问题的回答来获取。这里每月住房支出仅包括受访者及其家庭生活居住用房的房租和购房的分期付款，不包括与住房相关

的水电、暖气、物业费等支出，不包括生产经营用房的房租以及单位
包住者的估算租金。为了明确研究重点，我们选取了农民工在流入地
租房的样本，剔除了在流入城市购房和由单位提供免费住房的样本。
借鉴学者董昕的做法，我们对农民工家庭住房月消费观测值加 1 后取
自然对数来消除异方差现象[①]。表 63 给出了农民工家庭住房月消费支
出的描述统计。文献综述表明农民工的住房消费水平选择受到一系列
因素的影响，结合二手数据的情况，我们将重点关注表 64 中的解释
变量。

表 63　农民工家庭月住房消费支出描述统计

	样本数	均值	标准误差	最小值	最大值
农民工家庭月住房消费支出	3301	5.630	1.844	0	8.824

表 64　农民工住房消费分析中解释变量列表

		变量类型	变量说明
经济因素	家庭月收入	连续变量	各观测值加 1 后取自然对数
	非住房开支	连续变量	流入家庭在本地每月总开支 – 住房开支 （包吃包住者以折算后金额代入计算）
	社区类型	二分类变量	居委会社区 =1，村委会社区 =0
人口属性	年龄	连续变量	=2016– 受访者出生年份
	婚姻状况	分类变量	当前处于婚姻状态中 =1，当前未处于婚姻状态 =0
	性别	分类变量	男 =0，女 =1
	受教育程度	连续变量	受教育年限

---

① 董昕：《中国农民工的住房问题研究》，经济管理出版社 2013 年版，第 130 页。

	变量类型	变量说明
社会保障因素 是否参加养老保险	分类变量	是 =1，否 =0
是否参加失业保险	分类变量	是 =1，否 =0
是否参加工伤保险	分类变量	是 =1，否 =0
是否参加生育保险	分类变量	是 =1，否 =0
是否参加医疗保险	分类变量	是 =1，否 =0，
是否参加住房公积金	分类变量	是 =1，否 =0
流动特征 流入地同住的家庭规模	连续变量	同住家庭人数
本次流动范围	分类变量	市内跨县 =0，省内跨市或其他 =1
本次流动时长	连续变量	=2016– 本次进入流入地时间
流动总次数	分类变量	1 次 =1，2 次及以上 =0
本次是否独自流动	分类变量	是 =1，否 =0
本次流动原因	分类变量	务工 / 工作 =0，经商 =1，其他 =2
市民化意愿 是否打算在流入地购房	分类变量	是 =1，否 =0
是否打算在流入地长期居住	分类变量	是 =1，否 =0
是否愿意把户口迁入流入地	分类变量	是 =1，否及其他 =0
城市类型 所在城市的农民工住房压力类型	分类变量	流入城市为南宁 =0，流入城市为柳州、桂林、玉林 =1，流入城市为广西其他地级市 =2

注：1. 关于家庭月收入。由于家庭月收入可能出现 0 值或缺失值，为保证样本量不损失过大，选择给各观测值加 1。且由于家庭月收入存在右偏，故取其自然对数进行修正。

2. 非住房支出。非住房支出 = 家庭每月本地总开支 – 家庭每月住房开支。家庭每月本地总开支是与日常生活消费相关的费用支出，包括衣、食、住、行、教育、通信、医疗、娱乐等。提供给不同住家人的生活和教育等费用也包括其中，不包括生产经营支出和借贷性支出。但包括房租支出、水电、暖气、物业等费用。

3. 关于婚姻状况。原始数据中婚姻状况是多分类变量，包括未婚、离婚、丧偶、同居、初婚、再婚六种类别。为了简便，构造一个新的婚姻状况变量。这个新的变量是二分类变量。如果受访者是未婚、离婚、丧偶、同居状态，取值为 0；如果受访者是初婚、再婚状态，取值为 1。

4. 当自变量含有多个分类变量时，需要以虚拟变量组合代替分类变量的形式进入线性回归方程。而这将导致多重共线性。因此本书将"流入城市家庭规模"定义为连续变量，将"参加医疗保险情况"定义为二分类变量，将"是否愿意把户口迁入流入地"也定义为二分类变量。

　　5. 为了便于 STATA 在多元线性回归分析中引入虚拟变量，"本次流动范围""本次流动原因"和"城市类别"的赋值方式也与表53不同。

表 65　农民工住房消费分析中的解释变量列表

	均值	标准误差	最小值	最大值
家庭月收入	8.454	0.523	6.780	11.695
非住房开支	7.579	0.644	3.932	10.374
社区类型	0.583	0.493	0	1
年龄	33.959	9.008	15	81
婚姻状况	0.797	0.402	0	1
性别	0.480	0.500	0	1
受教育程度	10.232	2.687	0	19
是否参加养老保险	0.448	0.497	0	1
是否参加失业保险	0.161	0.368	0	1
是否参加工伤保险	0.191	0.394	0	1
是否参加生育保险	0.134	0.341	0	1
是否参加医疗保险	0.932	0.251	0	1
是否参加住房公积金	0.065	0.247	0	1
流入地同住的家庭规模	3.173	1.147	1	5
本次流动范围	0.901	0.739	0	2
本次流动时长	5.289	4.934	0	37
流动总次数	0.189	0.392	0	1
本次是否独自流动	0.354	0.478	0	1
本次流动原因	1.456	0.703	1	3
是否打算在流入地购买房屋	0.292	0.455	0	1
是否打算在流入地长期居住	0.608	0.488	0	1

续表

	均值	标准误差	最小值	最大值
是否愿意把户口迁入流入地	0.298	0.458	0	1
所在城市的农民工住房压力类型	0.843	0.757	0	2

首先表64中将所有的解释变量全部加入回归模型中，利用STATA15中的regress函数进行回归。得到回归结果后，删除不显著的且对模型整体拟合度没有改进的变量，得到了最终估计的回归方程如下。

农民工家庭月住房消费支出

$$= \gamma_0 + \gamma_1 *家庭月收入 + \gamma_2 *非住房开支 + \gamma_3 *社区类型 + \gamma_4$$
$$*年龄 + \gamma_5 *婚姻状况 + \gamma_6 *性别 + \gamma_7 *受教育程度 + \gamma_8$$
$$*是否参加养老保险 + \gamma_9 *是否参加工伤保险 + \gamma_{10}$$
$$*是否参加生育保险 + \gamma_{11} *是否参加住房公积金 + \gamma_{12}$$
$$*是否参加医疗保险 + \gamma_{13} 流入城市家庭规模 + \gamma_{14}$$
$$*本次流入时长 + \gamma_{15} *本次流动原因 + \gamma_{16}$$
$$*是否打算在流入地购买房屋$$

这里 γ_0 是常数，γ_i i=1，2，3，…16 是回归系数。

2. 模型结果

整体来看，修正后的 R^2 为 0.325，样本量为 3016，F 值为 50.13，p 值为 0.000。以上结果表明回归模型整体在 1% 的水平下显著，但自变量组合的变化仅能解释因变量变化的 32.5%。虽然以上结果与其他学者的结果基本一致，但仍反映出模型可能存在遗漏变量的情况。事实上，文献分析指出影响农民工住房消费的因素非常多，还包括就业稳定性、农村住房和宅基地状况、家庭结构、阶层认同、消费风格、社会网络等、房屋面积、区位、居住设施等。这些未能全部纳入实证分析中。考虑到我们实证分析所用资料为二手数据，所访问的农民工已无法追踪，因此无法通过引入新的变量来提高模型整体拟合度，后续只能将关注重点放在各影响因素上了。

通过 estat hettest 函数对残差进行方差齐性检验发现残差存在异方差现象。根据统计知识可知，导致异方差现象的原因有很多，例如因变量存在测量误差、模型存在遗漏变量、农民工住房消费现象本来就存在差异的趋势性等。在存在异方差的情况下，最小二乘估计仍然是无偏且一致的，但不是所有估计中具有最小方差的有效估计。改善异方差问题的方法有许多，但在二手数据的限制下，我们利用STATA15的 robust 函数对回归系数的标准误进行修正，得到如表 66 所示的结果。通过 estat vit 函数计算自变量的方差膨胀系数。发现方差膨胀系数在 1.02~2.93，均小于 10。这说明自变量之间的共线性问题不严重。表 66 展示了具体的回归结果。

表 66　全样本农民工住房消费水平估计结果

自变量	未标准化系数	稳健标准误差	标准化系数	T 值	p 值
常数	1.658	0.430	−	3.86	0.000
家庭月收入	0.515	0.039	0.380	13.31	0.000
非住房开支	−0.160	0.026	−0.149	−6.28	0.000
社区类型	0.251	0.023	0.190	10.86	0.000
年龄	−0.000	0.001	−0.300	0.76	−0.006

续表

自变量	未标准化系数	稳健标准误差	标准化系数	T 值	p 值
婚姻状况	0.011	0.324	0.007	0.33	0.738
性别	−0.003	0.021	−0.002	−0.14	0.892
受教育程度	0.028	0.005	0.106	6.02	0.000
是否参加养老保险	0.079	0.022	0.059	3.64	0.000
是否参加工伤保险	−0.314	0.048	−0.178	−6.55	0.000
是否参加生育保险	0.269	0.061	0.130	4.36	0.000
是否参加医疗保险	−0.174	0.050	−0.060	−3.46	0.001
是否参加住房公积金	0.009	0.058	0.003	0.15	0.880
流入地同住的家庭规模	0.047	0.013	0.036	0.00	0.083
本次流动时长	−0.007	0.002	−0.048	−2.73	0.006
本次流动原因					
是否为经商	0.273	0.032	0.170	8.48	0.000
是否为其他	0.078	0.033	0.036	2.30	0.022
是否打算在流入地购买房屋	0.086	0.023	0.058	3.74	0.000
所在城市的农民工住房压力类型					
所在城市为中度压力型	−0.168	0.023	−0.125	−7.22	0.000
所在城市为轻度压力型	−0.163	0.033	−0.049	0.000	−0.101

3. 结果分析

第一，经济因素。"家庭月收入"的回归系数为正且在 1% 水平下显著。这说明家庭月收入对农民工家庭月住房消费支出具有正向影响。每当"家庭月收入"增加一个单位，"家庭月住房消费支出"将增加 0.515

个单位。因此，如果要鼓励农民工家庭增加住房消费，那么就需要通过各种就业措施增加农民工的收入水平。"非住房开支"的系数为负且在 1% 水平下显著。这说明在预算约束下，农民工"家庭月住房消费支出"与"非住房开支"表现出明显的负相关关系。"非住房开支"每增加一个单位，"家庭月住房消费支出"就降低 0.160 个单位。"社区类型"系数为正且在 1% 水平下显著。这说明当农民工家庭选择居委会社区居住时，其"家庭月住房消费支出"将增加 0.251 个单位。

第二，人口属性因素。"年龄""性别""婚姻状况"的回归系数都不显著。这可能是因为因变量为"家庭月住房消费支出"，受访者个体的人口属性特征并不能起决定作用。值得注意的是，"受教育程度"回归系数为正且在 1% 水平下显著，说明农民工家庭中有受教育程度高的成员能够引导他们追求更好的居住条件。

第三，社会保障因素。"是否参加养老保险""是否参加工伤保险""是否参加生育保险"和"是否参加医疗保险"都能够显著影响"家庭月住房消费支出"，但他们的影响并不一致。"参加养老保险"和"参加生育保险"能够提高"家庭月住房消费支出"，但"参加工伤保险"和"参加医疗保险"会降低"家庭月住房消费支出"。"参加住房公积金"的回归系数为正但并不显著，将该变量剔除回归方程，结果显示模型整体拟合度有些许下降。

第四，流动因素。"流入城市家庭同住规模"系数为正且在 1% 水平下显著。这说明随着农民工家庭同住人数的增加，他们的住房消费支出将会显著增加。家庭同住人数每增加一人，"家庭月住房消费"支出增加 0.047 个单位。"流动原因"的系数全部为正且在 1% 水平下显著。

结果还显示，因经商进城的受访者比因务工进城的受访者在"家庭月住房消费"上增加 0.277 个单位。

第五，市民化因素。"是否打算在流入地长期居住"和"是否打算在流入地落户"的回归系数并不显著，表明居留意愿和落户意愿并不能明显增加农民工的住房消费支出。"是否打算在流入地购房"的回归系数为正且在 1% 水平下显著，表明购房意愿能够正向影响农民工的家庭住房消费支出。

第六，城市类型。与重度压力型城市中的受访者相比，中度压力型城市的受访者在"家庭月住房消费支出"上会减少 0.176 个单位，轻度压力型城市的受访者在"家庭月住房消费支出"上会减少 0.166 个单位，以上差异在 1% 的水平上具有统计学显著性。以上结果揭示出城市类型是影响农民工"家庭月住房消费支出"的重要因素。基于这一发现，我们将分城市来探索农民工住房消费机制。

二、住房重度压力型城市农民工住房消费

1. 模型介绍

住房重度压力型城市样本总数为 1221。农民工家庭每月住房消费及其自然对数的描述性统计见表 67。

表 67　住房重度压力型城市中农民工家庭月住房消费描述性统计

变量	均值	标准误差	最小值	最大值
家庭月居住支出	586.684	398.374	60	4000
"家庭月住房消费支出"=LN（家庭月居住支出）	6.223	0.521	4.094	8.294

首先将表64中所有变量全部加入回归模型中，利用STATA15中的 regress 函数进行回归，删除不显著的且对模型整体拟合度没有改进的变量，得到了最终的回归方程。

农民工家庭月住房消费支出

$$= \varphi_0 + \varphi_1 * 家庭月收入 + \varphi_2 * 非住房开支 + \varphi_3 * 社区类型 + \varphi_4 * 年龄$$
$$+ \varphi_5 * 婚姻状况 + \varphi_6 * 性别 + \varphi_7 * 受教育程度 + \varphi_8$$
$$* 是否参加养老保险 + \varphi_9 * 是否参加工伤保险 + \varphi_{10}$$
$$* 是否参加生育保险 + \varphi_{11} * 是否参加医疗保险 + \varphi_{12}$$
$$* 是否参加住房公积金 + \varphi_{13} 本次流动范围 + \varphi_{14} * 本次流动原因$$
$$+ \varphi_{15} * 是否打算在流入地购房 + \varphi_{16} * 是否打算在流入地落户$$

这里 φ_0 是常数，φ_i i=1，2，3，…16 是回归系数。

2. 实证结果

整体来看，修正后的 R^2 为 0.378，样本量为 1056，F 值为 27.71，P 值为 0.000。以上结果表明回归模型整体在 1% 的水平下显著，但自变量组合的变化仅能解释因变量变化的 37.8%。通过 estat vif 函数计算自变量的方差膨胀系数。发现方差膨胀系数在 1.05~4.41，均小于 10。这说明自变量之间的共线性问题不严重。通过 estat hettest 函数对残差进行方差齐性检验发现残差存在异方差现象。利用 STATA15 的 robust 函数对回归系数的标准误进行修正，得到如表 68 所示的结果。

表 68　住房重度压力型城市中农民工住房消费水平估计结果

自变量	未标准化系数	稳健标准误差	标准化系数	T 值	p 值
系数	3.387	0.358	—	9.48	0.000
家庭月收入	0.418	0.053	0.364	7.82	0.000
非住房开支	−0.138	0.035	−0.147	−3.95	0.000
社区类型	0.335	0.034	0.296	9.84	0.000
年龄	−0.001	0.002	0.018	−0.59	0.555
婚姻状况	0.097	0.036	0.074	2.71	0.007
性别	0.067	0.027	0.064	2.48	0.013
受教育程度	0.020	0.005	0.098	3.63	0.000
是否参加养老保险	0.047	0.027	0.044	1.73	0.085
是否参加工伤保险	−0.092	0.064	−0.070	−1.44	0.151
是否参加生育保险	0.083	0.092	0.057	0.90	0.370
是否参加医疗保险	−0.118	0.068	−0.054	−1.73	0.083
是否参加住房公积金	0.055	0.080	0.028	0.68	0.495
本次流动原因					
是否为经商	0.189	0.047	0.123	4.05	0.000
是否为其他	0.054	0.049	0.028	1.10	0.272
本次流动范围					
是否为省（区）内跨市	0.023	0.029	0.021	0.80	0.426
跨省（区）	0.127	0.051	0.081	2.45	0.014
是否打算在流入地购房	0.112	0.030	−0.010	3.79	0.000
是否打算在流入地定居	−0.039	0.035	−0.030	−1.11	0.269

3.估计结果分析

第一，经济因素。"家庭月收入""非住房开支"和"社区类型"三个变量的回归系数都在 1% 水平下显著，表明这三个变量都能够对农民工"家庭月住房消费支出"产生决定性影响。其中"家庭月收入"和"社区类型"的影响为正向。由于"家庭月收入"的回归标准系数为0.418，而"社区类型"的回归系数为0.335，说明"家庭月收入"的影响要大于"社区类型"的影响。"非住房支出"的回归系数为负，表明农民工家庭非住房支出的增加将降低他们的家庭月住房消费支出。

第二，人口属性因素。除"年龄"外，"婚姻状况""性别""受教育程度"对农民工家庭月住房消费支出的影响都具有统计学意义。同时，"婚姻状况"施加的影响要略微大于"性别"和"受教育程度"。

第三，社会保障因素。"是否参加养老保险"和"是否参加医疗保险"的回归系数为正且在1%水平下显著，而"是否参加工伤保险""是否参加生育保险"和"是否参加住房公积金"的回归系数并没有通过显著性检验。将这些不显著的自变量从模型中删去时，模型的整体拟合度有所下降。

第四，流动因素。与进城务工农民工相比，进城经商农民工家庭住房消费水平更高。与市内跨县流动农民工相比，跨省（区）流动农民工的家庭月住房消费支出显著更高；与市内跨县流动农民工相比，省（区）内跨市流动农民工在家庭月住房消费支出与之并无明显差异。

第五，市民化因素。购房意愿能够正向显著地影响农民工的家庭月住房消费支出；定居意愿能够对农民工家庭月住房消费支出施加负向影响，虽然这种影响可能不具有统计学意义。另外，落户意愿的影响完全不显著。

三、住房中度压力型城市农民工住房消费

1. 模型介绍

中度压力型城市样本总数为1221。农民工家庭每月住房消费及其

自然对数的描述性统计见表 69。

表 69　住房中度压力型城市中农民工家庭月住房消费描述统计

变量	均值	标准误差	最小值	最大值
家庭月居住支出	562.702	611.715	20	6800
家庭月住房消费支出 =LN（家庭月居住支出）	6.028	0.718	2.996	8.824

首先将表 64 中所有的变量全部加入回归模型中，利用 STATA15
中的 regress 函数进行回归，删除不显著的且对模型整体拟合度没有改
进的变量，得到了最终的回归方程。

农民工家庭月住房消费支出

$$= \delta_0 + \delta_1 * 家庭月收入 + \delta_2 * 非住房开支 + \delta_3 * 社区类型 + \delta_4 * 年龄$$
$$+ \delta_5 * 婚姻状况 + \delta_6 * 性别 + \delta_7 * 受教育程度 + \delta_8 * 是否参加养老保险$$
$$+ \delta_9 * 是否参加工伤保险 + \delta_{10} * 是否参加生育保险 + \delta_{11}$$
$$* 是否参加医疗保险 + \delta_{12} * 流入城市家庭规模 + \delta_{13} * 本次流动范围$$
$$+ \delta_{14} * 本次流入时长 + \delta_{15} * 本次流动原因 + + \delta_{16}$$
$$* 是否打算在流入地长期居住$$

这里 δ_0 是常数，δ_i i=1，2，3，…16 是回归系数。

2. 实证结果

整体来看，修正后的 R^2 为 0.325，样本量为 1022，F 值为 32.11，
P 值为 0.000。以上结果表明回归模型整体在 1% 的水平下显著，但
自变量组合的变化仅能解释因变量变化的 32.5%。通过 estat vif 函数
计算自变量的方差膨胀系数。发现方差膨胀系数在 1.03~3.54，均小

于 10。这说明自变量之间的共线性问题不严重。通过 estat hettest 函数对残差进行方差齐性检验发现残差存在异方差现象。利用 STATA15 的 robust 函数对回归系数的标准误进行修正，得到如表 70 所示的结果。

表 70　住房中度压力型城市中农民工住房消费水平估计结果

自变量	未标准化系数	稳健标准误差	标准化系数	T 值	p 值
系数	1.514	0.443	—	3.42	0.001
家庭月收入	0.614	0.065	0.392	9.38	0.000
非住房开支	−0.165	0.044	−0.139	−3.79	0.000
社区类型	0.256	0.037	0.183	6.84	0.000
年龄	−0.002	0.002	−0.032	−1.03	0.301
婚姻状况	0.050	0.053	0.029	0.95	0.343
性别	−0.002	0.002	0.000	0.01	0.989
受教育程度	0.026	0.009	0.091	2.99	0.003
是否参加养老保险	0.075	0.041	0.053	1.85	0.064
是否参加工伤保险	−0.507	0.098	−0.282	−5.18	0.000
是否参加生育保险	0.463	0.113	0.227	4.07	0.000
流入地同住的家庭规模	0.055	0.022	0.087	2.47	0.014
本次流动时长	−0.010	0.004	−0.073	−2.57	0.010
本次流动原因					
是否为经商	0.364	0.064	0.187	5.66	0.000
是否为其他	0.074	0.059	0.036	1.25	0.212
本次流动范围					
是否为省（区）内跨市（区）	0.214	0.039	0.149	5.43	0.000
跨省（区）	0.062	0.052	0.037	1.19	0.235
是否打算在流入地定居	0.075	0.037	0.052	2.04	0.042

3. 结果分析

第一，经济因素。"家庭月收入""非住房支出""社区类型"的回归系数都在1%的水平下显著。以上结果表明这三个因素都能影响农民工的家庭月住房消费支出。三个因素中，"家庭月收入"的影响最大，其标准系数为0.392。

第二，人口属性因素。除了"受教育程度"外，"年龄""性别""婚姻状况"对农民工家庭月住房消费支出的影响都不显著。此外，虽然"受教育程度"的回归系数为正且在1%水平下显著，但其回归系数为0.025，说明总体影响较弱。

第三，社会保障因素。"是否参加养老保险""是否参加工伤保险""是否参加生育保险"的回归系数为正且在10%水平下显著。这表明以上三个因素能够影响农民工的家庭月住房消费支出。但"是否参加失业保险""是否参加医疗保险"和"是否参加住房公积金"的回归系数并不显著，且加入模型后也不能提升模型的整体拟合度。

第四，流动因素。与市内跨县相比，省（区）内跨市的农民工在家庭月住房消费上支出更多；而跨省（区）农民工则与其并无显著差异。"在流入地同住家庭规模"的回归系数为正且在5%的水平下显著，表明同住家庭人数每增加一人，"家庭月住房消费支出"增加0.055个单位。"本次流动时长"的回归系数为负且在5%水平下显著，表明受访者流动在流入地的时间每增加一年，"家庭月住房消费支出"减少0.01个单位。与务工的农民工相比，经商的农民工在家庭月住房消费支出上更多。

第五，市民化因素。"是否在流入地定居"的回归系数为正且在5%的水平上显著，表明居留意愿能够影响中度压力型城市农民工家庭住房消费支出，但购房意愿和落户意愿对农民工家庭住房消费支出的影响却并不显著。

四、住房轻度压力型城市农民工住房消费

1.模型介绍

住房轻度压力型城市共有 632 个样本。表 71 中给出了这些样本的农民工家庭月居住支出及其自然对数的描述统计值。

表 71 住房轻度压力型城市中农民工家庭的月住房消费描述统计

变量	均值	标准误差	最小值	最大值
家庭月居住支出	735.316	735.772	60	5000
家庭月住房消费支出 =LN（家庭月居住支出）	6.303	0.723	4.094	8.518

首先将表 64 中所有的变量全部加入回归模型中，利用 STATA15 中的 regress 函数进行回归，删除不显著的且对模型整体拟合度没有改进的变量，得到最终的回归方程。

农民工家庭月住房消费支出

$= \rho_0 + \rho_1 *$家庭月收入$+\rho_2*$非住房开支$+\rho_3*$年龄$+\rho_4*$婚姻状况$+\rho_5*$性别$+\rho_6*$受教育程度$+\rho_7*$是否参加生育保险$+\rho_8$ $*$是否参加住房公积金$+\rho_9*$本次流动范围$+\rho_{10}*$本次流入时长$+\rho_{11}$ $*$本次流动原因$+\rho_{12}*$是否打算在流入地购房$+\rho_{13}$ $*$是否打算在流入地长期居住

这里ρ_0是常数，ρ_i i=1，2，3，…13 是回归系数。

2. 实证结果

整体来看，修正后的 R^2 为 0.301，样本量为 573，F 值为 12.69，p 值为 0.000。以上结果表明回归模型整体在 1% 水平下显著，自变量组合的变化仅能解释因变量变化的 30.1%。通过 estat vif 函数计算自变量的方差膨胀系数。发现方差膨胀系数在 1.05~2.54，均小于 10。这说明自变量间的共线性问题并不严重。通过 estat hettest 函数对残差进行方差齐性检验发现残差存在异方差现象。利用 STATA 的 robust 函数对回归系数标准误进行修正，得到如表 72 所示的结果。

表 72 住房轻度压力型城市中农民工住房消费水平估计结果

自变量	未标准化系数	稳健标准误差	标准化系数	T 值	p 值
系数	2.591	0.569	—	4.56	0.000
家庭月收入	0.568	0.092	0.459	6.21	0.000
非住房开支	−0.248	0.058	−0.236	−4.29	0.000
年龄	0.005	0.004	0.055	1.27	0.206
婚姻状况	0.101	0.068	0.057	1.49	0.136
性别	−0.130	0.056	0.087	−2.32	0.020
受教育程度	0.037	0.012	0.120	3.06	0.002
是否参加生育保险	−0.807	0.312	−0.200	−2.59	0.010
是否参加住房公积金	0.881	0.319	0.170	2.76	0.006
本次流动时长	−0.011	0.007	−0.065	−1.67	0.096
本次流动原因					
是否为经商	0.276	0.064	0.186	4.35	0.000
是否为其他	0.233	0.077	0.088	3.03	0.003
本次流动范围					
是否为省内跨市	0.162	0.066	0.101	2.48	0.013
跨省	0.152	0.066	0.101	2.31	0.021

续表

自变量	未标准化系数	稳健标准误差	标准化系数	T 值	p 值
是否打算在流入地购房	0.272	0.059	0.162	4.64	0.000
是否打算在流入地落户	−0.130	0.064	−0.078	2.02	0.043

3.实证结果分析

第一，经济因素。除开"社区类型"，"家庭月收入"和"非住房开支"的回归系数为正且都在 1% 水平下显著。其中，"家庭月收入"回归系数为正，表明其对因变量施加正向影响；"非住房开支"回归系数为负，表明该自变量对因变量施加了负向影响。

第二，人口属性因素。"年龄""婚姻状况"回归系数没有通过显著性检验，而"性别"和"受教育程度"回归系数都通过了显著性检验。"受教育程度"回归系数绝对值要大于"性别"回归系数绝对值，这表明前者对"家庭月住房消费支出"的影响要大于后者。

第三，社会保障因素。只有"是否参加生育保险"和"是否参加住房公积金"的回归系数通过了显著性检验。这里，我们主要关注住房公积金政策的影响。模型结果表明，参加住房公积金能够提高"家庭月住房消费支出"0.881 个单位。近年来，住房公积金制度改革正在推进，缴纳者能够提取住房公积金支付房租。我们的结果为这一政策的效果提供了数据支持。

第四，流动因素。除"在流入城市同住家庭规模"外，"本次流动范围""本次流动时长""本次流动原因"等变量的回归系数都通过了显著性检验，在 10% 水平下显著。研究结果表明，与市内跨县的农民工相比，省（区）内跨市和跨省（区）流动农民工家庭月居住支出水平更高；与进城务工农民工相比，基于其他原因流动的农民工家庭月居住支出水平也更高；农民工流动时间每增加一年，其"家庭月住房消费支出"减少0.011个单位。

第五，市民化因素。购房意愿能够正向显著地影响农民工家庭月住房消费支出；落户意愿对农民工家庭月住房消费支出的影响是负的；而居留意愿的影响并不显著。以上的结果令人费解，需要后续研究进一步检验。

第七章 我国农民工住房政策演进规律

解决农民工住房问题需要政策介入。然而，农民工住房问题涉及面广，具有复杂性和特殊性，我国至今尚未出台专门针对该问题的政策[①]。但在中央政府出台的相关政策中会提到如何解决农民工的住房状况。例如，"三农"政策、低收入群体住房保障政策、城镇化政策、户籍政策、房地产调控政策、公共服务均等化政策。通过对这些政策进行梳理，我们可以厘清农民工住房政策的演进规律。

第一节 我国农民工住房政策演进的阶段性特征

一、政策逐步关注（1978—2003年）

农民工身份混合了"我国特定户籍制度下的社会制度身份（农民）、分工体系下的职业身份（非农从业者）和劳动关系下的经济身份（雇佣劳动者）"。1978年以来，随着中国农村改革的推进，农民工群体逐渐成为一个规模可观的群体。2003年以前，"农民工"一词尚未在政策

[①] 曾国安、杨宁：《农民工住房政策的演进与思考》，《中国房地产》（学术版）2014年第10期。

话语体系中正式使用，但与"农民工"相近的政策语言，如"农村剩余劳动力""民工""农民合同制工人""流入城市的农村劳动力""进城务工人员"等词汇，却并不少见。这一时期，我国政府对农民工的态度经历了从"问题农民工"到"农民工问题"的过程，出台了不少与之相关的文件，但大多集中在解决农民工流动和就业问题。总的来说，虽然与农民工住房问题的相关政策不多，但其政策关注度正逐步提升。具体如下。

1984 年国务院发出《关于农民进入集镇落户问题的通知（国发〔1984〕141 号）》。该通知中提出"凡申请到集镇务工、经商、办服务业的农民和家属，地方政府要为他们在集镇建房、买房、租房提供方便，建设用地要按照国家有关规定和集镇建设规划办理。"[①] 这是改革开放后，我国农村商品生产和商品交换迅速发展，在乡镇工商业蓬勃兴起和农民向集镇非农领域转移的背景下，政府首次出台的关于解决转移农民的集镇居所。

2000 年，《中共中央国务院〈关于促进中小城镇健康发展的若干意见〉（中发〔2000〕11 号）》中提出，"发展小城镇，可以有效带动农村基础设施建设和房地产业的发展"，"可以提高农民消费的商品化程度，扩大对住宅、农产品、耐用消费品和服务业的需求"，"国有商业银行要采取多种形式，逐步开展对稳定收入的进镇农民在购房、购车和其他方面的信贷业务"，"要严格限制分散建房的宅基地审批，鼓励农民

---

① 国务院：《国务院关于农民进入集镇落户问题的通知》，中华人民共和国中央人民政府网站：http://www.gov.cn/zhengce/content/2016-10/20/content_5122291.htm，1984 年 10 月。

进镇购房或按规划集中建房，节约的宅基地可用于小城镇建设用地。"①
由于这一时期，发展小城镇是推进城镇化的一个重要抓手，鼓励农民
进镇购房和建房是安置农业转移劳动力的一个主要思路。

2003 年《国务院办公厅〈关于做好农民进城务工就业管理和服务
工作的通知〉（国办发〔2003〕1 号）》发布。通知中提到改善农民工
的生产生活条件，"卫生部门要建立农民工集中居住地的环境卫生和食
物安全监测制度"，"用人单位为农民工安排的宿舍，必须具备一定的
卫生条件，并保证农民工的人身安全"，"在农民工居住较集中的地段，
当地政府应提供必要的基础设施，改善公共交通和环境卫生状况"。②
这一时期，农民工流动不再"离土不离乡"，而是"离土又离乡"。背
井离乡的农民工为了获得收入愿意忍受较差的居住条件，政策的着力
点也旨在保障农民工基本的居住环境的卫生和安全。

总的来说，1978-2003 年，与农民工住房相关的政策比较少。已有
政策目标主要有二：一是鼓励进入小城镇的农民购房建房，二是保障
进城务工农民的住房基本卫生条件。

二、政策密集发布（2004-2009 年）

党的十六大以后，我国进入了全面建设社会主义市场经济的时期。
政府开始正视城乡二元经济社会结构所产生的问题并努力缩小城乡差

---

① 中共中央、国务院：《中共中央、国务院〈关于促进小城镇健康发展的若干意见〉》，中华
人民共和国中央人民政府网站：http://szlx.pkulaw.cn/fulltext_form.aspx?Db=chl&Gid=225bfc6883873c2
8bdfb，2000 年 6 月。
② 国务院办公厅：《国务院办公厅〈关于做好农民进城务工就业管理和服务工作的通知〉》，
中华人民共和国中央人民政府网站：http://www.gov.cn/test/2005-06/26/content_9632.htm，2003 年 1 月，。

距。作为城乡分割的产物，农民工问题引起了社会各界的广泛关注。政府也适时出台了大量与之有关的政策，与农民工住房相关的政策数量开始增加，具体如下。

2004年2月，建设部将解决进城务工农民住房问题列为当年改革工作的重点。

2005年1月，建设部、财政部、中国人民银行联合发布《关于住房公积金管理若干具体问题的指导意见（建金管〔2005〕5号）》。该文件首次提出探索容许农民工参与住房公积金。文件指出"有条件的地方，城镇单位聘用进城务工人员，单位和职工可缴存住房公积金"，"城镇个体工商户、自由职业人员可申请缴存住房公积金"，"进城务工人员、城镇个体工商户、自由职业人员购买自住住房或者户口所在地购建自住住房的，可以凭购房合同、用地证明及其他有效证明材料，提取本人及其配偶住房公积金账户内的存储余额。"[1]

2006年，《国务院〈关于解决农民工问题的若干意见〉（国发〔2006〕5号）》发布。虽然文件的大部分内容还是讨论农民工的就业和社会保障问题，但这是第一份重点讨论农民工住房问题的文件。文件指出，"有关部门要加强监管，保证农民工居住场所符合基本的卫生和安全条件。招用农民工数量较多的企业，在符合规划的前提下，可在依法取得的企业用地范围内建设农民工集体宿舍。农民工集中的开发区和工业园区，可建设统一管理、供企业租用的员工宿舍，集约利用

---

[1] 中华人民共和国住房和城乡建设部：《关于住房公积金管理若干具体问题的指导意见》，中华人民共和国中央人民政府网站：http://www.mohurd.gov.cn/wjfb/200611/t20061101_157745.html，2005年1月。

土地。加强对城乡接合部农民工聚居地区的规划、建设和管理，提高公共基础设施保障能力。各地要把长期在城市就业与生活的农民工居住问题，纳入城市住宅建设发展规划。有条件的地方，城镇单位聘用农民工，用人单位和个人可缴存住房公积金，用于农民工购买或租赁自住住房。"[1] 这份文件将农民工住房的责任主体定为企业和地方政府，前者可通过兴建集体宿舍来改善农民工居住环境，后者需要在城镇住宅建设发展规划上予以统筹考虑。文件也肯定了建金管〔2005〕5 号中关于农民工住房金融支持方面的思路。

2007 年 1 月建设部工作要点中，提出要将"整治和改造城中村作为改善农民工居住环境的重要措施，逐步改善农民工居住环境，有条件的地区可减少农民工集中居住公寓，推动建筑行业率先做好改善农民工居住环境等工作"。[2] 这份文件反映出农民工群体在住房方面出现了分化，需要实施有针对性的措施改善他们的居住环境。

2007 年 8 月，《国务院关于解决城市低收入家庭住房困难的若干意见（国发 2007〔24〕号）》发布。文件再次强调多渠道改善农民工居住条件，指出"用工单位要向农民工提供符合基本卫生和安全条件的居住场所。农民工集中的开发区和工业园区，应按照集约用地的原则，集中建设向农民工出租的集体宿舍，但不得按商品房出售。城中村改造时，要考虑农民工的居住需要，在符合城市规划和土地利用总体规

---

① 国务院：《国务院〈关于解决农民工问题的若干意见〉（国发〔2006〕5 号）》，中华人民共和国中央人民政府网站：http://www.gov.cn/zhuanti/2015-06/13/content_2878968.htm，2006 年 1 月。

② 中华人民共和国住房和城乡建设部：《关于印发〈建设部近期农民工工作要点〉的通知》，中华人民共和国住房和城乡建设部网站：http://www.mohurd.gov.cn/wjfb/200805/t20080515_168191.html，2007 年 6 月。

划的前提下，集中建设向农民工出租的集体宿舍。有条件的地方，可比照经济适用住房建设的相关优惠政策，政府引导、市场运作，建设符合农民工特点的住房，以农民工可承受的合理租金向农民工出租。"①该文件首次将农民工列为"城市其他住房困难群体"。此外，与之前政策中的原则性指引不同，文件提出了多项改善农民工住房状况的具体举措。

2007 年 12 月，建设部、发展改革委、财政部、劳动保障部和国土资源部联合发布了《关于改善农民工居住条件的指导意见（建住房〔2007〕267 号）》，提出改善农民工居住条件的基本原则：一要因地制宜，满足基本居住需要；二要循序渐进，逐步解决；三要政策扶持，用工单位负责。文件明确了用工单位是改善农民工居住条件的责任主体，还给出了一些具体的指导意见。例如，"用工单位可以采取无偿提供、廉价租赁等方式向农民工提供居住场所"；"农民工自行安排居住场所的，用工单位应给予一定的住房租金补助"；"招用农民工较多的企业，应充分利用自有职工宿舍或通过租赁、购置等方式筹集农民工住房房源"；"在符合规划的情况下，可在依法取得的企业用地范围内建设农民工集体宿舍"，"集中建设的农民工宿舍由用工单位承租后向农民工提供，或由农民工直接承租，但不得按商品住房出售或出租。"②文件还明确了农民工集体宿舍或居住场所的治理标准，提出将

① 国务院：《国务院〈关于解决城市低收入家庭住房困难的若干意见〉国发（2007〔24〕号）》，中华人民共和国中央人民政府：http://www.gov.cn/zwgk/2007–08/13/content_714481.htm，2007 年 8 月。
② 中华人民共和国住房和城乡建设部：《建设部、发展改革委、财政部、劳动保障部、国土资源部印发〈关于改善农民工居住条件的指导建议〉的通知》，法律快车网：http://wlwz.xjem.gov.cn/wsbmzn/ShowArticle.asp?ArticleID=870，2007 年 12 月。

解决农民工住房问题纳入城市住房发展规划，明确要求地方政府担负监督责任做好配套措施。

2009 年 12 月，《中共中央、国务院〈关于加大统筹城乡发展力度进一步夯实农业农村发展基础的若干意见〉（中发〔2010〕1 号）》发布。该文件指出，"多渠道多形式改善农民工居住条件，鼓励有条件的城市将有稳定职业并在城市居住一定年限的农民工逐步纳入城镇住房保障体系。"① 这是中央 1 号文件首次提出要改善农民工居住条件，也是首次提出将农民工纳入城镇住房保障体系。

2010 年 6 月，建设部等七部门发布《关于加快发展公共租赁住房的指导意见（建保〔2010〕87 号）》。该文件指出"有条件的地区，可以将新就业职工和有稳定职业并在城市居住一定年限的外来务工人员纳入供应范围"。"在外来务工人员集中的开发区和供应园区，市、县人民政府应当按照集约用地的原则，统筹规划，引导各类投资主体建设公共租赁住房，面向用工单位或园区就业人员出租；并明确指出各地已经出台的政策性租赁住房、租赁型经济适用房、经济型租赁住房、农民工公寓等政策，统一按本意见规定进行调整。"② 由此开始，公共租赁住房成为改善农民工住房困难的重要举措。

总的来说，2004-2010 年是农民工住房政策的密集发布期，政策的

---

① 中共中央、国务院：《关于加大统筹城乡发展力度进一步夯实农业农村发展基础的若干意见》，中华人民共和国中央人民政府网站：http://www.gov.cn/gongbao/content/2010/content_1528900.htm，2009 年 12 月。

② 中华人民共和国住房和城乡建设部：《关于加快发展公共租赁住房的指导意见（建保〔2010〕87 号）》，中华人民共和国住房和城乡建设部网站：http://www.mohurd.gov.cn/wjfb/201006/t20100612_201308.html，2010 年 6 月。

基本定位是将农民工作为城市低收入住房困难群体，通过拓展城市低收入住房保障覆盖网来解决农民工住房问题①。因应农民工的特点，相关住房政策经历了由"导向性"到"具体化"的发展过程，政策重点也从"所有权方面转向了使用权方面"②，政策工具从农民工集体宿舍拓展到以公共租赁房为主的保障性住房。

三、政策升级（2011 年至今）

近十年来，城乡统筹的理念逐步根植于政策语言，农民工也随之政策有了新的内涵。党的十八大提出，十八届三中全会重申，十九大进一步强调，要加快户籍制度改革，推进农业转移人口市民化，促进基本公共服务常住人口全覆盖。农民工首次与城镇居民一样获得了制度上认可的公平发展机会。这一时期，农民工的住房问题得到了政府前所未有的重视。

2011 年 9 月，《国务院办公厅〈关于保障性安居工程建设和管理的指导意见〉（国办发〔2011〕45 号）》发布。该文件提出："十二五"期末，全国保障性住房覆盖面达到 20% 左右，力争使城镇中等偏下和低收入家庭住房困难问题得到基本解决，新就业职工住房困难问题得到有效缓解，外来务工人员居住条件得到明显改善。重点发展公共租赁住房。公共租赁住房面向城镇中等偏下收入住房困难家庭、新就业无房职工和在城镇稳定就业的外来务工人员供应，单套建筑面积以 40 平

---

① 曾国安、杨宁：《农民工住房政策的演进与思考》，《中国房地产》（学术版）2014 年第 10 期。

② 董昕：《中国农民工的住房问题研究》，经济管理出版社 2013 年版，第 163 页。

方米左右的小户型为主，满足基本居住需要。外来务工人员集中的开发区、产业园区，应当按照集约用地的原则，统筹规划，集中建设单元型或宿舍型公共租赁住房，面向用工单位或园区就业人员出租。"① 这份文件重点考虑了农民工的住房保障问题，指明兴建公共租赁住房和集体宿舍作为解决农民工住房问题的主要方法。

2012 年 7 月，国务院印发了《国家基本公共服务体系"十二五"规划》，提出"建立基本住房保障制度，维护公民居住权利，逐步满足城乡居民基本住房需求，实现住有所居"；"向城镇稳定就业的外来务工人员提供公共租赁住房。"②

2012 年 7 月，住房和城乡建设部发布《公共租赁住房管理办法（建保〔2011〕11 号）》，将公共租赁住房界定为"限定建设标准和租金水平，面向符合规定条件的城镇中等偏下收入住房困难家庭、新就业无房职工和在城镇稳定就业的外来务工人员出租的保障性住房"。③

2013 年 4 月住房和城乡建设部发布《关于做好 2013 年城镇保障性安居工程工作的通知（建保〔2013〕52 号）》。该通知指出，"2013 年底前，地级以上城市要明确外来务工人员申请住房保障的条件、程序

---

① 国务院办公厅：《关于保障性安居工程建设和管理的指导意见（国办发〔2011〕45 号）》，中华人民共和国中央人民政府网站：http://www.gov.cn/zwgk/2011-09/30/content_1960086.htm，2011 年 9 月。

② 国务院：《国务院〈关于印发国家基本公共服务体系"十二五"规划的通知〉（国发〔2012〕29 号）》，中华人民共和国中央人民政府网站：http://www.gov.cn/zwgk/2012-07/20/content_2187242.htm，2012 年 7 月。

③ 中华人民共和国住房和城乡建设部：《公共租赁住房管理办法（建保〔2011〕11 号）》，中华人民共和国中央人民政府网站：http://www.gov.cn/gongbao/content/2012/content_2226147.htm，2012 年 5 月。

和轮候规则。"①

2013 年 10 月，国务院总理李克强在中国工会第十六次全国代表大会上的经济形势报告中提出："政府和工会要帮助 2.6 亿农民工实现从暂住到安居，就业到乐业，让他们真正融入城镇，享受应有权利。"②

2013 年 10 月，中共中央总书记习近平在主持中共中央政治局加快推进住房保障体系和供应体系建设第十次集体学习时强调："加快推进住房保障和供应体系建设，是满足群众基本住房需求、实现全体人民住有所居目标的重要任务，是促进社会公平正义、保证人民群众共享改革成果的必然要求。"③ 这是中央从全局和顶层设计出发，阐明了住房保障和供应体系建设所应把握的基本原则。

2013 年 11 月，党的十八届三中全会提出坚持走中国特色新型城镇化道路，推进以人为核心的城镇化。党的十八大报告明确指出要"加快改革户籍制度，有序推进农业转移人口市民化，努力实现城镇基本公共服务常住人口全覆盖。"④

2014 年 3 月，国务院总理李克强在第十二届全国人民代表大会上所做的政府工作报告中提出："要着重促进 1 亿农业转移人口落户城镇，改造约 1 亿人居住的城镇棚户区和城中村，引导约 1 亿人在中西部地

① 中华人民共和国住房和城乡建设部：《关于做好 2013 年城镇保障性安居工程工作的通知（建保〔2013〕52 号）》，中华人民共和国住房和城乡建设部网站：http://www.mohurd.gov.cn/wjfb/201304/t20130409_213368.html，2013 年 4 月。

② 李克强：《在中国工会第十六次全国代表大会上的经济形势报告》，中国共产党新闻：http://cpc.people.com.cn/n/2013/1104/c64094-23421964.html，2013 年 10 月。

③ 习近平：《加快推进住房保障和供应体系建设》，中国共产党新闻网：http://cpc.people.com.cn/n/2013/1030/c64094-23379624.html，2013 年 10 月。

④ 胡锦涛：《在中国共产党第十八次全国代表大会上的报告》，新华网：http://www.xinhuanet.com/18cpcnc/2012-11/17/c_113711665.htm，2012 年 11 月。

区就近城镇化，对未落户的农业转移人口，建立居住证制度，要稳步推进城镇基本公共服务常住人口全覆盖。"[1]

2014年3月，中共中央、国务院发布《国家新型城镇化规划（2014-2020年）》，提出："要逐步使符合条件的农业转移人口落户城镇，逐步消除城乡区域间户籍壁垒，全面推行流动人口居住证制度，以居住证为载体，建立健全与居住年限等条件相挂钩的基本公共服务提供机制；要积极推进城镇基本公共服务由主要对本地户籍人口提供向对常住人口提供转变，逐步解决在城镇就业但未落户的农业转移人口享有城镇基本公共服务问题。"在原有渠道解决农民工住房问题的基础上，"审慎探索由集体经济组织利用农村集体建设用地建设公共租赁住房"。[2]

2014年7月，国务院发布《关于进一步推进户籍制度改革的意见（国发〔2014〕25号）》。该文件提出："要通过户籍制度改革，合理引导农业人口有序向城镇转移。按照居住证制度，持证人享有住房保障"。该文件还重申"把进城落户农民完全纳入城镇住房保障体系，采取多种方式保障农业转移人口基本住房需求"。[3]

2014年10月，国务院发布《关于进一步做好为农民工服务工作的意见（国发〔2014〕40号）》。该文件强调逐步改善农民工居住条件，

---

[1] 李克强：《政府工作报告》，中华人民共和国中央人民政府网站：http://www.gov.cn/guowuyuan/2014-03/14/content_2638989.htm，2014年3月。

[2] 中共中央、国务院：《中共中央 国务院印发〈国家新型城镇化规划〉（2014-2020年）》，中华人民共和国中央人民政府网站：http://www.gov.cn/gongbao/content/2014/content_2644805.htm?76p，2014年3月。

[3] 国务院：《关于进一步推进户籍制度改革的意见（国发〔2014〕25号）》，中华人民共和国中央人民政府网站：http://www.gov.cn/zhengce/content/2014-07/30/content_8944.htm，2014年7月。

提出要"统筹规划城镇常住人口规模和建设用地面积，将解决农民工住房问题纳入住房发展规划。支持增加中小户型普通商品住房供给，规范房屋租赁市场，积极支持符合条件的农民工购买或租赁商品住房，并按规定享受购房契税和印花税等优惠政策。完善住房保障制度，将符合条件的农民工纳入住房保障实施范围。加强城中村、棚户区环境整治和综合管理服务，使居住其中的农民工住宿条件得到改善。农民工集中的开发区、产业园区可以按照集约用地的原则，集中建设宿舍型或单元型小户型公共租赁住房，面向用人单位或农民工出租。允许农民工数量较多的企业在符合规划和规定标准的用地规模范围内，利用企业办公及生活服务设施用地建设农民工集体宿舍，督促和指导建设施工企业改善农民工住宿条件。逐步将在城镇稳定就业的农民工纳入住房公积金制度实施范围。"① 文件反映出，政府解决农民工住房问题的思路越来越具体。

2015 年 12 月，中央经济工作会议就化解房地产库存提出了六项措施。其中与农民工住房相关的是：一是，"要按照加快提高户籍人口城镇化率和深化住房制度改革的要求，通过加快农民工市民化，扩大有效需求，打通供需通道，消化库存，稳定房地产市场"；二是，"要落实户籍制度改革方案，允许农业转移人口等非户籍人口在就业地落户，使他们形成在就业地买房或长期租房的预期和需求"；三是，"要明确深化住房制度改革方向，以满足新市民住房需求为主要出发点，以建

---

① 国务院：《关于进一步做好为农民工服务工作的意见（国发〔2014〕40 号）》，中华人民共和国中央人民政府网站：http://www.gov.cn/zhengce/content/2014-09/30/content_9105.htm，2014 年 9 月。

立购租并举的住房制度为主要方向，把公租房扩大到非户籍人口"；四是，"要发展住房租赁市场，鼓励自然人和各类机构投资者购买库存商品房，成为租赁市场的房源提供者，鼓励发展以住房租赁为主营业务的专业化企业"。①

2016年2月，国务院发布《关于深入推进新型城镇化建设的若干意见（国发〔2016〕8号）》。该文件指出"完善差别化住房信贷政策，发展个人住房贷款保险业务，提高对农民工等中低收入群体的住房金融服务水平。完善住房用地供应制度，优化住房供应结构。加强商品房预售管理，推行商品房买卖合同在线签订和备案制度，完善商品房交易资金监管机制。进一步提高城镇棚户区改造以及其他房屋征收项目货币化安置比例。鼓励引导农民在中小城市就近购房。"②

2016年3月，《中华人民共和国国民经济和社会发展第十三个五年规划纲要（2016-2020年）》提出："要健全住房供应体系，构建以政府为主提供基本保障、以市场为主满足多层次需求的住房供应体系，优化住房供需结构，稳步提高居民住房水平，更好保障住有所居。一是，完善购租并举的住房制度，以解决城镇新居民住房需求为主要出发点，以建立购租并举的住房制度为主要方向，深化住房制度改革。对无力购买住房的居民特别是非户籍人口，支持其租房居住，对其中符合条件的困难家庭给予货币化租金补助。把公租房扩大到非户籍人

---

① 中央经济工作会议：《努力化解房地产库存 取消过时的限制性措施》，人民网：http://house.people.com.cn/n1/2015/1222/c164220-27960918.html，2015年12月。

② 中华人民共和国中央人民政府：《买房、租房、落户……为了你安心舒适的"家"，国务院今年做了哪些事？》，中华人民共和国中央人民政府网站：http://www.gov.cn/xinwen/2016-12/17/content_5149254.htm，2016年12月。

口，实现公租房货币化。研究完善公务人员住房政策。二是，提高住房保障水平，将居住证持有人纳入城镇住房保障范围。统筹规划保障性住房、棚户区改造和配套设施建设，确保建筑质量，方便住户日常生活和出行。完善投资、信贷、土地、税费等支持政策。多渠道筹集公共租赁房房源。实行实物保障与货币补贴并举，逐步加大租赁补贴发放力度。健全保障性住房投资运营和准入退出管理机制。健全促进农业转移人口市民化机制。三是，健全财政转移支付同农业转移人口市民化挂钩机制，建立城镇建设用地增加规模同吸纳农业转移人口落户数量挂钩机制，建立财政性建设资金对城市基础设施补贴数额与城市吸纳农业转移人口落户数量挂钩机制。维护进城落户农民土地承包权、宅基地使用权、集体收益分配权，并支持引导依法自愿有偿转让。深入推进新型城镇化综合试点。"①该文件给出了解决农民工住房问题的顶层设计。

2016 年 6 月，《国务院办公厅〈关于加快培育和发展住房租赁市场的若干意见〉（国办发〔2016〕39 号）》发布。该文件指出："在城镇稳定就业的外来务工人员、新就业大学生和青年医生、青年教师等专业技术人员，凡符合当地城镇居民公租房准入条件的，应纳入公租房保障范围。要转变公租房保障方式，实物保障与租赁补贴并举。支持公租房保障对象通过市场租房，政府对符合条件的家庭给予租赁补贴。"②

---

① 国务院：《中华人民共和国国民经济和社会发展第十三个五年规划纲要（2016–2020 年）》，新华网：http://www.xinhuanet.com/politics/2016lh/2016–03/17/c_1118366322.htm，2016 年 3 月。

② 国务院办公厅：《国务院办公厅〈关于加快培育和发展住房租赁市场的若干意见〉》，中华人民共和国中央人民政府网站：http://www.gov.cn/zhengce/content/2016–06/03/content_5079330.htm，2016 年 6 月。

2016 年 10 月，《国务院办公厅〈关于印发推动 1 亿非户籍人口在城市落户方案的通知〉（国办发〔2016〕72 号）》发布。该文件提出，到 2020 年，全国户籍人口城镇化率提高到 45%，各地区户籍人口城镇化率与常住人口城镇化率差距比缩小 2 个百分点以上。"将进城落户农民完全纳入城镇住房保障体系。加快完善城镇住房保障体系，确保进城落户农民与当地城镇居民同等享有政府提供基本住房保障的权利。住房保障逐步实行实物保障与租赁补贴并举，通过市场提供房源、政府发放租赁补贴方式，支持符合条件的进城落户农民承租市场住房。推进扩大住房公积金缴存面，将农业转移人口纳入覆盖范围，鼓励个体工商户和自由职业者缴存。落实放宽住房公积金提取条件等政策，建立全国住房公积金转移接续平台，支持缴存人异地使用。""推进居住证制度覆盖全部未落户城镇常住人口。切实保障居住证持有人享有国家规定的各项基本公共服务和办事便利。鼓励地方各级政府根据本地实际不断扩大公共服务范围并提高服务标准，缩小居住证持有人与户籍人口享有的基本公共服务差距。督促各城市根据《居住证暂行条例》，加快制定实施具体管理办法。"[①] 文件反映出住房保障服务成为影响非户籍人口落户城镇的重要因素。

2016 年 10 月，《国务院印发全国农业现代化规划（2016–2020 年）的通知》。该文件提出："要推进农业转移人口市民化。深化户籍制度改革，全面实行居住证制度，统筹推动农业转移人口就业、社保、住

---

① 国务院办公厅：《关于印发推动 1 亿非户籍人口在城市落户方案的通知》，中华人民共和国中央人民政府网站：http://www.gov.cn/zhengce/content/2016-10/11/content_5117442.htm，2016 年 9 月。

房、子女教育等方面改革，推进有能力在城镇稳定就业和生活的农业转移人口举家进城落户，保障进城落户居民与城镇居民享有同等权利和义务。"①

2016 年 12 月，全国住房和城乡建设工作会议提出，2017 年，我国将继续鼓励农民工和农民进城购房、推进棚改货币化安置等多种举措，努力推进三四线城市和县城房地产去库存②。

2017 年 10 月，中共中央总书记习近平在中国共产党第十九次全国代表大会上所做的报告中提出："坚持房子是用来住的、不是用来炒的定位，加快建立多主体供给、多渠道保障、租购并举的住房制度，让全体人民住有所居。"③ 该思路为解决农民工的住房问题指明了方向。

2018 年 3 月，国务院总理李克强在做政府工作报告时提出："要更好解决群众住房问题。加大公租房保障力度，对低收入住房困难家庭要应保尽保，将符合条件的新就业无房职工、外来务工人员纳入保障范围。支持居民自住购房需求，培育住房租赁市场，发展共有产权住房。加快建立多主体供给、多渠道保障、租购并举的住房制度，让广大人民群众早日实现安居宜居。"④

总的来说，2011 年至今是农民工住房政策的升级期。这一阶段，

① 国务院：《国务院办公厅关于印发全国农业现代化规划（2016–2020）的通知》，中华人民共和国中央人民政府网站：http://www.gov.cn/zhengce/content/2016–10/20/content_5122217.htm，2016 年 10 月。
② 住房城乡建设部：《继续推进三四线城市房地产去库存》，中华人民共和国中央人民政府网站：http://www.gov.cn/xinwen/2016–12/27/content_5153244.htm，2016 年 12 月。
③ 《中国共产党第十九次全国代表大会文件汇编》，人民出版社 2017 年版，第 38 页。
④ 新华社：《李克强说，不断提升人民群众的获得感、幸福感、安全感》，中华人民共和国中央人民政府：http://www.gov.cn/premier/2018–03/05/content_5270934.htm，2018 年 3 月。

农民工住房政策的基本定位是谋求农民工公平发展，从基本公共服务均等化和加快农业转移人口市民化两条线入手，解决农民工住房问题。主要思路是缩小农民工与城镇居民的住房保障差距，通过购房支撑、租房支持、公共租赁房保障、公积金覆盖面拓展等多种手段促进农民工市民化。

第二节　住房政策演进的方向

一、对农民工群体的认识

学者王小章和冯婷梳理了改革开放以来我国政府制定的农民工政策。他们认为我国政府在不同历史阶段对"农民工"群体的定位并不相同[1]。20 世纪 80 年代至今，政府开始正视农民进城打工这一经济现象，认真研究和应对"农民工问题"，包括农民工大规模流动给流入地带来的社会治安、公共卫生、公共秩序、公共设施等公共产品和服务不足的问题。这一阶段又分为两个时期，即"经济视角"时期和"社会视角"时期。党的十六大以前，政府采取"经济视角"，将农民工视作"农村剩余劳动力""产业工人"，从经济发展的角度来分析和处理农民工问题[2]。党的十六大以后，政府开始采取"社会视角"，不再单纯将农民工视作劳动力，而是以人为本，关心他们的"物质、社会、政治、精神文化"等需求。尤其是党的十八大以后，政府开始重视农民

---

① 王小章、冯婷：《从身份壁垒到市场性门槛：农民工政策 40 年》，《浙江社会科学》2018 年第 1 期。

② 马雪松：《从盲流到产业工人——农民工的三十年》，《企业经济》2008 年第 5 期。

工市民化问题，提出了促进一亿农业转移人口市民化的目标，消除户籍身份壁垒，推动农民工和城市原住人口平等共享各项公共服务。

具体在住房政策上，我们也可以发现相同的认识演进过程。在"经济视角"时期，农民工进城后的居住需求被正视。作为"劳动力"，农民工的居住环境应该是基本安全、卫生和健康的。由于这一时期农民工大多进入劳动密集型产业，因此政府制定了农民工集体宿舍/居住场所的质量标准，要求用工单位提供符合基本卫生条件、消防安全和必要生活设施配套的居住条件。然而，为了保持我国劳动密集型产业低成本的发展优势，农民工的用工成本被压缩，他们的集体宿舍也只能提供基本的居住功能，无法满足家庭生活、邻里社交和子女教育的需要。进入"社会视角"时期，农民工的居住需求被肯定。作为"农业转移人口""新市民""城镇常住人口"，政府提出农民工的基本住房需求应该被满足，其基本住房保障应该被实现。政府开始尝试逐步、分类别地将农民工纳入城镇住房保障体系，提出了一系列的措施，例如"鼓励有条件的、有稳定职业并在城市居住一定年限的农民工逐步纳入城镇住房保障体系"；"面向在城镇稳定就业的外来务工人员提供公共租赁住房"；"扩大全国保障性住房范围覆盖面到外来务工人员"；"把进城落户农民完全纳入城镇住房和社会保障体系"；"积极推进城镇基本公共服务由主要对本地户籍人口提供向常住人口提供转变"。①随着农民工逐步由"新市民"向"市民"转化，农民工住房政策会逐

---

① 中共中央、国务院：《中共中央 国务院印发〈国家新型城镇化规划（2014–2020年）〉》，中华人民共和国中央人民政府网站：http://www.gov.cn/gongbao/content/2014/content_2644805.htm?76p，2014年3月。

步由"赋权"向"增能"和"促融"转变，即由倡导农民工应享受同等的住房保障服务到以住房为抓手，消除居住隔离和社会排斥，促进农民工的社会资本和人力资本投资，提升他们融入城市的能力。随着户籍制度的持续改革，农民工"身份"终将会彻底废除。那时"农民工"将不再是特殊群体，政府或许不再需要单独为农民工制定住房政策；农民工也将和城镇原住人口一样享受相同的住房保障服务，面临同样的住房市场环境。

二、对农民工居住权的探索

城市权利是法国学者列斐伏尔在研究城市空间矛盾时提出的。他认为城市权利是自由权利的一种，即按照权利所有者的意愿改造城市同时也改造自己的权利。我国学者陈忠认为城市权利是在城市发展过程中产生的带有鲜明城市性的权利，包含一切和城市发展有关的权利，如居住权、土地权、道路权、生活权、发展权、参与权、管理权、获取社会保障的权利、主体资格等等[1]。总的来说，基于新马克思主义城市理论的视角，居住权是城市权利的一种[2]。学者刘铭秋指出居住权是人居住在合适的住宅里，拥有适当的生活环境和配套公共服务的权利[3]。

由于受此前计划经济时期户籍制度和社会治理模式的影响，改革

---

[1]　陈忠：《城市权利：全球视野与中国问题——基于城市哲学与城市批评史的研究视角》，《中国社会科学》2014年第1期。

[2]　纪竞垚、刘守英：《代际革命与农民的城市权利》，《学术月刊》2019年第51卷第7期。

[3]　刘铭秋：《改革开放以来农民工的城市权利：演进逻辑与未来进路》，《中共福建省党校学报》2019年第3期。

开放初期涌入城市的农民工并没有立即获得相应的城市权利。随着我国城镇化、户籍制度改革和社会治理模式更新的不断推进，农民工的城市权利逐渐丰富起来。例如，就进入城市和拥有城市生活的权利来看，农民工经历了从严格控制到松动，经过短暂紧缩，再到规范和公平流动的过程；就获得城镇户籍的权利来看，农民工先是在建制镇和小城市被赋予该项权利，然后是中等城市和大城市，未来将会是超大城市；就获得社会保障的权利来看，广东深圳的"进城型模式"，北京、浙江的"仿城型模式"和上海、成都的"综合型模式"都是对实现农民工该项权利的有益探索。

与其他城市权利一样，农民工的居住权利也经历类似的渐进过程。早期，农民工进入城镇，只能居住在拥挤的集体宿舍、工棚、自建简陋住房、桥底、隧道中，人身安全和居住卫生条件难以得到保障。2003年，政府提出建立农民工集中居住地环境卫生监测制度。这保障了农民工最基本的居住权，即居住安全。2006年，政府倡导用工较多的企业要为农民工提供集体宿舍，提出地方政府在住房建设规划中考虑农民工的住房需求。这项政策的出台显示政府开始关心农民工是否"有得住"。2010年，政府鼓励有条件的地区将在城市居住一定年限的外来务工人员纳入住房保障供应范围。这项政策反映出政府开始关注农民工是否"住得好"。2016年，政府提出将进城落户农民工完全纳入城镇住房保障体系，确保他们与城镇原居民享有同等的基本住房保障权利。这项政策反映出政府努力缩小城镇原住居民和"新市民"的居住权利差距。

与其他城市权利不同，农民工居住权利的实现更为复杂，过程将更加漫长。首先，居住权起源于罗马法，在我国它并不是正式的法定权利。其次，居住权的内涵和实质也没有得到广泛的社会认可。例如，农民工居住权保障的标准究竟是在城市"有得住""公平住""住得好"还是"拥有住房产权"？哪些农民工的居住权应该优先被保障？最后，居住权的保障依赖一定的物质基础。如果地方政府是保障农民工居住权的责任人，那么在当前城市化依赖土地财政的发展模式下，实现农民工的居住权会存在较大的经济困难。

三、农民工住房供给主体的选择：政府与市场

农民工住房保障的政府供给是指由政府及其下属部门机构直接建设、分配、管理和运营农民工保障性住房。例如，2005年长沙建成的农民工公寓——江南公寓；2007年重庆建成的农民工公寓——农友经济公寓；2015年广西定向分配给农民工的公租房。政府供给农民工住房保障的优势在于政府能够整合利用各种资源，保证保障性住房的数量和供应速度；其劣势在于政府难以精准把握农民工的住房需求，在设置申请门槛时常常容易过高或者过低，导致保障性住房供应短缺或大量空置。

农民工住房保障的市场供给是指农民工住房由住房租赁市场和住房买卖市场中的机构或个人提供。具体又有两种方式。一是自然供给，例如城乡接合部村集体组织利用集体建设用地建设面向农民工的住房；城中村村民和老旧小区的业主将房屋出租给农民工。二是政府引导供给。例如政府给予土地、税收、税费上的优惠，引导农民工用工企业、房地产企业、村集体组织、非营利性机构新建或改建符合农民工特点

的住房。农民工住房保障市场供给的优势在于能够精准把握农民工的住房需求，利用市场优胜劣汰机制对各种供给模式进行筛选。例如山东临汾市刘元彬和李振才创办的"一元公寓"，由于经营不善，最终失败；重庆建桥工业园区的蓝领公寓，因生活设施齐全吸引了2000余名农民工居住。农民工住房保障市场供给的劣势在于，农民工住房常常是微利的、投入大、回收成本时间长，许多机构和个人不愿涉足。在各大城市住房价格不断上涨的大背景下，市场主体为农民工提供住房保障的意愿正在下降。例如，国家统计局数据显示，2011年居住在单位宿舍、工地工棚、生产经营场所等由用人单位提供的住房的农民工比例为48.5%，2016年，这一比例减少为12.40%。

理论上来说，农民工住房保障的政府供给与市场供给选择应该取决于效率和效果。但实际上，政府和市场都面临着很多选择机会和约束条件。例如政府的保障性住房是分配给城镇户籍人口、外来优秀人才还是农民工；保障性住房资金可否用来支持生产其他的公共服务。市场上的机构和个人是将房子拿出来出租还是空置，是租给农民工还是白领。由此可见，效率和效果也许并非是农民工住房保障供给方选择的唯一标准。

农民工住房政策在住房保障供给主体设定也发生了变化。早期政策将市场视为保障农民工住房的唯一主体。例如，2006年《国务院关于解决农民工问题的若干意见》明确用工单位是改善农民工居住条件的责任主体，用工单位要为农民工"提供服务基本卫生和安全条件的居住场所，并逐步改善其居住条件"。明确要求"市、县人民政府要立足当地实际，指导和督促用工单位切实负起责任，妥善安排农民工居住，多渠道提供农民工居住场所"①。随着我国经济社会的不断发展，政府也开始承担起农民工住房保障的责任。例如 2010 年出台的《公共租赁住房管理办法》提出公共租赁住房可以面向在城镇稳定就业的外来务工人员。2013 年提出的新型城镇化理念要求稳步推进城镇基本公共服务常住人口全覆盖，把进城落户农民完全纳入城镇住房和社会保障体系。

政府开始承担起农民工住房保障责任的同时也并未忽视市场在农民工住房资源配置中的重要作用。2013 年，习近平总书记在中央政治局就加快推进住房保障和供应体系建设集体学习会议上讲话指出："住房问题要处理好政府提供公共服务和市场化的关系、住房发展的经济功能和社会功能的关系、需要和可能的关系、住房保障和防止福利陷阱的关系。"② 政府和市场不是非此即彼的关系。农民工住房保障中，政府是责任主体之一，但并不代表无须利用市场机制促进资源的合理有效分配。党的十九大报告也提出"要加快建立多主体供给、多渠道保障、租购并举的住房制度"。③ 未来，农民工的住房保障将是政府和市场深度合作生产、分配和运营的。政府将引导市场更好地为大多数农民工提供可负担的城市住所，对于少部分由于"劳动力技能不适应、就业

---

① 国务院:《关于解决农民工问题的若干意见（国发〔2006〕5 号）》，中华人民共和国中央人民政府网站: http://www.gov.cn/zhuanti/2015-06/13/content_2878968.htm，2006 年 1 月。

② 新华社:《习近平: 加快推进住房保障和供应体系建设 不断实现全体人民住有所居目标》，中国共产党新闻网: http://cpc.people.com.cn/n/2013/1030/c64094-23379624.html，2013 年 10 月。

③ 习近平:《决胜全面建成小康社会 夺取新时代中国特色社会主义伟大胜利——在中国共产党第十九次全国代表大会上的报告》，求是网: http://www.qstheory.cn/llqikan/2017-12/03/c_1122049424.htm，2017 年 10 月。

不充分、收入水平低"等原因面临住房困难的农民工，政府会扮演"补位"角色，为他们提供基本的住房保障。

四、对农民工住房保障手段的选择：实物与货币

政府住房保障存在两种补贴方式，实物保障和货币补贴。实物保障是指政府将保障性住房实物配售或配租给符合条件的群体，货币补贴是指政府对符合条件的群体发放租赁补贴或购房货币补贴。关于实物保障和货币补贴孰优孰劣，学界有大量的分析和讨论。主流观点认为货币保障优于实物补贴。货币补贴能够根据保障对象的实际收入水平和住房需求实行差异化和分层次的保障，实现住房保障的公平性；货币补贴可以降低政府的行政成本，易于管理，能够提高保障资金的利用效率；货币补贴减少了政府对住房市场的直接干预，降低了保障性住房对商品性住房的挤出效应；货币补贴给予被保障对象更多的居住选择，能够提高他们的满意度。

相较于实物保障，货币补贴在实现住房保障目标上更加有效。然而，我国仅有少数城市实施了全面的货币化补贴保障，例如江苏常州、浙江嘉兴；就租赁型住房货币补贴保障来看，一些城市开展了租赁型住房货币补贴保障试点工作，如浙江杭州、四川成都、广西柳州、广西钦州；但更多的城市还没有实施货币化保障。即使实施货币化保障的城市，农民工也常常被排除在申请者队伍之外。究其根本原因在于农民工工作不稳定，流动性大。向农民工群体发放租赁型住房货币补贴常常会遇到许多问题。例如，发放对象难以锁定、发放对象居住在非正规住房中难以提供有效正规的租赁合同、发放对象将补贴用于住

房支出之外、保障效果不明显等问题。2015 年，国务院总理李克强在政府工作报告中提出"住房保障将逐步实行实物保障与货币补贴并举"。货币补贴保障或许是未来农民工住房保障政策探寻的一个方向。

第三节　已有政策评价

农民工住房政策的建立和完善关系着农民工是否能够住在城市，扎根城市甚至落户城市，也关系到社会的稳定、经济的进步和新型城镇化的发展。在当前政府陆续出台和实施农民工住房政策的情况下，有必要依据科学的理论，对已有的住房政策进行客观的评价，为政策的制定和改进提供依据。

对于政策的评价，首先应该明确相应的评价标准。评价标准能够帮助评价者判断政策是否达到预期的目标，保障评价过程的科学性、客观性和有效性[1]。虽然学界在不同时期、从不同角度提出了具有不同侧重和不同价值取向的政策评价标准，但概括起来主要有以下几个方面。一是政策方案评估，包括政策制定的必要性、政策目标的合理性、政策方案的可行性；二是政策过程评估，包括政策宣传的充分性、政策执行的积极性、政策反馈的完善性；三是政策结果评估，包括政策的公平、效率、效果。[2]下文从以上几个方面对已有的农民工住房政策加以简单评价。

---

① 董昕：《中国农民工的住房政策评价（1978-2012）》，《经济体制改革》2013 年第 2 期。
② 孙志波、吕萍：《保障性住房政策评估标准及体系演进》，《兰州学刊》2010 年第 4 期。

一、政策方案评估

1. 政策制定的必要性

过去四十余年，政府出台了多项农民工住房政策。这些政策十分必要。首先，改革开放以来，我国农民工数量一直保持着稳步增长的态势。截至 2018 年，我国农民工总量为 28836 万人，其中半数以上为乡外就业的外出农民工。许多外出农民工进入城镇后无法依靠自身能力获得满意住房，部分人甚至要忍受着种种居住不便，例如居住拥挤、设施简陋、隐私性差、远离就业地点等。相关研究及统计数据表明当前农民工住房问题不是少数人的个人问题，而是有一定覆盖范围、影响稳定和发展的社会问题，亟待政府介入。正如习近平总书记 2013 年 10 月在中共中央政治局第十次集体学习上指出："总有一部分群众由于劳动技能不适应、就业不充分、收入水平低等原因而面临住房困难，政府必须'补好位'，为困难群众提供基本住房保障。"[①]

其次，农民工是我国户籍制度下的产物。随着户籍制度的持续改革，农民工的身份标签终将被废弃。当身份标签被废弃时，农民工与城镇原住人口将享受同等的"市民"待遇。当前，我国政府的施政目标之一是实现全体人民住有所居。在此目标之下，针对农民工的住房政策渐进性地缩小农民工与城镇原住人口之间的住房公共服务差距十分必要。

最后，农民工住房问题的解决有利于可持续的城镇化。研究表明恶劣的居住环境不利于农民工积累人力资本和社会资本，阻碍其获取

[①] 中共中央宣传部编：《习近平总书记系列重要讲话读本》，人民出版社、学习出版社 2014 年版，第 115 页。

信息和机会，妨碍其融入城市主流生活，长此以往将加剧社会分割和贫富分化，影响经济增长和社会融合。习近平总书记2013年10月在中共中央政治局第十次集体学习上的讲话也指出："住房问题既是民生问题也是发展问题，关系千家万户切身利益，关系人民安居乐业，关系经济社会发展全局，关系社会和谐稳定。"[①] 因此，从可持续城镇化的角度出发，政府也应该出台相应的政策解决农民工住房问题。

2.政策的合理性

总的来说，农民工住房政策具有一定的合理性但也存在不合理的地方。

合理性主要表现在农民工住房政策总是因应农民工住房问题而不断加以调整。在农民工住房问题并不突出的阶段，农民工住房政策基本空白；在农民工住房问题不断累积的阶段，农民工住房政策密集出台，住房政策也由导向性向具体化发展，政策重点从所有权转向了使用权方面；在农民工住房问题日益凸显的阶段，农民工住房政策开始不断加强政府在住房保障中的作用，为住房困难的农民工群众补位托底。

不合理性主要表现在农民工住房政策缺乏顶层设计。迄今为止，我国的住房政策没有基本的法律保障[②]。农民工住房政策几乎都是用"通知""意见""规划""方案""报告""决议"和"实施细则"的方式出台的。与农民工住房相关的基本问题没有清晰的定义。例如，农民工住房政策要实现的最终目标、长远目标和短期目标各是什么？不同阶段的目

[①] 《习近平谈治国理政》第一卷，外文出版社2018年版，第192页。
[②] 陈藻、杨风：《乡—城迁移人口城市聚居形态与"半城市化"问题——以成都市为例》，《农村经济》2014年第12期。

标之间如何衔接？目标是否需要适时评估和动态调整？农民工的居住权内涵是什么？如何保障农民工的居住权？

3. 政策方案的可行性

就政策方案来看，农民工住房政策具有一定的可行性但也存在不确定性。

可行性主要表现在农民工住房政策包含许多具体的、有针对性和可操作性的举措，例如建立农民工集中居住地的环境卫生和食物安全监测制度、推动建筑行业率先做好改善农民工居住环境等工作；有条件的地方，单位和职工可为农民工缴存住房公积金；招用农民工较多的企业，应充分利用自有职工宿舍或通过租赁、购置等方式筹集农民工住房房源；鼓励有条件的城市将有稳定职业并在城市居住一定年限的农民工逐步纳入城镇住房保障体系。这些政策为解决农民工住房问题提供了实际的办法。

不确定性主要表现在以下三点。一是政策目标模糊。例如一些政策文件将目标定位在"改善农民工居住条件"，却并未给出具体的改善人数、改善程度、改善目标。二是执行对象不明。例如，2005年1月，建设部、财政部、中国人民银行联合发布《关于住房公积金管理若干具体问题的指导意见》（建金管〔2005〕5号）。该文件提出，有条件的地方可探索农民工缴存公积金[①]。但并没有说明条件具体是什么？未满足条件的地方应该怎么做？三是缺乏激励和惩罚措施。当前，中央政府在敦促

[①] 中华人民共和国住房和城乡建设部：《关于住房公积金管理若干具体问题的指导意见（建金管〔2005〕5号）》，中华人民共和国中央人民政府网站：http://www.gov.cn/ztzl/nmg/content_412463.htm，2006年10月。

地方政府完成住房保障任务上建立了较好的激励和惩罚机制，但在引导地方政府向农民工提供必要的住房保障服务上却缺乏类似的措施。虽然各地都从制度上消除了农民工获取住房保障服务的障碍，但许多政策尚未落到实处。农民工在获取住房保障服务上仍然存在不少实际困难。

二、政策过程评估

1.政策宣传的充分性

农民工住房政策执行效果有赖于农民工的配合。只有当农民工知道、了解、认可这些政策才会去运用这些政策，与政府一道将这些政策落到实处。中央层面的农民工住房政策会在相关机构和部门网站上发布有关信息，各大门户网站和主流报纸也会随之刊登这些信息。在地方层面，城市政府也为宣传农民工住房政策做出了努力。例如重庆市设立了农民工日，迄今已有十几年。每逢农民工日，重庆市政府各部门将组织有关人员通过展板摆设、资料发放、现场答疑等形式，为农民工讲解各种政策。广西也通过多种形式宣传农民工住房政策。一是自治区住房和城乡建设厅网站和城市人民政府网站上公开了与住房保障相关的政策文件和相应的解读材料；二是政府各部门也通过制作宣传片、微电影、微动漫等多种形式，将文字材料转化为视频，在政府网站、公共场所、LED 移动宣传车、政府部门公众号等多种渠道播放，让社会各界了解住房保障政策。三是政府官员参加广西电视台《讲政策》节目录制，接受农民工代表提问；四是借助街道办事处和居委会宣传住房保障的相关政策；五是进入农民工群体集中的产业园区、城中村进行宣传。这些方法能保证政策较为广泛地传播。

2.政策执行的积极性

我国是单一制国家，上下级政府之间存在行政隶属关系。在这种组织制度中，中央政府提出施政目标并要求地方政府加以贯彻实施。就农民工住房政策来看，中央政府会界定政策的价值诉求、目标导向和实施路径，而地方政府负责在中央政府给定的框架下因地制宜执行相关政策。杨宏山在《政策执行的路径——激励分析框架：以住房保障政策为例》一文中针对我国住房保障政策执行现象提出了行政性执行、变通性执行、试验性执行、象征性执行四种模式[①]。他进一步提出地方政府对四种执行模式的选择会受到政策环境、目标路径、激励手段、监督机制、可调配资源等众多因素的影响[②]。通过对中央政府农民工住房政策的梳理和典型城市案例的分析，我们发现四种执行模式都不同程度地存在。

首先，中央政府制定的农民工住房政策目标存在一定的模糊性，给与了地方政府较大的自主行动空间。一方面，这有利于调动地方政府的积极性，鼓励试验性执行，例如天津的"宅基地换房"，重庆的"一元农民工公寓"、杭州的"蓝领公寓"都是试验性执行的产物。另一方面，这容易滋生变通性执行。例如一些地方政府设置较高的公租房申请门槛阻碍农民工获得住房保障，将农民工公寓变成人才公寓。其次，中央政府制定的农民工住房政策缺乏强有力的监督约束机制。一般来

[①] 杨宏山：《政策执行的路径—激励分析框架：以住房保障政策为例》，《政治学研究》2014年第1期。

[②] 杨宏山：《政策执行的路径—激励分析框架：以住房保障政策为例》，《政治学研究》2014年第1期。

说，中央政府会通过财政转移支付、表彰奖励等经济激励手段促使地方政府执行农民工住房政策。但在现行体制下，农民工住房政策绩效对地方政府官员的政绩考核和政治晋升影响有限。地方政府在经济绩效的考核压力下可能会选择象征性地执行农民工住房政策，追求政策的"形式绩效"，即有政策文本但无政策具体安排。不过，这种象征性执行并非完全是坏事。正如刘玉照和田青指出的"经过运动式'改制'后确立的新的制度安排，虽然大部分情况下都是一种形式主义的安排，但是，一旦一个新的制度安排被确立下来，它重新改回到原有制度安排的可能性极小，往往成为新一轮制度变迁的基础和起点。"[1]套用到农民工住房政策中，虽然一些政策是象征性被执行的，但这改变了政策制定者和农民工群体对政策的预期，未来在正常路径明晰，激励性变强的情况下，地方政府就会采取行政性执行模式，更好地落实相关政策。

总的来说，我们的一个主要判断是当前地方政府对于农民工住房政策的积极程度不一，存在着象征性执行、变通性执行和试验性执行的情况。但随着农民工住房政策的进一步发展，未来地方政府也会向行政性执行的方向转化。

三、政策结果评估

1.公平性

过去几十年来，国家密集出台了多项与农民工住房相关的政策。

---

① 刘玉照、田青：《新制度是如何落实的？作为制度变迁新机制的"通变"》，《社会学研究》2009 年第 4 期。

从制度层面上来看，农民工住房保障政策基本保证了起点公平。一是几乎所有城市都取消了公共租赁住房实物配租保障的户籍要求。持有城市户口的城市原居民和持有居住证的新市民都能够申请公共租赁住房。二是许多城市都取消了缴纳住房公积金的户籍要求。一些城市还允许灵活就业的非城镇户籍人口以个人名义参加住房公积金，如杭州、南宁、重庆等。三是还有一些城市取消了公共租赁住房货币补贴的户籍要求，如长沙、钦州和常州等。这些城市的农民工在满足一定条件后也可以申领租房补贴。四是部分城市允许非城镇户籍人口购买政府保障性住房，如重庆、黄石和柳州等。

但在实际操作上，由于住房保障的稀缺性，农民工住房保障政策难以保证结果公平。一是城镇户籍人口与农民工所能获得的公共租赁住房比例并不相同。长期以来，农民工获得住房保障服务的比例不超过3%，该比例远远低于城镇户籍人口能够享受的住房保障服务比例[1]。二是城镇户籍人口与农民工所能获得的租房货币补贴额度也并不相同，例如2019年长沙市租赁补贴安排中，市区住房困难家庭可获得25元/月/平方米的租房补贴，而外来务工家庭只能获得14元/月/平方米的租房补贴[2]。三是城镇户籍人口与农民工所获得的公共租赁住房租金核减等优惠上也并不相同，例如南宁市的公共租赁住房租金安排。四是农民工在申请住房保障服务上可能需要满足更多的要求。例如，城市

---

① 国家统计局：《2018年农民工监测调查报告》，国家统计局网站：http://www.stats.gov.cn/tjsj/zxfb/201904/t20190429_1662268.html，2019年4月。

② 长沙市人民政府办公厅：《长沙市人民政府办公厅〈关于推进公租房货币化保障工作的实施意见〉（长政办发〔2018〕49号）》，长沙市人民政府网站：http://www.changsha.gov.cn/zfxxgk/zfwjk/szfbgt/201901/t20190111_3147359.html，2019年1月。

环卫、公交企业等农民工更容易申请到保障性住房；在重点或龙头企业工作的农民工更容易通过单位申请到保障性住房；农民工劳模更容易申请到限价房。

总的来说，农民工政策一定程度上消除了农民工与城镇户籍人口的住房保障服务差距。但受制于财力限制，农民工与城镇户籍人口还无法享受完全相同的住房保障服务。在"全体人民住有所居"的目标下，未来政府也会为农民工提供更加公平的住房保障服务。

2.实际效果

农民工住房政策的实际效果可以从以下几个方面加以评估。

一是制度建设。通过一系列农民工住房政策，我国初步构建了一套农民工住房保障和住房供应体系。在农民工住房保障方面，将进城落户农民完全纳入城镇住房保障体系，提出采取多种方式保障农业转移人口基本住房需求。在农民工住房供应方面，针对农民工住房买卖市场供应紧张，农民工住房租赁市场不规范等现象，出台了多项管理和激励措施，提升了农民工住房市场效率。

二是财政投入。2007年以来，我国城镇住房保障的投入一直较大。2007-2016年，分年度来看，中央财政下拨的保障性安居工程补助资金，分别为51亿元、184亿元、501亿元、811亿元、1709亿元、2332.61亿元、4390.87亿元、1243亿元、1234.81亿元、699.82亿元[①]。住房保障覆盖面也不断扩大，2015年为20%，2020

---

① 孙勇：《大力支持保障性住房安居工程建设——财政部部长助理王保安答记者问》，经济日报网：http://paper.ce.cn/jjrb/html/2011-02/13/content_138269.htm，2011年2月；姚玲珍、刘霞、王芳：《中国特色城镇住房保障体系演进》，经济科学出版社2017年版，第16页。

年将会达到23%①。

三是农民工获得的住房保障服务。杨菊华利用2010-2014年国家人口和计划生育委员会《全国流动人口动态监测调查》数据提取出流动人口中拥有住房和租住公屋的比例。如图36所示，乡城流动人口拥有住房和租住公屋的比例呈现小幅度稳步增加的趋势。考虑到乡城流动人口的主体是农民工，可以认为农民工获得的住房保障服务在增加。国家统计局《2018年农民工监测调查报告》也显示：2.9%的进城农民工户享受到了保障性住房服务，比上年提高0.2个百分比。其中购买保障性住房的比例为1.6%，租赁公租房的比例为1.3%。②

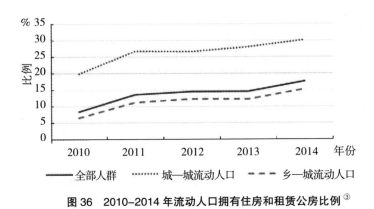

图36 2010-2014年流动人口拥有住房和租赁公房比例③

四是农民工居住条件。随着一系列农民工住房政策的出台，农民工的整体居住条件是有大幅改善的。根据国家统计局2015-2017年

---

① 中共中央、国务院：《国家新型城镇化规划（2014-2020年）》，中华人民共和国中央人民政府网站：http://www.gov.cn/gongbao/content/2014/content_2644805.htm，2014年3月。

② 国家统计局：《2018年农民工监测调查报告》，国家统计局网站：http://www.stats.gov.cn/tjsj/zxfb/201904/t20190429_1662268.html，2019年4月。

③ 杨菊华：《制度要素与流动人口的住房保障》，《人口研究》2018年第1期。

的《全国农民工监测调查报告》，我们可以看到农民工人均住房面积由
19.40 平方米增加到 20.20 平方米；人均住房面积 5 平方米以下的农民
工比例由 8.3% 下降到 4.40%；住房配备电冰箱、洗衣机、自来水、洗
澡设施和独立厕所的比例都有所增加，具体见表 73。在吸纳农民工的
一些重点行业，农民工居住条件的改善是比较明显的。例如建筑行业，
过去建筑工人一直住在工地上的临时搭建的简易工棚中，现在的建筑
工人宿舍睡通铺的现象减少，还配有一些简单的休闲娱乐设施。

表 73　2015-2018 年我国农民工住房状况

年份	2015	2016	2017	2018
人均住房面积（平方米）	19.40	19.40	19.80	20.20
人均住房面积 5 平方米以下	8.30%	6.00%	4.60%	4.40%
配备电冰箱	54.30%	57.20%	60.10%	63.70%
配备洗衣机	51.60%	55.40%	58.40%	63.00%
装有自来水	86.20%	86.50%	87.00%	87.70%
有洗澡设施	75.10%	77.90%	80.20%	82.10%
有独立厕所	69.40%	69.60%	71.40%	71.90%

注：根据国家统计局 2016-2018 年《农民工监测调查报告》汇总而成。

五是农民工拥有城市住房所有权情况。在务工地购房是许多外出
农民工的梦想。由于工作不稳定、流动性大、收入低等特点，外出农
民工想要在务工地购房非常困难。随着一系列农民工住房政策的出台，
农民工在务工地购房数量有所增加。例如，国家统计局 2008-2015 年
《农民工监测调查报告》指出外出农民工务工地购房的比例由 0.9 个
百分点下降到 0.6 后又逐步上升到 1.3。2016 年、2017 年、2018 年

的《农民工监测调查报告》显示外出农民工购买商品房的比例分别为
16.5%[1]、17.4%[2]和17.4%[3]。农民工购房比例的增加侧面反映了农民工
住房政策的作用。

---

[1]　国家统计局：《2016年农民工监测调查报告》，国家统计局网站：http://www.stats.gov.cn/
tjsj/zxfb/201704/t20170428_1489334.html，2017年4月。
[2]　国家统计局：《2017年农民工监测调查报告》，国家统计局网站：http://www.stats.gov.cn/
tjsj/zxfb/201804/t20180427_1596389.html，2018年4月。
[3]　国家统计局：《2018年农民工监测调查报告》，国家统计局网站：http://www.stats.gov.cn/
tjsj/zxfb/201904/t20190429_1662268.html，2019年4月。

第八章 解决农民工住房问题的地方实践

农民工住房问题是我国城市化发展过程中出现的重要问题。各地方政府在改善农民工居住条件方面进行了积极探索。本章首先归纳常见的农民工住房解决问题办法，然后介绍一些典型城市的做法，在此基础上对已有实践进行评价。

第一节 农民工住房问题解决办法

一、面向农民工的租赁住房

租赁是我国农民工城市住房消费的主要形式。根据国家统计局《2018 年农民工监测调查报告》，进城农民工中 61.3% 是租房者，12.9% 居住在单位或雇主提供的住房中①。农民工群体通常具有低收入、高流动性、高储蓄和非正规就业等特征，他们在正规住房租赁市场的消费意愿和消费能力常常不足。例如，在城市正规市场租房，需要订立合同，一般需要缴纳两个月的押金，有时会要求三个月甚至半年的租期。由

---

① 国家统计局：《2018 年农民工监测调查报告》，国家统计局网站：http://www.stats.gov.cn/tjsj/zxfb/201904/t20190429_1662268.html，2019 年 4 月。

于农民工工作生活不具有稳定性，他们常常不愿意租赁带有押金和长租约的房子。针对这一情况，住房供应主体开始生产面向农民工的租赁住房，具体包括以下几种方式。

1. 政府主导的农民工公寓

2003年长沙启动一项"民心工程"为农民工兴建20万平方米的廉租房。首批廉租住房2005年初竣工，租金低廉，单层床每人月租金70元，双层床每人月租金50元。2006年重庆渝中区建设6个农民工经济公寓，解决农民工的住宿问题，位于渝中区南纪门的农友经济公寓，农民工每晚只需花1.5~2元住宿。重庆南岸区也推出"一人一天一元"的阳光公寓，为4000多名进城务工农民工提供了相对完善的生活条件。2010年，南宁市为改善一线环卫工人的住宿条件，修建了包含1550套住房的环卫公寓，超过一半的住房将定向分配给环卫工人。2018年，河南焦作市建立了农民工综合服务中心，推出了"一元农民工公寓"提供260个床位，为贫困农民工提供过渡性住房服务。2018年，杭州市创新性地为低收入、低学历外来务工人员提供蓝领公寓。首个项目王马里蓝领公寓在农民自建房基础上改造，并面向城区保安、餐饮、物业等服务性行业外来务工人员，租金价格为1.03~1.78元/平方米/天，最小户型单间月租金不超过300元。

政府主导农民工公寓建设模式的优势在于能够以较低成本利用社会上闲置的住房资源，例如重庆南岸区的阳光公寓利用了辖区内闲置的图书馆、商场、厂房、招待所等政府房产。其劣势在于政府主导农民工公寓大多属于公益性质，租金定价较低，项目需要财政补贴才能运转。

2.政府引导企业 / 个人投资建设农民工宿舍

2004 年，天津港集团收购滨海新区一处"烂尾楼"改造成农民工公寓，收取每人每月 187 元住宿费。2005 年，上海市嘉定区马陆镇政府通过招商引资建设面向外来务工人员的永盛公寓①。该公寓采用了"政府搭台、市场运作、社区化管理"的运作模式，能够容纳 6000 多名外来务工人员。2005 年，重庆沙坪坝区政府与中建五局三公司共同出资建设了卓越康乐农民公寓，由中建五局三公司出租金免费租给在该公司务工的农民工；康乐公司还将剩余房源以低租金租给中建五局三公司外的农民工。2010 年，山东省临汾市刘元彬和李振才在相关部门支持下，通过改造旧厂房，创办了"农民工一元公寓"，吸引了 1000 多人入住。2019 年，北京市住建委发布实施《关于发展租赁型职工集体宿舍的意见（试行）》提出了租赁型职工集体宿舍的概念②。在此背景下，北京魔方集团推出了北京首家"蓝领公寓"，共有 152 间房，每间房均为 4 人间，单个床位平均租金为 1000 元，租户包括五星级酒店在内的企业员工。

政府引导企业 / 个人投资建设农民工宿舍模式的优势在于政府无须背上沉重的财政包袱，能够通过市场机制选择合适的生产者为农民工提供物美价廉的租赁住房。然而该模式也会产生一些意想不到的结果。例如上海市马陆镇政府 2012 年引进了社会租赁公司对永盛公寓进行代

---

① 屠知力：《上海嘉定建民工公寓区可容纳 3 万外来务工者》，新浪网：https://news.sina.com.cn/s/2004-02-11/08331770336s.shtml，2004 年 2 月。

② 北京市住房和城乡建设委员会：《关于发展租赁型职工集体宿舍的意见（试行）》，北京市住房和城乡建设委员会网站：http://zjw.beijing.gov.cn/bjjs/xxgk/zcjd/519248/index.shtml，2018 年 6 月。

理经营，该租赁公司对永盛公寓进行装修后，将其由"民工公寓"变成了"人才公寓"，高租金使低收入民工群体可望而不可即[1]。天津港集团在烂尾楼基础上改建的农民工公寓入住率不及预期的一半，项目长期亏损之下只能关闭了部分楼栋，让农民工集中居住。山西临汾的农民工一元公寓遭遇农民工流动旺淡季周期的影响只能惨淡经营。

3. 村镇集体组织利用集体土地建造农民工宿舍

村镇集体组织利用集体土地建造农民工宿舍起源于20世纪90年代的珠江三角洲地区。当时，乡镇企业、民营企业吸纳了大量民工，但可供民工租赁的房屋非常缺乏，民工生活环境相当差。企业管理者和乡镇政府商量建立了民工公寓方便民工集中居住。2006年，国务院研究室课题组调研发现上海市桃浦镇利用闲置集体土地或荒地建设了5个居住小区，为6000名外来务工人员提供租金较低、租赁方式多样化的小户型住房[2]。课题组还发现无锡市东港镇30%的农民工居住在由村委会建的居住社区；无锡的勤新村村委会通过翻建、扩建、新建6个社区，使得3000名农民工能够集中居住[3]。2010年，上海闵行区七宝镇联明村由镇政府、村委牵头，利用农村集体建设用地建设了供外来务工人员居住的"联明雅苑"项目，被视为集体建设用地建设租赁住房的样本。在上海嘉定区马陆镇，当地村民采用个人资产联合的村级资产的方式，成立了股份建设公司，开发了"育绿小区"，面向外来务工人员出租。2017年8月28日，国土资源部（现自然资源部）、住建部

---

① 赵晔琴：《新生代农民工居住调查：从民工公寓退回群租》，搜狐网：http://www.sohu.com/a/310232375_124689，2019年4月。

② 国务院研究室课题组：《中国农民工调研报告》，中国言实出版社2006年版，第345页。

③ 国务院研究室课题组：《中国农民工调研报告》，中国言实出版社2006年版，第347页。

联合印发《利用集体建设用地建设租赁住房试点方案》。该方案确定在北京、上海、沈阳、南京等 13 个城市开展集体建设用地建设租赁住房试点工作[①]。

上述模式的优势在于能够盘活闲置的农村集体建设用地提升城乡土地利用效率，有利于集体经济组织和农户增加收入，也有利于农民工以较低廉的价格找到居所。但该模式存在一些法律上的风险。例如，建设的租赁住房是否能够租给城市居民；这种类似于"小产权房"的住房是否可以出售；入住农民工是否能够享受基本城市公共服务等。

4.园区配建外来务工人员集体宿舍

上海是最早采取园区配建集体宿舍解决外来务工人员住房问题的城市之一。2004 年，上海莘庄工业区为解决落户企业外来务工人员居住问题投资建造了鑫泽阳光公寓项目。项目建有 4 栋经济型公寓，人均月租最低 100 元，2 栋小康型公寓，月租 1200~1500 元。"十二五"期间，柳州围绕服务产业布局、完善园区配套功能的方向，大力发展公共租赁住房，重点在柳东新区工业园、阳和工业园、河西工业园区、沙塘工业园区、洛维工业园区、鹧鸪江园艺场内建设一批公共租赁住房，出租给外来务工人员。

上述模式的优势在于能够降低农民工就业的交通成本，为他们提供较低租金的居住条件。劣势在于园区周边的集体宿舍生活配套和服务较少，不利于农民工社会融入和市民化。居住在集体宿舍中，难以

---

① 国土资源部，住房城乡建设部：《两部门关于印发〈利用集体建设用地建设租赁住房试点方案〉的通知》，中央人民政府网站：http://www.gov.cn/xinwen/2017-08/28/content_5220899.htm，2017 年 8 月。

办理房屋租赁合同备案，阻碍其享受一些公共服务，如公租房申请、子女入学等①。

二、保障性住房实物补贴

保障性住房是具有社会福利性质和社会保障功能的住房，由政府直接或间接供应，以低于市场水平的价格出租或出售给住房困难家庭。保障性住房最初仅覆盖具有城镇户籍的低收入家庭，后逐步扩大到满足一定条件的城镇外来务工人员。保障性住房是城市政府解决农民工住房困难问题的主要手段之一，其申请者常常需要满足一定的收入、财产、社保、工作等条件。

根据国家统计局《2018 年农民工监测调查报告》，"在进城农民工中，2.9% 享受保障性住房，比上年提高 0.2 个百分点。其中，1.3% 租赁公租房，比上年提高 0.2 个百分点；1.6% 自购保障性住房，与上年持平。"② 总的来说，全国来看，享受保障性住房的进城农民工比例不高但总体呈上升趋势。此外，农民工获得保障性住房的比例还呈现明显的城市差异。杨菊华利用 2014 年的流动人口调查数据分析发现：就乡城流动人口拥有 / 租赁保障性住房的比例来看，北京为 3.87%，青岛为 16.91%，厦门为 5.11%，深圳为 7.29%，中山为 11.42%，嘉兴为 3.43%，郑州为 6.86%，成都为 9.83%。③

---

① 李齐：《农民工居住报告：上海·集体宿舍、棚户区与群租房》，澎湃新闻：https://www.sohu.com/a/230742306_260616，2018 年 5 月。

② 国家统计局：《2018 年农民工监测调查报告》，国家统计局网站：http://www.stats.gov.cn/tjsj/zxfb/201904/t20190429_1662268.html，2019 年 4 月。

③ 杨菊华：《制度要素与流动人口的住房保障》，《人口研究》2018 年第 1 期。

三、住房保障货币补贴

住房保障货币补贴是政府为解决特定群众住房问题而给予的补贴资助，分为住房租赁补贴和购房补贴。领取住房保障货币补贴通常需要满足一定的条件，如收入、房产、工作年限、社保年限等。目前，少数城市已实施全面的货币化保障，如江苏常州、浙江嘉兴；还有一些城市正在进行试点，如广西柳州、钦州。以柳州为例，2016年柳州市印发了《柳州市推行货币化安置促进房地产市场健康持续发展暂行办法》。该办法通过发放租赁补贴解决新市民的住房问题。补贴面积分为15元/平方米、12元/平方米和10元/平方米三个档次，最高上限为900元/月[1]。2016年，广西批准柳州市为全区公共租赁住房货币化保障试点城市，柳州市于2017年6月开展第一批公共租赁住房轮候家庭货币补贴申请受理工作。外来务工住房困难家庭，家庭人均年收入需低于市统计部门公布的上年度城镇居民人均可支配收入，货币补贴下限为300元/月，上限为900元/月[2]。2018年，广西下达的保障性安居工程指标任务中，发放租赁补贴4100户[3]。

---

[1]　柳州市政府：《柳州市推行货币化安置促进房地产市场健康持续发展暂行办法（柳政发〔2016〕48号）》，柳州鱼峰区人民政府网站：http://www.yfq.gov.cn/ggfw/zfly/bzxzf/gzfzc2017/201708/t20170825_1023610.html，2016年9月。

[2]　柳州市政府：《柳州市推行货币化安置促进房地产市场健康持续发展暂行办法（柳政发〔2016〕48号）》，柳州鱼峰区人民政府网站：http://www.yfq.gov.cn/ggfw/zfly/bzxzf/gzfzc2017/201708/t20170825_1023610.html，2016年9月。

[3]　柳州市保障性安居工程建设办公室：《柳州市保障性安居工程建设工作实施方案（柳安居办〔2018〕5号）》，柳州市人民政府网站：http://www.liuzhou.gov.cn/xxgk/zdxxgk/bzxzf76/zfgjjndbg/201809/t20180920_1181412.html，2018年3月。

四、住房金融支持

住房金融支持是指为居民购买和租赁房屋提供必要的金融支持服务，包括住房抵押贷款、住房消费贷款等。2010 年中国人民银行颁布的《个人住房贷款管理办法》明确要求，借款人必须具备"有稳定的职业和收入，信用良好，有偿还贷款本息的能力"。然而，大部分农民工存在"收入不稳定、缺乏社保及住房公积金保障、农村住房难以抵押"等问题，导致还款保障系数过低，贷款风险较高，成为金融机构拒绝的对象。

目前，国家出台的农民工住房金融政策仅有住房公积金制度。2007 年 3 月，原建设部发布的《2006 年全国住房公积金缴存使用情况》提出，要将公积金制度覆盖范围扩大到在城市有固定工作的农民工。当前，农民工可以通过其所在的"国家机关、国有企业、城镇集体企业、外商企业、城镇私营企业及其他城镇企业、事业单位、民办非企业单位或社会团体"缴存住房公积金。2014 年的数据显示农民工参加住房公积金的比例只有 5.5%[①]。缴存比例低的主要原因有二：一是企业可能为了压缩用工成本而不愿为农民工缴纳住房公积金。二是农民工流动性大，收入不稳定，在城市长期定居意愿不强等因素，他们的缴存积极性也不高。

针对这样的情况，一些城市开始做出创新住房公积金制度。例如浙江省湖州市政府强调非公企业在内的单位要为农民工职工建立住房

---

① 国家统计局：《2014 年全国农民工监测调查报告》，国家统计局网站：http://www.stats.gov.cn/tjsj/zxfb/201504/t20150429_797821.html，2015 年 4 月。

公积金制度[①]；重庆丰都县试点住房公积金覆盖到农民工，提出丰都籍农民工自愿参加住房公积金缴存，多缴多贷，少缴少贷，随时参加和退出，购房契税先征后返，县政府每平方米给予 150~200 元不等的补贴[②]。

五、规范住房租赁管理

由于适宜农民工租赁的低租金城镇住房供应不足，许多农民工只能居住在城乡接合部、城中村或者违章建筑中。违法出租房屋多存在安全、卫生、治安等问题。农民工的合法权益还会受到不规范经营的房屋租赁中介的侵害。许多城市政府为了解决农民工聚集区存在的问题，成立了专门的流动人口管理机构，也出台了相应的条例，规范房屋出租。以北京为例，2006 年朝阳区政府拆除了大量违章建筑和存在安全隐患的住房，改善住房条件；2011 年，北京开始整治地下空间，消除地下室出租等问题。2019 年北京市住房城乡建设委员会、北京市人民防空办公室、北京市应急管理局印发了《北京市人民防空工程和普通地下室安全使用管理规范》，明确规定普通地下室规划用途不是居住的普通地下室，不允许经营性住人。

2016 年 6 月，《国务院办公厅〈关于加快培育和发展住房租赁市场的若干意见〉（国办发〔2016〕39 号）》发布。一些城市开始培育和发

① 湖州市住房公积金管理中心：《湖州市率先为农民工建立住房公积金制度入选湖州市改革开放三十年最具影响力典型事件评选候选事件》，湖州市人民政府网站：http://hzgjj.huzhou.gov.cn/xxgk/zwxx/zwdt/20081020/i270725.html，2008 年 10 月。
② 粟深坤：《重庆丰都：试点农民工住房公积金缴存工作》，《当代农村财经》2016 年第 12 期。

展住房租赁市场。如 2017 年北京市住房城乡建设委会同市发展改革委、市教委、市公安局、市规划国土委、市卫生计生委、市工商局、人民银行营管部联合起草了《关于加快发展和规范管理本市住房租赁市场的通知》，提出要"建立健全出租住房合法、主体权责明晰、市场行为规范、租赁关系稳定、权益得到有效保障的住房租赁管理服务制度"。[①]

六、准市民化方法

准市民化方法是指以解决农民工住房问题为抓手推进农民工市民化。在该方法的实施过程中可能伴随农民工城乡户籍身份的转变。

早期，准市民化方法主要采取农民工宅基地换城镇住房保障的思路。2008 年，浙江嘉兴提出了"两分两换"模式，按照宅基地与承包地分开、搬迁与土地流转分开的思路，以宅基地置换城镇房产、以土地承包经营权置换社会保障；2008 年，重庆提出了"地票模式"，构建了农地流转交易制度，使得农民能够分享农村建设用地的收益，进城务工农民也能获得公租房实物配租资格；2009 年天津市提出了"宅基地换房"模式，根据城市总体规划，农民工自愿通过宅基地换取城镇住房[②]。

党的十八届三中全会提出"要赋予农民更多财产权利，依法维护

---

① 北京市住房和城乡建设委员会：《关于加快发展和规范管理本市住房租赁市场的通知》，北京市住房和城乡建设委员会网站：http://zjw.beijing.gov.cn/bjjs/fwgl/fdcjy/tzgg/433559/index.shtml，2017 年 9 月。

② 娄文龙、周海欣、张娟：《"人地挂钩"视角下农民工宅基地流转与住房保障的衔接模式研究》，《农业经济》2018 年第 5 期。

农民工土地承包经营权，保障农民集体经济组织成员权利，保障农户宅基地用益物权"①。因此，利用农民土地权益来解决其城镇住房问题的准市民化思路被放弃。但仍有不少城市试图探索在农民工市民化的框架下解决农民工住房问题。例如重庆允许进城务工人员申请公租房，2016 年公租房承租户中进城务工人员的比例高达 51%；重庆还允许长期公租房承租户购买所承租住房部分的产权；黄石允许市区常住人口申请保障性住房，"公益性公共租赁住房承租人租满 5 年，可以购买其所租住公益性住房的完全产权；混合型公共租赁住房承租人在租满二年后，各产权主体可依法转让其持有的份额"②。

第二节　典型城市的做法

一、上海做法

改革开放以来，上海一直是众多农民工务工的首选地之一。上海统计局资料显示，2017 年末，上海常住人口 2418.33 万人，其中外来人口为 972.68 万人，超过北京、广州、深圳、天津、重庆等一线城市③。2019 年，一半以上的劳动密集型行业和企业中，农民工用工比例已达

---

① 中共中央：《中共中央关于全面深化改革若干重大问题的决定》，中华人民共和国中央人民政府网站：http://www.gov.cn/jrzg/2013–11/15/content_2528179.htm，2013 年 11 月。

② 黄石市人民政府：《〈黄石市公共租赁住房租赁管理实施细则〉的通知》，法律图书馆网站：http://www.law–lib.com/law/law_view.asp?id=366621，2011 年 6 月。

③ 上海市地方志办公室：《上海年鉴 2018 上海与国内主要城市人口结构比较》，上海市地方志办公室网站：http://www.shtong.gov.cn/dfz_web/DFZ/Info?idnode=251894&tableName=userobject1a&id=412450，2019 年 1 月。

60%，而制造业、建筑业、服务业等行业的比例更高[1]。农民工已经成为上海就业人群的主体。上海统计局资料显示，2014年10%左右的外来农民工居住在集体宿舍中，通常为8~10人共居一室。除开集体宿舍，还有众多农民工居住在棚户区、城中村和市区群租房中。2014年，上海外来农民工租赁住宅的家庭占78%，人均面积为12平方米，不及上海户籍家庭人均水平的一半。外来农民工家庭住宅中，合用厕所的占40.1%，无厕所的占33.3%，无洗浴设施的住宅占57.5%[2]。对于上海外来农民工来说，居住是仅次于食品的第二大日常支出。

通过整理相关文献和资料发现，上海解决农民工住房问题的办法主要有三。

一是鼓励建设集体宿舍。学者朱丽芳指出，2011年上海郊区县共有300余处外来务工人员集中居住点，容纳了47万人，解决了11%左右外来务工人员的居住问题；这些居住点位于松江、闵行、普陀、嘉定等区的市郊地带，一半由产业园区或企业利用产业用地、自用土地配建成宿舍区，或由政府划拨建设用地，或由农村集体经济合作组织在村集体建设用地上建成宿舍，出租给企业[3]。上海还规定工业园区内4%~8%的土地为工业用地中的生活配套用地，用来建设配套住房，只租不售[4]。上海还致力于推广利用村集体建设用地建设农民工住宅小区，

---

① 新浪新闻：《2019年上海重点关注农民工群体一大波福利来袭》，新浪网：http://sh.sina.com.cn/news/m/2019-03-05/detail-ihsxncvh0097868.shtml，2019年3月。

② 上海市统计局：《上海年鉴2016上海外来农民工生活情况》，上海市人民政府网站：http://www.shanghai.gov.cn/nw2/nw2314/nw24651/nw42131/nw42178/u21aw1232783.html，2017年5月。

③ 朱丽芳：《上海外来务工人员现状居住情况调研及思考》，《上海城市规划》2011年第3期。

④ 李齐：《农民工居住报告：上海·集体宿舍、棚户区与群租房》，澎拜新闻：https://www.sohu.com/a/230742306_260616，2018年5月。

其中闵行区七宝镇的"联明雅苑"，曾被视为全国样本[①]。然而，随着上海的产业转型和人口治理模式转变，农民工集体宿舍的增长空间被压缩。

二是规范租赁市场。随着外来人口的不断涌入，上海住房供求关系十分紧张，群租现象非常普遍。复旦大学硕士生孙培强在其硕士学位论文《上海整治群租房行动的效应分析——以运动式执法为视角》中指出：2005 年开始，上海出现大面积的群租现象，一些居委会 1/3 的小区都存在不同程度的群租现象，有些社区群租率达到 18%；为了整治群租现象。2006 年上海出台了《关于加强居住房屋租赁管理的若干规定（试行）》对出租屋面积进行了明确规定，要求出租给家庭的房屋，人均面积不低于 5 平方米，应以原规划设计的房间为最小单位；2007 年上海出台了《上海市加强住宅小区综合管理三年行动计划（2007-2009 年）》，该计划提出要将整治群租作为头项目标；2007年上海制定下发了《关于抓紧业主公约增补规范租赁行为相关条款的通知》，该通知建议新增小区限制群租现象[②]。2015 年上海提出《关于鼓励社会各类机构代理经租社会闲置存量住房的试行意见》，对居住房屋最小出租单位、居住人数限制、最低承租面积和消防安全管理做出了相关规定[③]。

---

① 李齐：《农民工居住报告：上海·集体宿舍、棚户区与群租房》，澎湃新闻：https://www.sohu.com/a/230742306_260616，2018 年 5 月。

② 唐贤兴：《上海整治群租房行动的效应分析——以运动式执法为视角》，复旦大学 MPA 硕士学位论文，2008 年。

③ 上海市人民政府办公厅：《上海市人民政府办公厅转发市住房保障房屋局等七部门〈关于鼓励社会各类机构代理经租社会闲置存量住房试行意见〉的通知》，上海市人民政府网站：http://www.shanghai.gov.cn/nw2/nw2314/nw2319/nw10800/nw39221/nw39225/u26aw41566.html，2015 年 1 月。

三是构建了基于居住证制度的城镇住房保障体系。上海公共住房保障体系包括廉租房、公租房、共有产权房（经济适用房）和动迁安置房，配合住房公积金制度。其中，非本地户籍者只能申请公租房。上海公租房的申请资格，需要综合考虑申请者的《居住证》等级、社保年限、劳动合同年限、单位资质等条件。不同类型的公租房，对申请者的要求并不同。上海还允许非本地户籍者通过所在单位进行申请公租房，导致公租房成为重点企事业单位的"员工福利"。此外相较于其他城市，上海的土地成本较高，市场化运作的公租房价格较高且逐年上涨。总的来说，严格的申请条件和不低的租金，农民工很难获得城市住房保障。

二、深圳做法

2016年末，深圳常住人口为1190.84万人，其中非户籍人口为806.32万人，占全部常住人口的67.7%[①]。深圳一直吸引着大批农民工。深圳农民工发展经历了三个阶段。1980-1992年的爆发性增长阶段，农民工年平均增长率为50%，1992年末达到148万人。1993-2000年的增长速度放缓阶段，农民工年平均增长率为16%，2000年末达到476.55万人。2001-2010年的增长速度继续下降阶段，农民工年增长率下降至3.35%,2010年末达到662.73万人[②]。随着深圳由传统制造业向高

---

① 深圳市政府：《深圳市2016年国民经济和社会发展统计公报》，深圳政府网站：http://www.sz.gov.cn/sztjj2015/zwgk/zfxxgkml/tjsj/tjgb/201705/t20170502_6199402.htm，2017年4月。

② 周春山、杨高、王少剑：《深圳农民工聚集空间的演变特征及影响机制》，《地理科学进展》2016年第36卷第11期。

新尖技术行业和服务行业转型，农民工的年平均增长率有所下降，但总量依然可观。

与其他城市一样，深圳农民工也面临住房困难的问题。2008年，中山大学社会科学调查中心"珠江三角洲城市外来工调查"显示，受访农民工中，购房者不到2%，租赁者接近40%，居住在员工宿舍的人超过56%[1]。2010年，深圳总工会的"新生代农民工生存状况"专项调查显示，新生代农民工中，46.8%的人居住在公司集体宿舍，每间宿舍容纳6.4人，人均住房面积为3.7平方米，住房费用平均值为80.2元[2]。2014年，陶丽等的深圳农民工住房满意度调查显示，受访者中，3.8%的人购买了商品房，44.4%的人居住在免费的集体宿舍中，16.4%的人租赁商品房，24.9%的人租赁城中村住房，7.6%的人居住在单位提供的租赁房中，2.9%的人以其他形式居住；受访者平均每月的住房支出为428元，占月工资的15%，人均面积为15.4平方米，32.2%的房屋没有独立厨房，22.0%没有单独的洗手间[3]。2018年，香港大学社会学系"城市新移民住房保障政策研究及倡议"对深圳农民工的调研指出，"深圳农民工的居住形态主要分为三种，一是工业园或工厂的集体宿舍；二是服务业用人单位承租农民房或商品房，并放置上下铺改为员工宿舍；三是农民工自行于城中村中寻找

① 周春山、杨高、王少剑：《深圳农民工聚集空间的演变特征及影响机制》，《地理科学进展》2016年第36卷第11期。
② 深圳市总工会专项课题研究组：《深圳新生代农民工生存状况调查报告》，人民网：http://acftu.people.com.cn/GB/67582/12154737.html，2010年7月。
③ Li Tao, Eddie C W Hui, Francis K W Wong and Tingting Chen, "Housing choices of migrant workers in China: Beyond the Hukou perspective," *Habitat International*, Vol. 49, October 2015.

住所。"①

通过整理相关文献和资料发现，深圳解决农民工住房问题的办法主要有二。

一是工业园区配建集体宿舍。周春山等的研究指出，2010年深圳农民工住房分布在工业集中区，如西部的宝安区、龙华区和光明新区②。

二是城中村改造。城中村是城市发展过程中的特殊空间利用形式。根据深圳住建局的调查，2019年，深圳城中村用地总规模约320平方公里，包含了35万栋农民房或私人自建房，总建筑面积高达1.2亿平方米，占住房总量的49%③。1996年及2004年深圳先后出台了将集体土地无偿转为国有土地的政策。2004年10月，深圳开展了违法建筑清查暨"城中村"改造运动。2005年，深圳召开了"城中村"（旧村）改造现场会，"城中村"改造工作成为深圳城市治理的重点内容。此后，深圳的"城中村"改造主要采取综合整治和全面改造两种改造模式。2017年，深圳提出"'十三五'期间通过收购、租赁、改建等方式收储100万套（间）村民自建房或村集体自有物业，统一租赁经营、规范管理"。④2019年，深圳印发了《深圳市城中村（旧村）综合整治总体规

① 香港大学社会学系《城市新移民住房保障政策研究及倡议》课题组：《农民工居住报告：深圳广州｜难获城市住房保障，转向城中村》，澎湃新闻：https://baijiahao.baidu.com/s?id=1599347646565746599&wfr=spider&for=pc，2018年5月。

② 周春山、杨高、王少剑：《深圳农民工聚集空间的演变特征及影响机制》，《地理科学进展》2016年第36卷第11期。

③ 董青枝：《深圳城中村：整治区内拟不拆除重建 或可纳入保障房》，每日经济新闻：http://www.nbd.com.cn/articles/2018-11-07/1270290.html，2018年11月。

④ 董青枝：《深圳调整城中村改造模式 拆迁暴富梦碎？》，每日经济新闻：http://www.nbd.com.cn/articles/2018-11-08/1270458.html，2018年11月。

划（2019-2025）》，提出"不急功近利、不大拆大建，推进城中村有机更新，逐步消除'城中村'安全隐患、改善居住环境和配套服务、优化城市空间布局与结构、提升治理保障体系"[①]。由此，不少房企和社会机构开始涉足城中村改造，进行住房租赁活动，例如万科的"万村计划"。然而，香港大学社会学系"城市新移民住房保障政策研究及倡议"项目对深圳农民工居住现况实地调研显示，在城中村改造过程中，"城中村"的居住环境有改善，但农民工租房者承受着不断上涨的房租压力。在住房租赁法规不完备的情况下，农民工租房者的权益受损，农民工常常被迫搬离，居住到条件更为恶劣、面积更小、品质更差、区位更远的地方，住房状况进一步恶化[②]。

　　不同于上海，深圳的住房保障系统并未充分考虑外来农民工的住房需求。深圳的住房保障体系包括人才住房、安居性商品房和公共租赁住房。其中人才住房和安居性商品房占住房保障总量的一半以上。例如，2010年，深圳启动安居型商品房建设，安居型商品房用作人才安居住房的比例不低于60%；"十一五"期间建设的公共租赁住房超过60%安排给各类人才；这一比例在"十二五"期间达到了80%。2019年，深圳市提出的"新房改"方案中，计划到2035年建设170万套住房，其中人才保障房占比约为60%；公共租赁住房只占20%。人才保障房

---

　　① 深圳市人民政府：《深圳市城中村（旧村）综合整治总体规划（2019-2025）》，深圳市人民政府网站（http://www.szgm.gov.cn/xxgk/xqgwhxxgkml/zcfg_116521/gjsszcfg_116522/201903/P020190328645303870124.pdf）

　　② 香港大学社会学系《城市新移民住房保障政策研究及倡议》课题组：《农民工居住报告：深圳广州丨难获城市住房保障，转向城中村》，澎湃新闻：https://baijiahao.baidu.com/s?id=1599347646565746599&wfr=spider&for=pc，2018年5月。

的申请者需满足较高的学历、职业资格、工作性质等条件，农民工群体基本难以达到申请门槛。而公共租赁住房只面向中低收入户籍居民、特困人员及低保家庭，不包括非本地户籍的农民工。在深圳城市发展转型，"以人才强市、以人才立市"的思路下，农民工的居住状况或将更加艰难。

三、杭州做法

2018 年末，杭州常住人口有 980.6 万人，城镇人口有 759.0 万人，城镇化率达 77.4%。杭州是浙江省外来人口最多的城市之一。2015 年 5 月底，杭州农民工达 340.45 万人，占流动人口总数的 78.86%，占全市常住人口的 1/3。与其他城市一样，杭州的农民工也面临着居住困难。学者战昱宁 2010 年的 600 份杭州农民工调查问卷结果显示：受访农民工中，62.3% 的人居住在'城中村'，18.9% 的人居住在员工宿舍，11.6% 的人居住在棚户区，7.2% 的人已经购置住房或以其他方式居住；受访农民工的人均住房面积少于 8 平方米；受访农民工中，3% 的住房没有配备自来水，28% 的住房没有卫生间，35% 的没有厨房[①]。陈彩娟 2016 年的 200 份杭州农民工调查问卷结果显示，受访农民工中，居住在自有房的仅占 1%，单位房约占 8.6%，出租房的约占 90.4%；月租金 500 元以下的占 17.3%，500~1000 元的占 11.5%，1000~2000 元的占 27.9%，2000~4000 元的占 30.8%，4000 元以上的占 12.5%[②]。

---

① 战昱宁：《城市化进程中——以杭州为例》，《当代经济》2012 年第 2 期。
② 陈彩娟：《共享发展农民工理念下的住房保障思考——以杭州为例》，《未来与发展》2016 年第 9 期。

通过整理相关文献和资料发现，杭州解决农民工住房问题的办法主要有以下三种。

一是城中村改造 + 蓝领公寓。通过城中村改造、撤村建居。城中村的居住环境得到改善，2007 年的"杭州市撤村建居 10 年农转非居民满意度"调查显示，69.8% 的农民工认为城中村改造提升了居住环境。2017 年底，杭州试点结合城中村和旧城改造，新建具有住房保障性质、面向服务业外来务工人员的蓝领公寓。2018 年，杭州市委将蓝领公寓作为重点任务，遵循"政府主导、政策扶持、市场运作、租金适度控制"的原则，通过改建"将拆未拆房屋"和空置房屋，在暂时闲置土地上新建房屋等手段，选定了 32 个蓝领公寓提供 14086 套住房[1]。其中，首个交付的王马里蓝领公寓，前身是完成征迁的农民房，改造后提供 345 套房源，租金价格为 1.03~1.78 元 / 平方米 / 天。杭州还出台了《蓝领公寓（临时租赁住房）租赁管理办法》，对蓝领公寓的准入、分配和运营等环节进行了规范[2]。

二是公共租赁住房保障。杭州住房保障体系包括公共租赁住房、廉租房、经济适用住房、危旧房改善、拆迁保底安置等保障性住房产品。其中，公共租赁住房对外来务工人员开放。2016 年，杭州下发了《关于调整杭州市区公共租赁住房（廉租住房）准入条件的通知》，户

① 岳燕：《供不应求的蓝领公寓 杭州今年还要"追建"5000 套》，杭州人民政府网站：http://www.hangzhou.gov.cn/art/2019/4/2/art_812269_31933129.html，2019 年 4 月。
② 杭州市住房保障和房产管理局：《关于印发〈蓝领公寓（临时租赁住房）租赁管理办法〉的通知》，杭州市住房保障和房产管理局网站：http://fgj.hangzhou.gov.cn/art/2018/5/22/art_1607431_34378149.html，2018 年 5 月。

籍准入条件调整为"申请人具有市区常住居民户籍 5 年（含）以上"[①]。2016 年，市本级公租房保障家庭为 4 万余户，其中 1.5 万余户是稳定就业的外来务工人员。[②]

三是住房公积金扩容。2015 年，杭州下发了《关于为农民工建立住房公积金制度的通知》。通知提出"凡杭州市用人单位与农民工建立稳定劳动关系、签订劳动合同的，应当依法为农民工缴存住房公积金，并办理缴存登记和个人账户设立手续"，"农民工的住房公积金缴存、提取和使用政策与所在单位其他职工相同"，"支持符合条件的农民工租赁和购买住房"，"用人单位未按规定为农民工建立住房公积金制度的，由住房公积金管理中心按有关规定处理。"[③]

四、重庆做法

2018 年，重庆常住人口为 3101.79 万人，其中城镇人口为 2031.59 万人，常住人口城镇化率为 65.50%[④]。2006 年底，重庆市镇共吸纳农民工 530 万人。2011 年，重庆市长黄奇帆称"重庆目前有 800 多万农民工，其中 400 万在沿海打工，300 多万在重庆城里打工"[⑤]。2018 年，中商产

---

① 杭州市住房保障办公室：《关于调整杭州市区公共租赁住房（廉租住房）准入条件的通知》，杭州市滨江区人民政府网站：http://www.hhtz.gov.cn/art/2017/1/18/art_1486923_20335634.html，2016 年 12 月。

② 杭州市住保房管局：《以改革的思路持续推动住房保障工作优化升级》，绩效杭州网：http://www.jxhz.gov.cn/cjxt2016cxcy/5390.jhtml，2017 年 5 月。

③ 杭州住房公积金管理委员会：《关于为农民工建立住房公积金制度的通知》，社保 100 网站：http://m.shebao100.cn/Rule/DetailPage.html?detailid=2052&typeid=0，2015 年 5 月。

④ 重庆市统计局：《2018 年重庆市国民经济和社会发展统计公报》，重庆档案信息网：http://jda.cq.gov.cn/gzdt/jrcq/54227.htm，2019 年 3 月。

⑤ 黄奇帆：《未来 6 年至 7 年将有 200 万农民工落户重庆》，人民网：http://npc.people.com.cn/n/2014/0307/c376899-24565652.html，2014 年 3 月。

业研究院数据库数据显示，重庆农民工总量为766.03万人，其中外出农民工和本地农民工分别为553.95万人和212.08万人。①

虽然重庆农民工总量近年来呈现下降趋势，但住房问题也一度成为困扰农民工的重要问题。2006年，重庆大学硕士生廖艳在其硕士学位论文《重庆市区农民工住房问题现状及对策研究》中指出重庆市区农民工主要集中地点为"城中村"、棚户区、员工宿舍和农民工公寓，44.58%的农民工与配偶及子女居住，34.94%的农民工住房面积在10平方米以下，67.47%的农民工住房内没有独立卫生间，54.22%的没有独立厨房，42%的农民工每月住房租金在91~111元之间②。2011年，重庆工商大学杨娇媚在其硕士学位论文《重庆市住房保障问题研究》中指出农民工受访者中，8.7%的人自己购买了房屋，31.3%的人自己单独租房，28%的人与他人合伙租房，21.3%的人居住在工作场所，6%的人住在工棚，0.4%的人住在政府提供的保障性住房中，1.7%的人以其他形式居住；27.9%的人人均住房面积6平方米以下，40%的人住房没有厨房，25%的人住房没有卫生间③。

通过整理相关文献和资料发现，重庆解决农民工住房问题的办法有以下五种。

一是建设农民工公寓。2005年全国政协委员、重庆市政协副主席尹明善提交了《建议为我市自营劳动农民工修建廉价公寓房》的提案。

---

① 重庆市统计局：《2018年重庆市国民经济和社会发展统计公报》，重庆档案信息网：http://jda.cq.gov.cn/gzdt/jrcq/54227.htm，2019年3月。
② 廖艳：《重庆市区农民工住房问题现状及对策研究》，重庆大学管理科学与工程2006级硕士学位论文。
③ 杨娇媚：《重庆市农民工住房保障问题研究》，重庆工商大学区域经济学2011级硕士学位论文。

该提案建议逐年修建一批自营劳动农民工廉价公寓[①]。为落实该提案，重庆市渝中区、沙坪坝区、南岸区将闲置房、低档旅馆改造为农民工公寓，打造了"卓越康乐农民公寓""阳光公寓""棒棒公寓""农友公寓"等一批面向农民工的住房租赁项目。2007 年，重庆出台了《关于解决城市低收入家庭住房困难的实施意见》，提出"首先鼓励用工单位在符合城市规划和土地利用总体规划的前提下，利用自有存量土地，修建适合农民工居住的集体宿舍；其次通过税费减免等措施，鼓励社会单位和个人将闲置房屋改建为适合农民工租住的公寓。"[②]2008 年，重庆市建委提出建设 50 万平方米的农民工公寓，只租不售，解决农民工过渡期居住问题，计划帮助 8 万~10 万人居住[③]。

二是园区配建农民工公寓。2006 年，重庆市工商联执委会建议政府将农民工居住问题纳入各类园区开发建设发展规划中[④]。2007 年，重庆市在剑桥工业园区修建了面向农民工的"蓝领公寓"，总投资 7 亿元，可容纳 2 万多名农民工居住，每户具有独立的厨房、卫生间和阳台，各种生活设施非常齐全，还配备社区物业管理服务[⑤]。

三是住房保障覆盖到农民工。2007 年，重庆出台了《重庆市经济

[①] 何昌钦：《廉价公寓 农民工的渴望》，新浪网：http://news.sina.com.cn/o/2005-01-13/05164814262s.shtml，2005 年 1 月。

[②] 重庆市人民政府：《关于解决城市低收入家庭住房困难的实施意见》，《重庆市人民政府公报》2007 年第 24 期。

[③] 徐旭忠：《重庆将建 50 万平方米农民工公寓》，新华网：http://news.eastday.com/c/20071105/u1a3207892.html，2007 年 11 月。

[④] 重庆市工商业联合会：《关于鼓励企业投资建设零租金农民工宿舍的建议》，新渝商网站：http://www.cqgcc.com.cn/a/Category_27/detail/11542.html，2008 年 4 月。

[⑤] 王金涛、李松：《重庆蓝领公寓：让农民产业工人融入城市生活》，中华人民共和国中央人民政府网站：http://www.gov.cn/jrzg/2009-07/02/content_1355755.htm，2009 年 7 月。

适用房购买暂行办法》，提出长期在城市就业和生活的农民工可以申请经济适用房。2010 年，重庆市构建了"5+1"的住房保障新模式，农民工被纳入公共租赁住房的保障范围，满足一定收入条件的农民工还可在租满 5 年后享受优先购买其所租住房的权利。首次购买商品房和二手房的农民工家庭还可享受减免或免交契税的优惠。

四是住房公积金改革。例如，重庆丰都县试点住房公积金覆盖到农民工，提出丰都籍农民工自愿参加住房公积金缴存、多缴多贷、少缴少贷、随时参加和退出、购房契税先征后返，县政府每平方米给予 150~200 元不等的补贴。

五是准市民化方法。2010 年，重庆印发了《重庆市统筹城乡户籍制度改革农村居民转户实施办法（试行）的通知》，按照适度放宽主城区、进一步放开区县城、全面放开乡镇落户条件的原则推进重庆市籍农村居民转为城镇居民[1]。农民转户为城镇居民后，享受养老保险、医疗保险、就业、住房、子女教育与城市原居民同样的待遇。其中住房和土地方面，退出承包地将得到相应补偿，退出宅基地使用权和农房的将获得农房补偿、宅基地使用权补偿、城镇购房补助。转户农民可以申请廉租房，也可申请公租房，如果住满 5 年还可登记购买。2010年 8 月 15 日至 2011 年 11 月底，305 万农民工自愿成为城市居民。随着户籍身份的转化，原农民工的住房问题完全可以放在城镇住房保障体系框架下解决。同时，在户籍转换中，农民工三块地的财产权被显

---

① 重庆市人民政府：《重庆市人民政府办公厅关于印发〈重庆市统筹城乡户籍制度改革农村居民转户实施办法（试行）〉的通知（渝办发〔2010〕204 号）》，重庆档案信息网：http://jda.cq.gov.cn/ztbd/slda/zwxx/25790.htm，2011 年 12 月。

化，农民工也有更多的资本解决城市住房问题。

五、长沙做法

2018 年，长沙常住人口为 815.47 万人，其中城镇人口为 645.23 万人。[①]2018 年，湖南农民工总量 1758.1 万人，其中本地农民工 522.5 万人，外出农民工 1235.6 万人。[②]而长沙是省内农民工青睐的城市之一。与其他城市一样，长沙的农民工也面临着不同程度的居住困难问题。周建华和周倩 2013 年在长沙开展的农民工问卷调查表明，受访农民工中，4.2% 的人自购住房，14.3% 的人合租，23.66% 人独立租赁，42.4% 的人聚在单位宿舍，13.2% 的人在工作县城居住，其余的人通过寄住亲友家等方式解决住房问题；受访农民工人均居住面积为 12.7 平方米，不及长沙城镇居民人均住房面积的一半；67.47% 的人住房没有卫生间，58.22% 的人住房没有厨房设施[③]。湖南农业大学张洋在其硕士学位论文《长沙市新生代农民工住房保障满意度影响因素的实证研究》中也指出，长沙新生代农民工主要居住在棚户区、城乡接合部村庄、"城中村"和单位宿舍；人均住房面积在 5 平方米以下的占比 24.49%[④]。

通过整理相关文献和资料发现，长沙解决农民工住房问题的办法

---

① 长沙市人民政府：《2018 年长沙常住人口 815.47 万》，长沙市人民政府网站：http://tb.changsha.gov.cn/zjcs/kncs/rkgc/，2019 年 1 月。

② 朱宗威：《湖南农民工收入上涨超白领！人数首下降》，人民网：http://hn.people.com.cn/GB/n2/2019/0123/c195194-32565915.html，2019 年 1 月。

③ 周建华、周倩：《高房价背景下农民工留城定居意愿及其政策回应》，《经济体制改革》2014 年 1 月。

④ 张洋：《长沙市新生代农民工住房保障满意度影响因素的实证研究》，湖南农业大学农村与区域发展专业 2016 级硕士学位论文。

主要有三种。

一是建设农民工廉租住房。2005年，长沙市政府投资7500万元，为农民工兴建20万平方米廉租房"江南公寓"。廉租房租金十分低廉，单层床每人每月70元，双层床每人每月50元。然而，江南公寓推出后，前来入住的农民工并不多，主要是规定的入住条件较为严格，例如入住者收入在800元以下，被用工单位录用在岗一年以上且劳动合同已备案[①]。针对这种情况，长沙市房管局降低了农民工申请廉租房的门槛，只要签订有劳动合同的农民工都可以入住。此外，长沙市房管局还推出了更加丰富多样的租赁形式，可按床位租、单间租和套间租。但申请入住的农民工仍然寥寥无几。其主要原因是江南公寓选址较远，不利于农民工工作。

二是向农民工开放公共租赁住房。2011年，长沙市人民政府出台了《关于加快发展公共租赁住房的工作意见》，将外来务工人员纳入公租房保障范围，规定外来务工人员的申请条件如下：在长沙市有稳定职业并连续缴纳社会保险三年以上（含）；本人及家庭在长沙市区范围内无自有住房；家庭人均可支配收入低于长沙市上年度人均可支配收入[②]。2018年，长沙市人民政府印发了《关于推进公租房货币化保障工作的实施意见》，进一步降低了外来务工人员申请公租房保障的标准。该标准要求"外来务工人员持有长沙市居住证，与城区用人单位签订

① 中国网：长沙"农民工公寓"受冷落：http://www.china.com.cn/chinese/zhuanti/nmg/941429.htm。

② 长沙市人民政府：《长沙市人民政府关于〈加快发展公共租赁住房的工作意见〉（长政发〔2011〕16号）》，长沙政府网站：http://www.changsha.gov.cn/zfxxgk/zfwjk/srmzf/201108/t20110829_82258.html。

劳动合同满一年，连续缴纳城镇职工基本养老保险一年以上（含），本人及家庭在长沙城区范围内无自有住房且收入符合本市住房保障中等偏下收入认定标准"。① 长沙市公租房住房保障还有如下特点：一是外来务工人员可以选择公租房实物补贴或者货币补贴；二是选择货币补贴的外来务工人员要在城区范围内租房居住并办理租赁合同备案；三是选择货币补贴的外来务工人员补贴标准为 14 元 / 月 / 平方米。补贴期限累计不超过 24 个月。四是公租房大多建在"高新区、经开区、长沙国家生物产业基地、各区的产业园区"等农民工集中区域②。

三是向农民工开放住房公积金。2016 年，长沙公积金中心出台了《关于灵活就业人员建立住房公积金制度的通知》。凡年满 18 周岁，且男性未满 60 周岁、女性未满 55 周岁，在长沙就业且有合法经济收入来源，自愿承诺缴存住房公积金的灵活就业人员均可自愿向长沙住房公积金中心申请缴存。③2018 年，长沙发布了新的《长沙住房公积金缴存管理办法》，该新办法指出只要满足条件，单位应为录用职工缴纳公积金，未与其单位建立劳动关系的可以个人名义申请缴纳公积金。④

---

① 长沙市人民政府办公厅：《长沙市人民政府办公厅关于推进公租房货币化保障工作的实施意见（长政办发〔2018〕49 号）》，长沙市人民政府网站：http://www.changsha.gov.cn/zfxxgk/zfwjk/szfbgt/201901/t20190111_3147359.html 。

② 长沙市人民政府办公厅：《长沙市人民政府办公厅关于推进公租房货币化保障工作的实施意见（长政办发〔2018〕49 号）》，长沙市人民政府网站：http://www.changsha.gov.cn/zfxxgk/zfwjk/szfbgt/201901/t20190111_3147359.html。

③ 长沙市住房公积金管理委员会：《关于灵活就业人员建立住房公积金制度的通知（长金管委〔2016〕2 号）》，长沙政府网站：http://www.changsha.gov.cn/zfxxgk/zfwjk/gdwxtwj/zfgjjglwyh/201605/t20160525_915326.html。

④ 长沙市住房公积金管理委员会：《关于印发〈长沙住房公积金缴存管理办法〉的通知（长金管委〔2018〕1 号）》，长沙政府网站：http://www.changsha.gov.cn/zfxxgk/zfwjk/gdwxtwj/zfgjjglwyh/201801/t20180131_2173900.html。

六、南宁做法

2017 年末，南宁常住人口为 433.49 万人，其中城镇人口为 335.62 万人。[①]2018 年，广西全区农民工总量为 1273.6 万人，外出农民工为 912.4 万人，本地农民工 361.2 万人，其中大部分区内农民工选择在南宁务工[②]。近年来，南宁也面临着农民工居住困难的问题。张协奎和袁红叶 2010 年的小范围问卷调查显示南宁农民工的居住形式主要是单位宿舍和租赁住房。居住在单位宿舍的农民工人均居住面积不超过 5 平方米；自行租房的农民工 25% 是独居，32.7% 是与人合租，42.3% 是与家人居住。城中村是南宁农民工的聚集地，南宁市 60.3% 的农民工在城中村租房，其中，所租住房无独立厨房的占 47.7%，无独立厕所的占 45.0%[③]。

通过整理相关文献和资料发现，南宁解决农民工住房问题的办法主要有三种。

一是公共租赁住房。2012 年，南宁出台了《南宁市公共租赁住房管理暂行办法》，面向符合规定条件的南宁中等偏下收入住房困难家庭、新就业大中专毕业生、外来务工人员提供公共租赁住房。外来务工人员准入条件为：在南宁城区范围内实际居住生活 3 年以上；家庭成员之一与南宁用人单位累计签订 3 年以上劳动合同，并由用人单位

---

① 广西壮族自治区统计局：《广西统计年鉴 2017》，广西壮族自治区统计局：http://tjj.gxzf.gov.cn/tjnj2020/2017/indexch.htm，2017 年 11 月。

② 广西壮族自治区统计局 国家统计局广西调查总队：《2018 年广西壮族自治区国民经济和社会发展统计公报》，广西壮族自治区人民政府网站：http://www.gxzf.gov.cn/sytt/20190410-743047.shtml，2019 年 4 月。

③ 张协奎、袁红叶：《城市农民工住房保障问题研究——以南宁市为例》，《广西大学学报》（哲学社会科学版）2010 年第 3 期。

按时足额缴纳社会保险费 2 年以上，灵活就业的，应当在南宁缴纳税款或者社会保险累计达到 3 年以上；在南宁城区范围内无自有住房且未承租公有住房及其保障性住房；家庭人均年收入低于或等于南宁统计部门公布的上年度城市居民人均可支配收入；家庭成员拥有的全部存款、房产、车辆、有价证券等财产之和低于市统计部门公布的上年度城市人均可支配收入 8 倍；人均住房面积低于南宁市政府划定的标准。①

2015 年南宁出台了新的《南宁市公共租赁住房保障办法》。新的办法大幅降低了外来务工人员申请公共租赁住房的门槛。一是取消居住年限要求，只要求申请人在南宁城区居住；二是放宽工作要求，只要求与南宁用人单位签订一年以上的劳动合同且在合同有效期内；三是放宽缴纳社会保险费的要求，只要求在南宁累计缴纳社会保险费满一年；四是放宽财产要求，只要求家庭人均年收入低于或者等于本市上一年度城镇居民人均可支配收入的 1.5 倍；五是人均住房面积低于南宁市政府划定的标准。②这一阶段的公共租赁住房政策继续扩大覆盖范围，以覆盖更多的外来务工人员。申请公共租赁住房门槛的降低能够有效缓解居住困难群体阶段性住房困境。

2018 年，南宁发布的《办理公共租赁住房保障申请业务指南》中继续降低了外来务工人员申请公共租赁住房的门槛。一是取消工作年

---

① 南宁市人民政府：《南宁市政府关于印发〈南宁市公共租赁住房管理暂行办法〉的通知（南府发〔2012〕93 号）》，南宁市人民政府网站：http://zrzyj.nanning.gov.cn/zwgk_57/zcfg/bjzcwj/t2588621.html，2012 年 10 月。

② 南宁市人民政府：《南宁市公共租赁住房保障办（南府发〔2018〕7 号）》，南宁市法制办公室网站：http://nnfzb.nanning.gov.cn/ywgz/zflf/xbbfggz/t213026.html，2018 年 1 月。

限要求，只要求申请人在南宁规划区范围内实际居住并工作；二是继续放宽缴纳社会保险费的要求，只要求申请人当月的前三个月内在南宁规划区范围内连续缴纳社会保险费，或者在本市城市规划区范围内累计缴纳社会保险费满 15 年（含外地社保转入年限）；三是完全取消家庭财产要求。只要求申请人在南宁城市规划区的承租范围内无自有住房或者家庭人均自有住房建造面积低于住房困难标准（现执行标准为 13 平方米）。① 除此之外，南宁还首次将农村家庭纳入公共租赁住房的保障房屋。申请者需要满足以下两个条件：一是在南宁市城区范围内实际居住；二是在南宁城区的城镇范围内无自有住房或家庭人均住房建造面积低于南宁住房困难标准（现执行标准为 13 平方米）。总的来说，这一阶段的公共租赁住房政策显然涉及人群更广，有利于社会公平。②

2016 年，南宁受理外来务工人员申请 1946 户，最后配租 376 户，满足率为 19.3%③。根据南市保障房建设和管理服务中心工作人员的访谈资料，截至 2018 年 12 月 31 日，南宁本级累计分配 45973 套公共租赁房，其中低保收入保障家庭分配 8849 套，本市非低保收入家庭 37124 套，大中专毕业生 4809 套，外来务工人员 5165 套。

二是限价普通商品住房。2009 年，南宁出台了《南宁市限价普通商品住房管理暂行办法》。该暂行办法指出："政府推出限价普通商品

---

① 南宁市人民政府：《办理公共租赁住房保障申请业务指南》，南宁市人民政府网站：http://www.nanning.gov.cn/xxgk/xxgkml/ggzypzlygk/zfbz/t658598.html，2018 年 8 月。

② 南宁市人民政府：《办理公共租赁住房保障申请业务指南》，南宁市人民政府网站：http://www.nanning.gov.cn/xxgk/xxgkml/ggzypzlygk/zfbz/t658598.html，2018 年 8 月。

③ 南宁市住房保障和房产管理局网站：《南宁市住房局 2017 年工作总结及 2018 年工作计划》，南宁市人民政府网站：http://www.nanning.gov.cn/xxgk/xxgkml/ggzypzlygk/zfbz/t1812733.html，2019 年 4 月。

住房是为了调整住房供应结构，适当增加中低价位、中小套型普通商品住房的供应，缓解中等收入家庭住房困难。限价普通商品住房的供应对象可以是个人也可以是家庭。以个人名义申请购买的，申请人属于本市城区范围内城镇户口；以家庭名义申请购买的，家庭成员中至少有一名成年人属于城区范围内城镇户口。申请人应该在本市范围内无自有产权住房，且年均收入低于上年度城市居民人均可支配收入的 1.5 倍。"① 这一阶段的限价普通商品住房并未向农民工群体开放。2013 年，南宁出台《南宁市限价普通商品住房管理办法》。该办法取消了户籍限制，容许非本市城区范围内户籍人口申请。办法规定非本市城区范围内户籍家庭，家庭人均年收入低于上年度城市居民人均可支配收入的 2 倍，能够提供在本市城区范围内累计两年（含）以上纳税证明或者社会保险缴纳证明的无房家庭可以申请限价普通商品住房。② 现实中，限价普通商品住房对于缓解农民工住房困难作用不大。根据《南宁市"十三五"住房保障规划（2016–2020 年）》，"十二五"期间，南宁市限价普通商品住房建设任务是 14100 套，其中 2011–2014 年实际开工套数分别为 4873 套、7128 套、1673 套、1182 套，远远超过建设任务。2015 年，限价普通商品住房没有新开工，2016–2020 年也计划只续建（基本建成）0.19 万套。目前，限价普通商品

---

① 南宁市人民政府：《南宁市人民政府关于印发〈南宁市限价普通商品住房管理暂行办法（南府发〔2009〕61 号〉〉的通知》，南宁市人民政府网站：http://www.nanning.gov.cn/xxgk/xxgkml/jcxxgk/zcwj/zfwj/t756995.html，2009 年 6 月。

② 南宁市人民政府：《南宁市人民政府关于印发〈南宁市限价普通商品住房管理办法（南府发〔2013〕46 号〉〉的通知》，南宁市人民政府网站：http://www.nanning.gov.cn/xxgk/xxgkml/jcxxgk/zcwj/zfwj/t755520.html，2013 年 9 月。

住房的总量大概是 14856 万套，分布在龙凤首缘、昌泰尊府、盛禾家园、大都家园、昊壮上水湾、滨江阳光水岸、金色家园等楼盘。根据南宁市的规定，限价普通商品住房项目销售超过一年后有房源剩余的，可以解除限制条件转为普通商品住房，由开发企业自行销售。总的来说，限价商品住房的套数有限，且未来几年将不会大幅增加。考虑到限价普通商品住房还向引进人才、重点发展企业中层以上职务管理人员、国家、自治区、南宁市优抚对象倾斜，能够惠及农民工的数量十分有限。

三是住房公积金计划支持农民工住房消费。早在 2005 年住建部就允许有条件的地方开展农民工缴纳公积金工作。但由于农民工的用工特点与在职员工有很大差别，农民工缴纳公积金工作一直进展缓慢。过去十多年，南宁一直探索将住房公积金覆盖到农民工群体。2016 年，南宁于全区率先公布了《关于进一步推进住房公积金制度建设的通知》（代拟稿）。该通知指出，"城镇单位聘用进城务工人员、城镇个体工商户、自由职业人员可申请缴存住房公积金。城镇单位聘用进城务工人员月缴存额的工资基数按照缴存人上一年度月平均工资计算，职工工资扣除职工住房公积金月缴存额后的余额，低于本市当年最低工资标准的，职工住房公积金月缴存额可以适当降低，但单位为职工缴存的住房公积金月缴存额不变"。[1]2017 年，广西壮族自治区住房城乡建设厅、财政厅、人民银行南宁中心支行联合制定了《广西个人自愿缴存住房公积金管理办法》，规定以非全日制、临时性和弹性工作等灵活形

---

① 凌剑伊：《南宁市扩大公积金覆盖面 农民工有望用公积金买房》，人民网：http://gx.people.com.cn/n2/2016/0519/c179430-28361654-2.html，2016 年 5 月。

式就业的人员，只要满足年龄条件和在缴存所在地居住的条件即可以自愿缴存公积金①。在此基础上，南宁市住房公积金管理中心于2018年发布了《南宁市个人自愿缴存使用住房公积金实施办法（试行）》。该办法指出在南宁市行政区域内工作的自由职业者、个体工商户及其雇用人员等灵活就业人员可自愿缴纳住房公积金。自愿缴存人的住房公积金月缴存额以自愿为原则，实行浮动缴存，自愿缴存人的住房公积金月缴存基数不能低于南宁市最低工资标准。②至此，南宁住房公积金在制度上正式覆盖到农民工。

第三节　已有实践启示

一、农民工住房保障与城市发展相适应

住房保障是政府解决群众住房困难的重要手段，是社会福利的重要组成部分。但住房保障并非越高越好，过高的住房保障支出会给政府财政带来巨大压力，也会影响住房市场效率。董昕指出住房保障将影响商品房价格、私人对房地产投资的意愿以及农民工住房市场供求关系③。

学者张超等指出，住房保障支出应该适度，保证在数量上与经济

---

① 广西壮族自治区城乡建设厅 财政厅 人民银行南宁中心支行：《关于印发〈广西个人自愿缴存住房公积金管理办法〉的通知（桂建发〔2017〕9号）》，广西建设网：http://www.gxcic.net/HTMLFile/2017-08/shownews_194840.html，2017年8月。

② 南宁市住房公积金管理中心：《南宁市个人自愿缴存使用住房公积金实施办法（试行）》，南宁市住房公积金管理中心网站：http://www.nngjj.org.cn/xxgk/yfxzzl/zdxzjchgfxwj/t1723819.html，2018年4月。

③ 董昕：《中国农民工的住房问题研究》，经济管理出版社2013年版，第11页。

发展水平相适宜，质量上要满足群众对基本居住权利的期待①。长期以来，我国各地区住房保障水平存在巨大的差异。差异的原因固然是各地区的经济发展水平和财政支出能力上存在差距。但更重要的原因是各地区在人口结构、住房市场状况、土地获取成本、政府城市建设目标上有着明显的差别。程鸿群等利用 2010—2014 年的统计数据对我国 31 省市自治区的住房保障水平进行了测评，他们指出东部发达地区存在住房保障不足的现象，中部地区住房保障总体均衡而西部地区存在过度住房保障的现象②。

　　农民工住房保障是城镇住房保障体系的重要组成部分，农民工住房保障也应与地区发展相适应。从上一节的分析中可以看出，超大城市上海、深圳的住房保障对农民工的开放程度非常有限；特大城市杭州、重庆的农民工住房保障基本适度；大城市长沙、南宁对农民工实现了制度上保障，但要完全落实还存在财政上的巨大困难。事实上，城市政府在农民工住房保障上的做法是城市发展过程中的艰难选择。对于上海、深圳来说，虽然农民工总量较大，但城市面临着向世界级大城市奋进的转型压力，仅有的住房保障稀缺资源不得不用于挽留中高端人才从而助力城市创新发展；对于杭州、重庆来说，它们正在努力追赶超大城市，承担更多的住房保障服务是快速推进农业转移人口市民化的重要抓手；对于长沙、南宁来说，就地就近城镇化理念下，住房

---

① 张超、黄燕芬、杨宜勇：《住房适度保障水平研究——基于福利体制理论视角》，《价格理论与实践》2018 年第 10 期。
② 程鸿群、袁宁、杨洁：《我国住房保障投入合理值测算与地区差异研究》，《决策参考》2018 年第 4 期。

保障也成为政府快速提高户籍人口城镇化率的重要举措。

毋庸置疑，城市治理者普遍认同农民工住房保障作为一种城市治理工具应该服务于城市发展的目标。在户籍制度不断松绑的趋势下，住房似乎正在成为一种新的人口筛选机制。在城市发展和农民工住房保障之间应该存在更为良性的互动关系。这是城市政府应该不断去探索的方向。

二、多主体、多渠道、多层次扩大住房供应

农民工住房问题归根结底还是农民工住房供给短缺问题。要解决该问题需要从供给侧出发优化当前农民工住房的供应结构，增加农民工住房的供应数量。通过整理相关资料和文献发现，地方政府农民工住房保障实践中都不约而同地向着多主体、多渠道、多层次扩大住房供应的方向努力。

面向农民工群体的住房供应主体包括政府、用工单位、村集体经济组织、租赁公司／中介、拥有闲置住房的城镇原居民和"城中村"村民、房地产开发商等。政府提供的住房包括廉租房、公租房、限价商品住房、具有过渡性质的农民工公寓。用工单位提供的住房包括免费集体宿舍和低价租赁住房。村集体经济组织提供的住房主要是建设在村集体建设用地上的农民工公寓。租赁公司／中介通过收储市面上闲置的或租金较低的住房然后出租给农民工。原城市居民和城中村村民将闲置住房直接租赁给农民工。房地产开发商将新建商品房出售给农民工。当前公益性的供应主体只有政府，其余供应主体皆为非公益性的。未来也应该鼓励非营利组织参与到农民工的住房供应中来。

扩大农民工住房供应的渠道主要有增量和存量两种方式。增量方式是指新建适宜农民工居住的住房。例如，政府出资直接建设或吸引社会资本参与建设保障性住房配租 / 配售给农民工、村集体组织建设多层公寓配租给农民工、开发商建设商品房出售给农民工、用工单位利用工业用地中的生活用地修建农民工宿舍。存量方式主要是改建已有房产扩大农民工住房供应。例如，政府通过回购、回租市面闲置房产、改建烂尾楼、改造政府闲置房产等方式扩大农民工住房房源；租赁公司 / 中介公司通过收储房源、装修旧房屋、分割大户型的方式扩大农民工住房供应；企业可以通过改造旧厂房为农民工提供临时居所。当前农民工住房供应的渠道主要是通过改造存量房产来实现的，未来也需要引导各供应主体建设面向农民工的住房。

农民工的住房需求日益多元化。房屋不仅仅是生存和休息的地方，更是家庭生活、邻里生活和社交生活开展的重要场所。当前农民工住房地方实践中也开始探索多层次的住房供应体系。成功的例子有重庆市"一人一床一元"的棒棒公寓、园区配建的蓝领公寓、容许长期承租公租房的租户购买产权的政策。以上安排涵盖了临时性住房、居家型过渡住房和产权式住房多种选择。又如长沙市开展公租房货币补贴试点，支持农民工自行在市场上寻觅合适的住房。失败的例子也有。例如长沙市早期主推的农民工廉租房（江南公寓）。未来的政策需要尽可能的为农民工提供多样化的住房选择，适应他们多元化的住房需求特点。

三、分阶段、分步骤渐进解决

农民工住房保障是政府利用财政资源补贴中低收入农民工群体以

达到社会公平和公正的目标。作为一种社会福利，农民工住房保障也是稀缺资源。并非所有的农民工群体都能纳入城镇住房保障的范围。经过多年的努力我国的住房保障于 2015 年达到了 20% 的水平，计划在 2020 年达到 23% 的水平，能够做到对本地户籍低收入住房困难居民应保尽保，极大程度缓解了收入中等偏下的本地户籍家庭保障需求，一定程度缓解了非本地户籍的保障需求。此外，并非所有的农民工都需要纳入住房保障范围。例如，国家统计局《2018 年全国农民工监测调查报告》指出，有接近 17.4% 的外出农民工有能力购买商品房[①]。考虑到以上情况，分阶段、分步骤渐进式地解决农民工住房保障问题就变成一种务实的选择。

通过整理相关资料和文献发现，地方政府农民工住房保障实践中都不约而同地采用了这种渐进式的解决办法。姚玲珍等比较了上海、北京、重庆、西安、常州、淮安、黄石、杭州的住房保障范围，他们发现住房困难程度和收入水平是大多数城市住房保障准入标准[②]。本书比较的是上海、深圳、杭州、重庆、长沙、南宁的外来务工人员住房保障范围，同样发现学历状况、工作状况、合同年限、缴纳社保年限、居住年限也是筛选标准。

不过，现行准入标准还存在一定的优化空间。首先，住房困难只考虑了住房面积这一项指标。根据国际经验，还应该考虑厨房设施、厕

---

① 国家统计局：《2018 年全国农民工监测调查报告》，国家统计局网站：http://www.stats.gov.cn/tjsj/zxfb/201904/t20190429_1662268.html，2019 年 4 月。

② 姚玲珍、刘霞、王芳：《中国特色城镇住房保障体系演进》，经济科学出版社 2017 年版，第 40 页。

所设施、洗澡设施、燃料设施、饮用水设施等情况。其次，收入标准一般会参考上年度城市居民人均可支配收入，但未考虑房价因素。最后，现有标准未考虑农民工的家属随迁状况，只将申请者简单区分为个人和家庭。那些以家庭化模式流动的农民工更有在城市长期居住甚至定居的意愿，他们应该成为住房保障服务的重点对象。

第九章　农民工住房政策构建

农民工住房问题，不仅影响农民工在城市的居住和生活环境，也制约着他们市民化的水平和质量，还关乎地区新型城镇化发展及社会公平和正义。本章将明确农民工住房政策的构建环境、指导思想、政策目标、原则、时序安排、因城施策方案及相关配套政策设计。

第一节　政策环境

公共政策环境是公共政策系统中非常重要而不可或缺的一部分，没有对公共政策环境的有效把握，就难以掌握公共政策系统的演化方向，也不可能制定和实施有效的公共政策。公共政策环境是指"影响公共政策产生、存在和发展的一切内部因素和外部因素的综合"。[①] 农民工住房政策属于公共政策，影响农民工住房政策的政策环境因素有很多，这里只重点介绍以下四个方面。

[①]　陈振明：《政策科学：公共政策分析导论》，人民出版社 2003 年版，第 7 页。

一、城镇化发展

城镇化趋势是农民工住房政策构建的现实背景。

改革开放以来，我国城镇化速度不断加快。1978-2017 年，城镇化率从 17.9% 提高到 58.5%；城镇常住人口由 1.72 亿人扩大到 8.13 亿人；地级市数量从 99 个增加到 294 个；县级市由 91 个增加到 962 个。[①] 我国由一个农业人口占主体的国家成为了城镇人口占主体的国家，取得了举世瞩目的成就。按照国际经验和城镇化的规律，城镇化率在 30%~70% 是城镇化快速时期。而我国正处于这一战略机遇时期。

过去十多年，城镇化的概念及内涵在我国的城市发展政策中逐渐明晰。2000 年 10 月，中共中央《关于制定国民经济和社会发展第十个五年计划的建议》中，正式采用城镇化一词。2002 年 11 月，党的十六大报告提及城镇化。2007 年 10 月，党的十七大提出"要走中国特色城镇化道路"。2012 年，党的十八大要求工业化、信息化、城镇化、农业现代化良性互动、同步发展。2012 年 12 月，中央经济工作会议要求"积极稳妥推进城镇化，着力提高城镇化质量"。2013 年 12 月，中央城镇化工作会议提出"要紧紧围绕城镇化发展质量，稳步提高户籍人口城镇化水平"，"要以人为本，推进以人为核心的城镇化，把促进有能力在城镇稳定就业和生活的常住人口有序实现市民化作为首要任务"，"要推进农业转移人口市民化，解决好人的问题是推进新型城镇化的关键。"[②] 2014 年，中共中央国务院印发《国家新型城镇化规划（2014-2020

---

① 徐林：《城镇化的动力来自城乡之间差距》，《中国农村发展》2018 年第 6 期。
② 共产党员网：《2013 中央城镇化工作会议》，共产党员网：http://www.12371.cn/special/2013czhgzhy/ 。

年)》，规划指出新型城镇化要秉持"以人为本，公平共享"的原则，"合理引导人口流动，有序推进农业转移人口市民化，稳步推进城镇基本公共服务常住人口全覆盖，促进人的全面发展和社会公平正义，使全体居民共享现代化建设成果。"①2016 年，习近平总书记对深入推进新型城镇化建设做出重要指示，"强调新型城镇化建设要坚持以创新、协调、绿色、开放、共享为发展理念，以人的城镇化为核心，更加注重提高户籍人口城镇化率，注重城乡基本公共服务均等化。"②目前，党和政府提出新型城镇化的理念将推进我国城镇化发展从高速度向高质量转变。新型城镇化要求有序推进农业转移人口市民化，落实到农民工住房问题上就是要改善农民工城市居住条件，扩大城镇住房保障范围，促进他们公平发展，平等享受改革开放的成果。

总的来说，一方面，我国城镇化发展速度还在不断加快。国际经验和研究表明，城镇化速度越快，农业转移人口数量越大，农民工规模越大，城镇住房面临的压力越大，农民工住房困难情况将加剧。另一方面，高质量的城镇化发展又要求为从农业转移来的城镇人口提供更加良好的居住条件。因此，目前需要积极有为的农民工住房政策以适应城镇化带来的挑战和我们自身对高质量城镇化发展目标的追求。同时，我们还需警惕农民工住房政策设计中可能出现的过度福利化倾向，努力使农民工住房保障水平与我国的城镇化增长速度相匹配，使城镇住房供应与农业转移人口转移速度相适应，避免出现住房服务不足或

---

① 中共中央、国务院：《中共中央 国务院印发〈国家新型城镇化规划（2014–2020 年)〉》，中华人民共和国中央人民政府网站：http://www.gov.cn/gongbao/content/2014/content_2644805.htm?76p，2014 年 3 月。

② 习近平：《习近平对深入推进新型城镇化建设作出重要指示》，中国共产党新闻网：http://cpc.people.com.cn/n1/2016/0223/c64094–28144233.html，2016 年 2 月。

住房服务过剩的情况。

二、住房制度演进

我国住房制度具有二元结构的特点，分为城镇住房制度和农村住房制度两个部分。改革开放以来，我国不断推进城镇住房制度改革，加快了城镇住房建设、改善了城镇居民的居住条件，实现了城镇住房的商品化和社会化，一定程度上满足了城镇居民不断增长的住房需求。然而，城镇住房领域仍然存在不平衡不充分发展的矛盾，例如区域性供求失衡、房价与居民可支付能力不匹配、金融风险累积等问题。这些问题迫切需要对现有城镇住房制度进一步改革。另外，在城镇住房制度大幅改革的过程中，农村住房制度未发生根本性的变化。我国现行的农村住房制度以及宅基地供给制度均产生于计划经济时代。农村住房主要靠农民"自建、自有、自用和自管"，不能上市交易只能在农村集体组织内部流转；宅基地供给秉持"一户一宅"，无偿获得，永续免费使用的原则。虽然过去几十年农村住房制度变动不大，但它一直受到经济发展和社会变迁的持续冲击，出现了农村住房资源低效利用的情况。例如，农村住房缺乏统一规划，无序建房、一户多宅的现象；农村"空心化"现象；农村住房及宅基地产权，无法抵押流转，农民难以获得财产性收入；小产权房泛滥；等等。在这些冲击下，农村住房制度改革也迫在眉睫。除此之外，在我国的城镇化过程中，还出现了进城农民工城乡两头占房，导致宅基地浪费和城市土地供应紧张并存的现象。这种现象也反映出当前二元结构的住房制度已经不能够适应人口流动的特点，需要进行整合设计。

总的来说，不论是城镇住房制度、还是农村住房制度、还是整体住房制度架构都面临着改革的压力。那改革的方向又是什么呢？近年来，供给侧结构性改革是当前我国深化体制改革的重要思路。2015 年 11 月，在中央财经领导小组第十一次会议上，习近平总书记提出了"供给侧结构性改革"的概念。2016 年 1 月，在中央财经领导小组第十二次会议上，习近平总书记强调"供给侧改革的根本目的是提高社会生产力水平，落实好以人民为中心的发展思想"。[①]2017 年 10 月，在党的十九大报告中，习近平总书记指出要"深化供给侧结构性改革。建设现代化经济体系，必须把发展经济的着力点放在实体经济上，把提高供给体系质量作为主攻方向，显著增强我国经济质量优势"。[②] 此外，在住房领域，习近平总书记还强调："坚持房子是用来住的、不是用来炒的定位，加快建立多主体供给、多渠道保障、租购并举的住房制度，让全体人民住有所居"。以上思路和论断为我国的住房制度改革指明了目标、方向和路径。

农民工住房是我国人民群众住房的一个子集，农民工住房政策也应该在我国住房制度的框架下进行。当前我国住房制度仍在不断演进中，而这将影响农民工住房政策的设计。具体可能的方向是从住房供应入手，加快建立多主体供给，多渠道保障的住房市场供应体系和住房保障体系，构建租购并举的住房制度，让农民工群体住有所居。

---

① 习近平：《习近平主持召开中央财经领导小组第十二次会议 研究供给侧结构性改革方案、长江经济带发展规划、森林生态安全工作》，新华网：http://www.xinhuanet.com/politics/2016-01/26/c_1117904083.htm，2016 年 1 月。

② 习近平：《决胜全面建成小康社会 夺取新时代中国特色社会主义伟大胜利——在中国共产党第十九次全国代表大会上的讲话》，人民出版社 2017 年版，第 30 页。

三、城镇住房保障模式更新

住房保障是政府保障城镇中低收入阶层基本居住需求，提升该群体住房可支付能力的一项社会福利制度。世界各国的住房保障模式风格迥异。如自由主义福利国家美国奉行的住房保障制度，保守合作主义福利国家德国和法国秉持的住房保障制度，以及社会民主主义福利国家英国和新加坡实施的住房保障制度。虽然发达国家的公共住房在供应主体、供应方式、住房补贴方式、融资模式和管理模式等方面存在明显差异，但都走过了一个从政府直接提供公共住房、发展到补贴公共住房开发商再到补贴最终住房消费者的过程，即所谓补砖头到补人头的过程[①]。

我国的住房保障模式经历了三个阶段。第一阶段：1999-2008 年，是以经济适用住房供给为主导以廉租住房为辅的模式。产权式保障的方式部分缓解了住房保障需求，但在实践中弊端较多，也难以满足人民群众不断增加的住房保障需求。第二阶段：2009-2015 年，是公共租赁住房（含并轨廉租房）、经济适用房、限价房和棚户区改造等多种保障性住房的租售并举模式。2011-2015 年，我国确立了建设 3600 万套各类保障房和棚户区改造的目标，年均住房保障支出占 GDP 的 0.73%，保障性住房供应短缺的局面得到了大幅缓解[②]。结合国际经验，当前我国城镇住房保障水平总体是适度的。另外，城镇住房保障也产生了一些

---

① 姚玲珍、刘霞、王芳：《中国特色城镇住房保障体系演进》，经济科学出版社 2017 年版，第 4 页。

② 姚玲珍、刘霞、王芳：《中国特色城镇住房保障体系演进》，经济科学出版社 2017 年版，第 23 页。

问题。例如，城镇住房保障的广度和深度不够，未能覆盖本地非户籍人口；保障性住房选址偏远基础设施配套落后，导致保障性住房空置现象；保障性住房融资难，投资回报慢，后期管理成本高；保障性住房带来的居住隔离和贫民窟问题。第三阶段，2016年至今，货币补贴保障方式改革探索阶段。由于我国地区差异较大，在具体探索过程中，各地又形成了许多有代表性的做法，如以重庆、黄石为代表的"租－售"递进模式、以北京、上海、西安为代表的"租－售"并举模式、以常州为代表的全面货币化模式。

总体来说，我国住房保障正经历从政府大规模建设保障性住房到依托市场筹集保障性住房资源，从产权式保障为主到租赁式保障为主，从实物补贴过渡到货币补贴的阶段，而城镇住房保障模式的演进影响农民工住房政策设计中政策工具的选择。

四、农村宅基地制度改革

农村宅基地是农村集体经济组织批准给农户或个人用于建设房屋的集体土地。农村宅基地供给秉持"一户一宅"无偿获得，免费、永续使用的原则。改革开放以来，农村人口结构发生了明显的变化，农村人口总数持续增加的同时，也面临着大量人口外流的情况。在这种背景下，原有的农村宅基地制度受到了挑战，政府也开始出台一系列的政策应对这一挑战。

2004年10月，国务院下发了《国务院关于深化改革严格土地管理的决定》，"鼓励农村建设用地整理，城镇建设用地增加要与农村建设用地减少挂钩""改革和完善宅基地制度，加强农村宅基地管理，禁止城镇居民在农村购租宅基地。"①　随后，原国土资源部（现自然资源部）制定了《关于规范城镇建设用地增加与农村建设用地减少相挂钩试点工作的意见》以及《关于天津等五省（市）城镇建设用地增加与农村建设用地减少相挂钩第一批试点的批复》并在天津、浙江、江苏、安徽、山东等省市开展试点工作。2008 年，原国土资源部（现自然资源部）出台了《城乡建设用地增减挂钩试点管理办法》全面开展工作。随后，地方政府开始进行了许多有益探索，形成了一批典型模式，如天津的宅基地换房模式、重庆的地票模式、广州的城市和农村建设用地"同地、同权、同价"的做法。前期工作取得了一些成效，在一定程度上优化了土地结构，提高土地集约度。但也存在一定的问题，例如农民的权益得不到充分保障，农民"被上楼"的情况。中共十八届三中全会审议通过的《中共中央关于全面深化改革若干重大问题的决定》提出，"保障农户宅基地用益物权，改革完善农村宅基地制度，选择若干试点，慎重稳妥推进农民住房财产权抵押、担保、转让，探索农民增加财产性收入渠道。建立农村产权流转交易市场，推动农村产权流转交易公开、公正、规范运行。"②2015 年，中共中央办公厅和国务院办公厅联合下发《关于农村土地征收、集体经营性建设入市、宅基地制度改革试点工作的意见》，在全国选取 30 个左右县（市、区）行政区域进行试点。2018 年，中共中央、国务院印发了《乡村振兴战略

---

①　国务院：《国务院〈关于深化改革严格土地管理的决定〉（国发〔2004〕28 号）》，中华人民共和国中央人民政府网站：http://www.gov.cn/ztzl/2006-06/30/content_323794.htm，2013 年 11 月。

②　中共中央：《中共中央〈关于全面深化改革若干重大问题的决定〉》，中华人民共和国中央人民政府网站：http://www.gov.cn/jrzg/2013-11/15/content_2528179.htm。

规划（2018 — 2022 年）》，规划提出"维护进城落户农民土地承包权、宅基地使用权、集体收益分配权，引导进城落户农民依法自愿有偿转让上述权益。加快户籍变动与农村'三权'脱钩，不得以退出'三权'作为农民进城落户的条件，促使有条件的农业转移人口放心落户城镇。落实支持农业转移人口市民化财政政策，以及城镇建设用地增加规模与吸纳农业转移人口落户数量挂钩政策，健全由政府、企业、个人共同参与的市民化成本分担机制。"①

总的来说，宅基地制度改革仍在探索的初级阶段。由于农村宅基地既是农民工当前重要的资产，也是其未来获得财产性收入的重要载体，因而农村宅基地制度改革将会继续显化其资产属性。一方面，这将提高农民工的住房可支付能力。另一方面，这也可能导致农民工更不愿意离开农村落户城镇，即农村宅基地制度改革是影响农民工住房政策效果的不确定性因素。

第二节 政策目标

一、最终目标

农民工住房政策体系构建的最终目标是保障农民工的城市居住权，协助农民工入住适宜居住且可负担的城市住所。

---

① 中共中央、国务院：《中共中央 国务院印发〈乡村振兴战略规划（2018–2022）〉》，中华人民共和国中央人民政府网站：http://www.gov.cn/zhengce/2018–09/26/content_5325534.htm。

1. 保障农民工的城市居住权

居住权是人的一项基本权利。《世界人权宣言》中提出"人人在各国境内有权自由迁徙和居住","人人有权享受为维持他本人和家属的健康和福利所需的生活水准，包括食物、衣着、住房、医疗和必要的社会服务"。居住权即公民为生存而必须享有的住房方面的权利。党的十九大报告提出"让全体人民住有所居"，就是政府对人民庄重的政治承诺。长期以来，受二元户籍制度和城乡分割体制影响农民工的城市居住权较难实现。农民工住房困难表现在以下五个方面：一是，人均居住面积非常小、不具备基本生活设施、居住环境差，存在安全隐患等；二是，住房自有率很低，远远落后于城市户籍人口；三是，难以公平享受政府提供的住房保障待遇；四是，城中村改造中，农民工居住权得不到充分认可，住房权益得不到保障；五是，限购令阻碍有经济能力的农民工购买城市住房。保障农民工的城市居住权就是要扫除阻碍农民工享受城市住房服务的制度壁垒，尤其是要解除户籍身份门槛，使农民工和城镇居民一样公平享受住房市场和住房保障服务。

2. 协助农民工入住适宜居住且可负担的城市住所

所谓适宜居住的住所目前并无统一的标准。不同社会、不同人群的看法各异。对有的农民工来说，能够满足基本居住需求，符合安全卫生条件的住所就是宜居的；对有的农民工来说，住房除开基本居住功能，还需考虑其在居住质量、居住位置、家庭生活需求满足等方面的属性；对还有的农民工来说，能够帮助他们实现从农民到市民身份转变，成功融入城市社会的住所才为宜居住所。面对因人而异的定义，住房政策应该促进不同质量住房供应的增加及城市住房整体质量的提高，使得农民工都能够找到符合自己定义的住所。至于可负担性，虽然不同城市、不同阶层人群的看法也不尽相同，没有绝对的标准。但研究表明当居住成本超过收入的30%，居住者将面临较大的住房压力。因此，城市住房政策可以以此为目标，维持住房供应的稳定发展，使得农民工能够按照其经济能力寻找到合适的住所。

二、长期目标

农民工住房政策体系构建的长期目标是建立城乡统一的住房保障体系，改善农民工城市居住条件，实现城镇户籍人口和农民工在基本住房保障服务上的均等化，促进农民工在城镇的定居。

基本公共服务是由政府在经济社会发展条件约束下，能够为全体公民提供的保障其生存和发展基本需要的公共服务。基本公共服务均等化是指"全体公民都能公平可及地获得大致均等的基本公共服务"，目标是促进机会均等[1]。当前，国家将基本住房保障服务列为基本公共服务，建立健全基本住房保障制度，加快解决城镇居民基本住房问题和农村困难群众住房安全问题。

当前，农民工并未能与户籍人口一样享受相同质量的城镇住房保障服务，具体表现在如下几个方面：一是大部分城镇户籍住房困难家庭已做到应保尽保，但仅有小部分住房困难农民工能享受城镇住房保障服务；二是城镇户籍人口可以申请产权式住房保障，但农民工只能

---

[1] 国务院：《国务院〈关于印发"十三五"推进基本公共服务均等化规划的通知〉（国发〔2017〕9号）》，中华人民共和国中央人民政府：http://www.gov.cn/zhengce/content/2017-03/01/content_5172013.htm。

申请租赁式住房保障；三是即使是租赁式住房保障，城镇户籍人口和农民工获得的比例并不相等；四是城镇户籍人口可享受实物保障或货币补贴，但农民工只能享受实物保障，即使在农民工能享受货币补贴的地区，补贴标准也低于城镇户籍人口。造成以上差异的原因可能是多方面的，例如地方财力有限、地方保护主义、农民工流动性大等。但未来政策的目标应是逐步消除这些差距，使农民工能公平享受城镇住房保障服务。

三、短期目标

农民工城市住房政策体系构建的短期目标是逐步改善农民工城市居住条件，将农民工分阶段、有步骤地纳入城市住房保障体系，实现部分农民工在城镇安居。在不同的社会经济条件下，城市满足农民工住房需求的能力有差异；在不同的时期，需要保障的农民工类型和保障标准也有所不同。依据城市发展情况和城市对农民工数量和类型的需要，确定农民工住房保障的准入条件，并根据需求进行动态调整，以缓解农民工住房困难的状况。

第三节　构建原则

一、责任主体原则

首先，政府应该是解决农民工住房问题的责任主体之一。早期，政府将改善农民工住房条件的责任主体定位于用工企业，从允许用工企业利用自用地建设农民工宿舍再到鼓励企业在开放区和工业园区建设集体宿舍。然而，研究表明没有政府补贴激励的情况下，用工单位难有动力承担起建设和管理农民工住房的职责，其实质只能是将农民工的部分货币工资转换为实物福利，还可能剥夺了农民工工作外的闲暇时间。一直以来，我国城镇住房保障的责任主体是政府，那么政府也应该成为农民工城镇住房保障的责任主体。政府可以自己直接提供农民工住房保障服务，也可以通过提供土地优惠、税收优惠、贷款优惠等方式引导用工单位／社会机构向农民工提供住房。

其次，流入地政府应该承担起解决农民工住房问题的主体责任。农民工住房问题归根到底是农民工在流入地的城市住房问题。由于住房的不可移动性，因此农民工住房问题只能在农民工流入城市被解决。此外，研究表明城市解决农民工住房问题将有利于促进城市的经济发展和社会融合，因此获益的城市政府更应该承担起主体责任。当然，如果流入地政府承担起解决农民工住房问题的全部责任，它将面临较大的资金、土地压力，因此需要上一级政府的帮助。例如，农民工跨区域流动导致的流入地住房建设用地紧张和流出地住房建设用地富余的结构性失衡可由上一级政府来协调解决。党的十八届五中全会已经提出建立建设用地增加规模同吸纳农业转移人口落户挂钩。2016 年政府工作报告也提出"人地钱"挂钩的思路。"人地钱"挂钩机制的建立和健全将推动财政资金和建设用地指标随农民工跨区域流动，破解流入地政府在解决住房问题上的困局。

最后，城市政府应该是农民工住房政策实施细节的具体设计者。长期以来，我国住房保障的建设管理任务都是由上而下层层摊派。虽然这种管理办法能够在短时间内大幅提高住房保障的供给数量，但容易引致住房保障资源的空间错配，也难以形成制度化的住房保障机制。此外，城市政府承担着解决农民工住房问题的主要压力，它们也最为了解辖区内的农民工住房问题特点。只有让城市政府监督执行农民工住房政策的实施细节，形成具有城市特色的解决方案，才能保证政策的针对性、可行性和有效性。2018 年中央经济工作会议已经提出："要构建房地产市场健康发展长效机制，夯实城市政府主体责任，完善住房市场体系和住房保障体系。"[①] 这正是赋予城市政府在农民工住房政策上更多的自主权。

二、适度原则

如果城市政府是解决农民工住房问题的责任主体。那么城市政府的农民工住房政策需遵循适度原则。主要表现在以下两个方面。

一是，农民工住房政策要与城市发展阶段和目标相适应。过去 40年，我国城镇化率年均提高 1 个百分点，每年平均有 1 千万农村转移人口进入城镇地区。然而，我国的城镇化发展并不平衡，表现在东中西地区发展不平衡、城市与农村发展不平衡、增长型城市和收缩型城市的发展不平衡、人口流入地和人口流出地的发展不平衡。例如，269个地级市中，上海、深圳、北京的城镇化总体效率最高；百色、承德、十堰的城镇化总体效率最低，即不同城市所处的发展阶段并不相同，资源禀赋差异下，未来的发展目标定位也不尽相同。农民工住房政策作为城市治理工具，其设计需要综合考虑城市发展的情况，以便推动

[①]　陈涛：《楼市将进入长效机制构建轨道》，新华网：http://www.xinhuanet.com/fortune/2018-12/26/c_1123904571.htm 。

城市进一步发展。

二是，农民工住房保障要与城市地方财力相适应。研究表明，住房保障分为救济型和福利型。前者主要解决最困难家庭的住房问题，如美国的公共住房，后者面向大多数人提供住房福利，如新加坡的组屋。然而，住房保障定位于救济型还是福利型，将直接影响政府财政投入，对社会资源和财富的分配影响巨大。当前我国城镇住房保障水平是适度的，但在农民工住房保障上还存在不足。未来需在不过度增加地方财政压力的情况下，适当提高农民工住房保障水平。

三、梯度原则

梯度原则主要体现在以下两个方面：

一是，农民工住房政策要促进农民工住房梯度消费。一种农民工的住房梯度消费模式是临时公寓→工棚、集体宿舍→城中村 / 棚户区 / 老旧小区→新建商品房住宅租房→买二手房→换小面积新房→换大房。城市住房政策要促进住房消费市场细分，构建能供农民工选择的住房梯度市场。

二是，农民工住房保障要守住基本保障线，循序渐进地推进城镇住房保障服务覆盖到农民工群体。首先，积极推进城镇基本住房保障服务由服务本地户籍人口向常住人口转变；其次，把落户的城镇地农业转移人口完全纳入城镇基本住房保障服务体系；再次，将有稳定工作，长期居住对城市有贡献的农民工纳入城镇基本住房保障体系。最后，为城镇基本住房保障服务暂时无法覆盖的农民工群体提供租房引导，降低他们的租房信息搜索成本。

四、差异性原则

农民工住房政策的差异性原则体现在以下两个方面：

一是，农民工住房政策要因地制宜，有所侧重。由于经济发展水平、产业结构、财政能力和住房市场等方面各不相同，各地区要根据自身情况有侧重地解决农民工住房问题，制定适合本地区情况的农民工住房政策，促进地区经济社会的协同发展。

二是，农民工住房政策要针对政策对象分类设计。由于农民工在住房支付能力、定居意愿、从事行业、年龄、家庭住房状况和住房需求等多个方面存在显著差异，各地区要根据辖区内农民工的差异，设计与之相适应的住房政策，提高政策精准性。

五、多样性原则

农民工住房政策的多样性原则体现在以下三个方面。

一是，农民工住房政策要探索多样化的住房土地供应方式。农民工住房问题的主要原因之一是住房供应不足，包括可供农民工选择的住房供应不足和保障性住房供应不足。而土地是影响住房供给最重要的要素。当前，我国住房市场的土地供应主要采用招标挂牌和拍卖的方式，保障性住房的土地供应主要采用行政划拨的形式。这种土地供应模式，导致市场为追求利润不愿生产适合农民工居住的住房，地方政府为完成上级下达的保障房建设指标仅重视土地供应数量而忽视土地供应的质量（交通区位、基础设施等）。因此，未来农民工住房政策需要探索多样化的保障性住房土地供应方式，突破土地资源约束的瓶颈。例如，鼓励集体经济组织建设保障性住房、引导企事业单位盘活存量土地，建设保障性住房。

二是，农民工住房政策要探索多样化的保障资金募集方式。除土地外，城镇住房保障向农民工覆盖的一个决定性要素是资金。当前住房保障的资金来源渠道不多且还存在一些问题。第一，财政资金。当前财政资金投入比例较大，且由于经济下行，其增长空间有限。第二，住房公积金增值收益。当前住房公积金增值收益用于保障性住房缺乏法理依据。第三，土地出让净收益。随着改革土地财政模式的呼声越来越高，土地出让净收益用于保障性住房难以持续。第四，地方政府债券或转借国债。当前该方式仍在探索中，并不完善。第五保障性项目自身的经营性收入，包括公共租赁房租金收入以及经营性配套设施租赁或销售收入。这部分收入回收速度有限。未来保障性住房资金必须采取财政资金与社会资金并举的模式，例如，采用PPP模式配建保障性住房、建立公共租赁住房REITS基金、鼓励共有产权房项目等。

三是，农民工住房政策要探索多样化的房源筹措方式。农民工的住房形态包括集体宿舍或工棚、农民工公寓、集体组织建造农民工居住点、农民工租赁的住所、公共租赁住房、农民工购买的商品房/经济适用房。当前，农民工的住房模式正经历集体宿舍向租赁住房过渡的过程。未来政府应优化住房供给结构，引导住房市场生产适应农民工群体特点的租赁住房。包括集体经济组织兴建的农民工公寓、企事业单位利用存量土地兴建的农民工住所、社会组织收集整理的面向农民工出租房屋。就公共租赁住房来看，当前我国多采用集中兴建为主、分散配建为辅的模式。而无论是政府集中新建还是分散配建，都不利于利用社会存量房资源。未来保障性住房来源还应包括政府购买、改造或租赁的社会存量房。

四是，农民工住房政策要探索多样化的住房保障形式。现阶段城镇住房保障体系覆盖到农民工主要是以公共租赁住房实物配租的形式。由于大部分农民工具有就业灵活性和流动性、对交通成本高度敏感的特点，这种保障方式存在与农民工住房需求匹配度不高的问题。为了提高住房保障的精准性，政府应通过需求方补贴直接提高农民工的住房支付能力，例如向符合条件的农民工提供公共租赁住房货币补贴或租房券。此外，城镇住房保障还应为农民工提供产权式租赁补贴的选项，通过经济适用房、限价房等保障性住房实物或购房券等货币补贴鼓励有经济实力和购房能力的农民工在城市购房，圆安居梦。

第四节　因城施策

一、住房重度压力型城市

住房重度压力型城市的特点是整体发展水平高，经济增长动能大，产业结构调整迅速，农民工数量庞大；城市土地空间资源竞争激烈，住房市场供应紧张，城市居住成本高；虽然政府财力稳健，但与辖区内农民工规模相比，其保障能力还是有所不足。在农民工实物保障上，重度压力型城市只能量力而行，其主要目标还是应该放在培育和鼓励租赁市场发展，提高农民工租房能力上。

主要举措有：一是加快培育和发展住房租赁市场。培育和发展面向农民工群体的住房租赁企业、鼓励房地产开发企业在农民工聚集区开展住房租赁业务、鼓励改建商业用房和烂尾楼面向农民工出租、引导农村集体经济组织兴建农民工公寓。二是搭建城市租房公共平台，整合社会闲散住房资源，解决农民工租配信息不对称和租房痛点问题。三是在城中村和城乡接合部社区，采用市政改造方式，推进物管进村，加强对农民工聚集区的管理，从而改善农民工居住环境。四是通过阶段性、梯级式货币补贴的方式缓解具有稳定就业农民工的住房困难，例如，推行农民工租房券，方便持券人自由选择租房地点和消费水平，便于农民工就业和随迁子女入学。五是进一步降低保障性住房的服务门槛，引入社会资本，发展公共租赁房和在商品房开发项目中配建农民工住房。六是探索公共租赁房租改售，帮助农民工租户购房。七是推动公积金制度改革，帮助有能力的农民工购房，加快其市民化进程。八是积极动员用人单位、开发区等社会力量利用存量土地建设面向农民工的租赁住房。

二、住房中度压力型城市

住房中度压力型城市的特点是经济总量具有规模，但整体不如住房重度压力型城市；产业发展潜力存在且具有一定优势；当前是农民工的净流入地，未来仍有足够的产业发展空间吸纳更多的农民工；土地供应紧张程度相对缓和，房价收入比相对合理，政府具有一定的财政能力。此类型城市的农民工住房政策应继续挖掘住房市场潜力，实现产业发展问题和农民工住房问题同步解决。

主要举措有：一是督促企业发挥主动性，通过土地税收等政策，鼓励有条件的企业在产业园区配建农民工公寓，集中解决农民工住房问题；二是充分发挥市场力量，利用PPP模式在商业住宅开发项目中配建一定比例的农民工住房，满足农民工居住需求；三是综合采用贴息或低息贷款、购房补贴、农民工住房公积金政策等，提高农民工的购房能力；四是规范非正规住房租赁，为农民工提供稳定的房源；五是扩大住房保障的覆盖面，将公共租赁房和限价房向农民工倾斜。

三、住房轻度压力型城市

住房轻度压力型城市的特点是经济总量和发展速度适中，产业发展较落后，潜力一般；农民工主要来自本地或邻近地区，外地农民工规模不大；城市房价收入比不高，住房租金较低，农民工住房压力不大，整体住房问题并不突出；政府财力相对不足。此类型城市的农民工住房政策应以市民化为主线，协调推动农民工住房问题的解决。

具体举措有：一是利用购房补贴，鼓励到集镇落户的农民和家属建房和买房；二是探索农村宅基地有偿退出机制，鼓励农民工进城购房落户；三是适度发展公共租赁房，将符合条件的农民工纳入政府保障性住房的覆盖范围。四是探索已有公共租赁住房租改售，居住一定时限的本地农民工租户可选择是否购买所租住的保障性住房，以住房促使其完成就地城镇化。

第五节　时序安排

农民工住房问题的解决是一项长期任务，因而必须分阶段有步骤地进行。当前，农民工城市住房政策体系构建的目标是，综合运用各种手段改善农民工的居住条件，分层次将农民工纳入城镇住房保障体系。国务院《关于进一步推进户籍制度改革的意见（国发〔2014〕25

号）》提出城镇住房保障体系要完全覆盖进城落户的农业转移人口，逐步覆盖尚未落户的农业转移人口。根据这一要求，农民工城市住房政策的优先瞄准对象是进城落户农民工，然后是未落户本地农民工，最后是未落户外来农民工。

一、进城落户农民工

进城落户农民工是指原户籍所在地为农村，进入城镇后并落户城镇的农业转移人口。进城落户农民工包括：城中村改造后由农村人口转变而来的城市人口；撤县设区后由农村人口转变而来的城市人口；易地扶贫搬迁城镇化集中安置后由农村人口转变而来的城市人口；通过购房、升学、就业、投靠亲友等方式由农村进入城镇落户的人口。

进城落户农民工是城镇的"新市民"，理应享受与原有城镇居民同等的住房保障服务。然而实现这一目标还受到若干因素的制约。一是，城镇住房保障是一项社会福利，城镇住房保障覆盖范围的进一步扩大依赖政府财政的投入。由于我国经济发展进入新常态，经济下行压力大，地方政府持续增加城镇住房保障投入时会面临较大的财政压力，使得城镇住房保障扩容能力有限。二是，长期以来我国住房保障制度处于城乡二元分割的状态，城乡统一的住房保障体系尚未建立。这种制度安排下，一些进城落户农民工在老家还保有住房所有权和宅基地使用权。那么一个现实问题是正在享受农村住房保障福利的进城落户农民工是否还能够享受城镇住房保障福利？如果可以的话，他们应该通过何种方式享受到哪种形式的城镇住房保障服务。

面对以上问题，一些地方政府进行了有益探索。例如，2010 年陕西省住房和城乡建设厅印发了《陕西省进城落户农村居民保障性住房申请、审核程序暂行办法》，该办法规定："进城落户农村居民在落户所在地不能自行解决住房困难时，可不受落户时限限制与城镇居民一样以平等条件、平等轮候保障性住房（包括廉租住房、公共租赁住房和经济适用房）"。[①] 申请时应具备以下条件："取得城镇居民户口或城镇居民居住证；现住房面积低于当地相应类型的保障性住房政策具备的面积标准；收入符合当地相应类型保障性住房政策确定的收入标准"。[②] 安徽省和河北省主张通过"市场提供房源、政府发放租赁补贴的方式，支持符合条件的进城落户农民承租住房市场"。2018 年，大津市国土局房管局公安局民政局联合印发了《天津市进城落户农民住房保障试点方案》。方案提出："符合条件的进城落户农民可申请住房保障'三种住房、三种补贴'、与本市城镇居民同等享有基本住房保障的权利"。[③] 根据该方案，受理部门除按现行规定对申请人家庭的住房进行认定外，还需对以下情况进行认定：一是原户籍为农业户籍的，家庭有宅基地的，认定为住房面积超出标准；无宅基地的，按照现行政策认定申请人的住房面积；二是原户籍为外省市农业户籍人口，不再核定其在原籍的住房和宅基地情况。[④]

---

① 安康市人民政府：《我省制定暂行办法推进进城落户农民申请保障性住房》，安康市人民政府网站：http://www.ankang.gov.cn/Content-33023.html，2010 年 9 月。
② 安康市人民政府：《我省制定暂行办法推进进城落户农民申请保障性住房》，安康市人民政府网站：http://www.ankang.gov.cn/Content-33023.html，2010 年 9 月。
③ 天津市政府：《本市实施进城落户农民申请住房保障工作》，天津市人民政府网站：http://www.tj.gov.cn/xw/bum/201802/t20180206_3620995.html，2018 年 2 月。
④ 天津市政府：《本市实施进城落户农民申请住房保障工作》，天津市人民政府网站：http://www.tj.gov.cn/xw/bum/201802/t20180206_3620995.html，2018 年 2 月。

针对进城落户农民工，笔者认为未来政策应该：一是从制度上落实进城落户农民工申请城镇住房保障的权利，不应以落户时限或缴纳社保年限设置申请门槛；二是出台具体的措施，规范住房困难的认定细节，具体可参照天津市的做法，促进城乡住房保障制度的衔接；三是考虑到住房保障服务的成本，可借鉴安徽和河北的做法，通过发放租赁补贴、租房券、购房券来提高他们的住房可支付能力，改善他们的居住条件。

二、未落户本地农民工

以地级市为研究对象，本地农民工是指户籍所在地为农村但在该地级市行政区划内务工的农业转移人口。一般包括：向所在小城镇（包括中心镇、乡政府所在集镇和一般集镇）转移的农村人口；向所在县城转移的农村人口；向该地级市行政区划内的邻近小城镇和县城转移的农村人口；以及向该地级市城区转移的农业人口。未落户本地农民工是指那些尚未取得城镇户籍的本地农民工。如果已经取得城镇户籍，则可参照上文中的建议。

未落户本地农民工是新型城镇化过程中农业转移人口市民化的重点对象。首先，他们是短距离流动，农村老家与流入地在文化、方言、生活习惯上差异不大，因而能够比较容易接受城镇的生活方式，实现社会融入。其次，由于流动成本不高，他们能够携带家属随迁，从而减少留守妇女、儿童和老人引起的社会问题。最后，他们的短距离流动能够加强流出农村和流入城镇两地之间的人力资本、信息、技术、思想的交流，促进城乡经济一体化。

有人认为，未落户本地农民工拥有自己的宅基地，不应该再给予他们城镇住房保障，否则存在双重保障的现象。然而，一些地区近年来也存在宅基地无地可分的困境。此外，宅基地保障与住房保障本质还是存在一定差别的。拥有宅基地的农民工，其农村住房也可能由于缺乏资金而疏于修缮，存在住房困难的问题。

因此，对于未落户本地农民工，城市政府要通过多种手段改善他们的城市居住条件，以住房为抓手推进准市民化导向的政策促进他们就近城镇化。具体举措包括：一是改造城中村和城市边缘区住房，允许在集体土地上建造农民工公寓，提高住房市场供应数量和质量。二是降低本地农民工进入正规市场的门槛，包括创新出台对他们进城购房实施税费减免优惠和财政补贴的政策，激发他们的购房积极性；推动农村住房所有权和宅基地使用权抵押贷款，建立农村住房出租统一平台，盘活沉睡的资本，增强他们的购房能力；鼓励他们缴纳住房公积金并进行住房消费；缩小他们与当地市民的工资差距，实现同工同酬。三是以就业类型、就业年限、居住年限、缴纳社保年限、年龄、家庭成员个数等设置保障性住房的申请门槛，将住房保障服务优先提供给有意愿在城市定居落户的本地农民工。

三、未落户外来农民工

以地级市为研究对象，外来农民工通常是指跨省或跨市进入本城市行政区划内工作但户籍所在地为农村的人口。未落户外来农民工是指尚未取得本地城镇户籍的外来农民工。

对于省内跨市农民工，可以考虑流入城市和流出城市联动解决住房问题。首先，建立省级层面的协调机制，将农民工流入城市政府保障性住房建设用地增加与农民工流出农村建设用地建设挂钩，激励流入地城市政府为外来农民工提供更多的保障性住房。其次，借鉴一些城市群户籍同城化方案的做法，放宽跨市农民工在城市群范围内异地购房制度。再次，统一省内个人自愿缴存公积金标准，加快推动农民工缴存公积金，研究出台省内农民工异地购房使用住房公积金贷款的方案。对于跨省农民工，主要考虑健全住房制度，推进住房市场供给侧结构性改革增加住房供应，培育和发展住房消费市场，引导他们通过住房租买市场来解决住房问题。对于特别优秀的外地农民工，无论是跨市还是跨省的，都可以考虑将其纳入城镇住房保障的范围，给予公共租赁住房实物配租或产权式保障。

第六节　配套政策

农民工在城市的居住问题，是一个综合性问题。该问题的解决不仅依赖精准有效的住房保障制度和住房政策，还依赖其他相关政策的配套，具体包括以下几个方面。

一、户籍政策

长期以来，我国奉行城乡二元分割的户籍制度，严格区分农民和城市居民并配以不同的社会福利安排。以往研究表明，户籍制度及其附着的福利安排是造成农民工与城市户籍居民在住房、就业、医疗和教育等方面存在巨大差异的决定性因素。近年来，我国户籍制度在不断松绑。2019 年，国家发展和改革委员会提出《关于培育发展现代都市圈的指导意见》（发改规划〔2019〕328 号），提出"放开放宽除个别超大城市外的城市落户限制，在具备条件的都市圈率先实现户籍准入年限同城化累积互认，加快消除城乡区域间户籍壁垒"①。该意见的出台标志着户籍制度的功能或将彻底由福利门槛转化为统计登记。

就住房福利来看，大部分城市已经在制度层面上将农民工纳入了公共租赁住房的覆盖范围。然而，城市居民和农民工的住房保障服务还存在差距。例如，农民工公共租赁住房保障仍然以实物配租为主；享受公共租赁住房的农民工租户在租金核减、物业费减免等福利上还存在不足；在公共租赁住房供应紧张的情况下，城市居民和农民工的分配比例并不明确；农民工购买经济适用房、限价房等产权式保障性住房还存在户籍阻碍，等等。流入城市越发达、流动跨越行政区域越大，农民工拥有住房和享受住房保障的概率越低。未来还应该继续推进户籍制度改革，使得户籍人口和非户籍人口享受均等化的公共服务。

二、城镇土地供应政策

当前，城镇土地供应存在一些较为突出的问题。一是，建设用地采用指标管理的模式，无法适应人口跨区域流动带来的土地需求动态变化。在农民工流入地，住房建设用地供给不足；在农民工流出地，住房建设用地却有富余。人口的流动性和土地的不可转移性

---

① 国家发展和改革委员会：《国家发展改革委〈关于培育发展现代化都市圈的指导意见〉》，中央政府网站：http://www.gov.cn/xinwen/2019–02/21/content_5367465.htm，2019 年 2 月。

造成了流入地和流出地土地供应的结构性失衡，导致农民工流入地住房服务价格上涨，农民工流出地住房建设用地无法高效利用。二是，土地供给方式奉行招拍挂制度，城市政府成为土地一级市场的垄断供给方，缺乏足够的动力去供给保障性住房用地。三是，随着我国进入后工业化时代，一些城市的功能发生了改变，许多城市由制造业逐步转型至服务行业。从事服务业的农民工，居住地一般较为分散。如果仍以集中居住为目标提供保障性住房用地，或将导致保障性住房大量空置、职住严重分离等一系列问题。四是，城镇土地供应比较单一，目前仍以国有土地为主，农村集体建设用地入市途径与渠道并不顺畅。

针对问题一，首先，政府应该积极探索和落实城镇建设用地增加规模和吸纳农业转移人口落户数量挂钩政策。其次，政府应该统筹调配流入地和流出地的建设用地，探索农业转移人口流出地的建设用地节余指标在更大范围交易。针对问题二，首先，按照"集中统筹、分级保障"的原则，实施用地指标核销制等举措，实现保障性安居工程项目用地指标应保尽保。其次，积极推进商品房配建保障房项目，降低寻找大宗保障性住房用地的难度。针对问题三，住房保障应推广采用需求方货币补贴政策，直接给中低收入阶层租房补贴或购房补贴，促进分散居住，鼓励被保障人在住房市场上寻觅到满意的住房。针对问题四，首先，效仿上海和北京，在土地资源供应紧张，流入人口较多的城市，探索试点农村集体建设用地建设公共租赁房和农民工公寓。其次，盘活存量土地，鼓励社会力量利用已有土地建设租赁住房。对于面向农民工定点出租的租赁住房，在土地使用用途更改、税收上给予优惠。

三、财税优惠政策

当前，农民工住房保障主要以公共租赁住房为主。下面主要讨论公共租赁住房的财税优惠政策。

我国政府一直大力扶持公共租赁住房事业的发展，给予公共租赁住房民间资本税收优惠，激励民间资本参与公租房建设。2010年，我国财政部和国税总局联合发布了《关于支持公共租赁住房建设和运营有关税收优惠政策的通知》①。2014年，两个机构又联合下发了《关于促进公共租赁住房发展有关税收优惠政策的通知（财税〔2014〕52号）》②。2019年，两机构继续联合下发了《关于公共租赁住房税收优惠政策的公告（财税〔2019〕61号）》③。这些政策主要涉及城镇土地使用税、印花税、契税、土地增值税、个人所得税、房产税等几个税种。不同年份的政策只在政策执行时间设计有所不同，而优惠的内容基本相同。

当前，我国公共租赁住房的财税优惠政策还存在几个问题。一是，享受优惠期短，不利于民间资本持有者形成长期预期。建设和运营公共租赁住房都是长期低利润的项目，民间资本持有者迫切希望能够得到政府的长期支持，以坚定他们进入该项公益性服务的信心。而我国

---

① 财政部、国家税务总局：《关于支持公共租赁住房建设和运营有关税收优惠政策的通知》，国家税务总局网站：http://www.chinatax.gov.cn/n810341/n810765/n812161/n812542/c1084850/content.html，2010年9月。

② 财政部、国家税务总局：《关于促进公共租赁住房发展有关税收优惠政策的通知（财税〔2014〕52号）》，国家税务总局网站：http://www.chinatax.gov.cn/n810341/n810755/c1150850/content.html，2014年8月。

③ 财政部、国家税务总局：《关于公共租赁住房税收优惠政策的公告（财税〔2019〕61号）》，国家税务总局网站：http://www.chinatax.gov.cn/n810341/n810755/c4337543/content.html，2019年4月。

的税收优惠政策大多以三年为期，虽然后续也会出台新的政策继续延长优惠时限，但这种政策不确定性始终会影响民间资本持有者的信心。二是，2010–2019 年，我国住房价格持续走高，连带房屋租赁价格也在走高。民间资本面临的市场外部环境已经发生了很大的变化，而税收优惠政策的内容却变化不大，难以形成持续激励。三是，住房建设和运营过程中涉及的税费非常多，而税收优惠里涉及的税种有限，产生的激励作用有限。四是，享受税收优惠的公租房要么需要纳入当地政府的公租房发展规划和年度计划，要么是政府批准建设的且依照政府管理办法进行管理的公租房。这一要求提高了享受税收优惠的门槛，不利于不同的民间资本进入公租房建设和运营领域、借助市场机制、选出可持续的商业模式。总的来说，未来的财税优惠政策应致力于解决上述问题。

参考文献

中文文献

一、期刊文献

［1］白南生，李靖：《城市化与中国农村劳动力流动问题研究》，《中国人口科学》2008年第4期。

［2］蔡昉：《劳动力迁移的两个过程及其制度障碍》，《社会学研究》2001年第4期。

［3］蔡昉，王德文：《中国经济增长可持续性与劳动贡献》，《经济研究》1999年第10期。

［4］蔡禾，王进：《"农民工"永久迁移意愿研究》，《社会学研究》2007年第6期。

［5］晁钢令，万广圣：《农民工家庭生命周期变异及其家庭消费结构的影响》，《管理世界》2016年第11期。

［6］陈斌开，陆铭，钟宁桦：《户籍制约下的消费》，《经济研究》2010年第S1期。

［7］陈彩娟：《共享发展农民工理念下的住房保障思考——以杭州

为例》，《未来与发展》2016 年第 9 期。

[8] 陈禄青：《广西农村劳动力转移问题研究》，《沿海企业与科技》2010 年第 5 期。

[9] 陈朔，冯素杰：《经济增长速度与农村劳动力转移》，《南开经济研究》2005 年第 5 期。

[10] 陈藻，杨风：《乡—城迁移人口城市聚居形态与"半城市化"问题—以成都市为例》，《农村经济》2014 年第 12 期。

[11] 陈忠：《城市权利：全球视野与中国问题——基于城市哲学与城市批评史的研究视角》，《中国社会科学》2014 年第 1 期。

[12] 陈忠斌，黄露露：《重购轻租还是租售并重：居住方式对农民工举家迁移影响的实证研究》，《经济经纬》2017 年第 2 期。

[13] 程鸿群，袁宁，杨洁：《我国住房保障投入合理值测算与地区差异研究》，《决策参考》2018 年第 4 期。

[14] 邓宁华：《城市化背景下日本住房问题和政策干预》，《日本研究》2013 年第 3 期。

[15] 丁成日，邱爱军，王瑾：《中国快速城市化时期农民工住房类型及其评价》，《城市发展研究》2010 年第 18 卷第 6 期。

[16] 丁萧：《农民工市民化住房供给成本研究——以广东省佛山市为例》，《调研世界》2014 年第 11 期。

[17] 董昕：《中国农民工住房问题的历史与现状》，《财经问题研究》2013 年第 1 期。

[18] 董昕：《中国农民工的住房政策评价（1978-2012）》，《经济体制改革》2013 年第 2 期。

［19］董昕：《住房、土地对中国乡–城人口迁移的影响：研究回顾与展望》，《江淮论坛》2017年第6期。

［20］董昕：《住房支付能力与农业转移人口的持久性迁移意愿》，《中国人口科学》2015年第6期。

［21］董昕，张翼：《农民工住房消费的影响因素分析》，《中国农村经济》2012年第10期。

［22］董昕，周卫华：《住房市场与农民工住房选择的区域差异》，《经济地理》2014年第34卷第12期。

［23］冯长春，李天娇，曹广忠，沈昊婧.《家庭式迁移的流动人口住房状况》，《地理研究》2017年第36卷第4期。

［24］高波，陈健，邹琳华：《区域房价差异、劳动力流动与产业升级》，《经济研究》2012年第1期。

［25］高东方：《产业结构和就业结构互动演变研究——经典理论的回顾》，《首都经济贸易大学学报》2014年第3期。

［26］广西住房和城乡建设厅住房保障处课题组：《调查实录：广西农民工住房现状》，《广西城镇建设》2015年第7期。

［27］郭新宇，李想，潘扬彬：《农民工住房需求特性研究——基于县城农民工住房需求函数的实证分析》，《农村经济》2015年第11期。

［28］何炤华，杨菊华：《安居还是寄居？不同户籍身份流动人口居住状况研究》，《人口研究》2013年第6期。

［29］何鑫，田丽慧，楚尔鸣：《人口流动视角下中国房价波动的空间异质性》，《人口与经济》2017年第6期。

［30］黄善林，卢新海，孙丹：《土地因素对农户劳动力乡城永久

转移意愿的影响研究——基于安徽省、湖北省 602 户农户调查》,《中国地质大学学报》(社会科学版) 2013 年第 13 卷第 2 期。

[31] 广西壮族自治区人民政府:《广西壮族自治区人民政府关于解决农民工问题的若干意见》,《广西壮族自治区人民政府公报》2007 年 02 期。

[32] 侯慧丽:《城市公共服务的供给差异及其对人口流动的影响》,《中国人口科学》2016 年第 1 期。

[33] 侯慧丽,李春华:《梯度城市化:不同社区类型下的流动人口居住模式和住房状况》,《人口研究》2013 年第 2 期。

[34] 侯云春,韩俊,蒋省三,何宇鹏,金三林:《"十二五"时期推进农民工市民化的政策要点》,《发展研究》2011 年第 06 期。

[35] 纪竞垚,刘守英:《代际革命与农民的城市权利》,《学术月刊》2019 年第 51 卷第 7 期。

[36] 江丹:《推进广西农业转移人口市民化对策建议》,《市场论坛》2018 年第 1 期。

[37] 兰峰,吴迪:《人口流动与住房价格波动——基于我国 35 个大中城市的实证研究》,《华东经济管理》2018 年第 32 卷第 5 期。

[38] 李斌:《城市住房价值结构化:人口迁移的一种筛选机制》,《中国人口科学》2008 年第 4 期。

[39] 李国锋:《劳动力流动对经济增长的贡献:基于北京市的测算》,《首都经济贸易大学学报》2009 年第 3 期。

[40] 李辉,王良健:《房价、房价收入比与流动人口长期居留意愿——来自流动人口的微观证据》,《经济地理》2019 年第 39 卷第 6 期。

〔41〕林李月，朱宇，柯文前，王建顺：《基本公共服务对不同规模城市流动人口居留意愿的影响效应》，《地理学报》2019年第74卷第4期。

〔42〕林李月，朱宇，梁鹏飞，肖宝玉：《基于六普数据的中国流动人口住房状况的空间格局》，《地理研究》2014年第5期。

〔43〕李晶：《英国劳动力移民的住房问题》，《城市问题》2009年第9期。

〔44〕李君甫，齐海岩：《农民工住房区位选择意向及其代际差异研究》，《华东师范大学学报》（哲学社会科学版）2018年第2期。

〔45〕李君甫，孙嫣源：《住房公积金制度对流动人口购房的影响——基于国家卫计委2013年流动人口动态监测数据的研究》，《公共行政评论》2018年第11卷第2期。

〔46〕李强：《影响中国城市流动人口的推力与拉力因素分析》，《中国社会科学》2003年第1期。

〔47〕李扬，刘慧，汤青：《1985–2010年中国省际人口迁移时空格局特征》，《地理研究》2015年第6期。

〔48〕李勇辉，刘南南，李小琴：《农地流转、住房选择与农民工市民化意愿》，《经济地理》2019年第11期。

〔49〕林毅夫：《人口城镇化的过程也是产业升级的过程》，《智慧中国》2016年第8期。

〔50〕梁琦，陈强远，王如玉：《户籍改革、劳动力流动与城市层级体系优化》，《中国社会科学》2013年第12期。

〔51〕梁文泉，陆铭：《城市人力资本的分化：探索不同技能劳动

者的互补和空间集聚》,《经济社会体制比较》2015 年第 3 期。

　　［52］梁士坤：《流动人口定居意愿影响因素分析》,《人口与社会》2016 年第 32 卷第 2 期。

　　［53］廖茂林,杜亭亭：《中国城市转型背景下的农民工市民化成本——基于广东省实践的思考》,《城市发展研究》2018 年第 25 卷第 3 期。

　　［54］刘成斌,周兵：《中国农民工购房选择研究》,《中国人口科学》2015 年第 6 期。

　　［55］刘厚莲：《我国特大城市流动人口住房状况分析》,《人口学刊》2016 年第 38 期。

　　［56］刘林平,蒋和超,李潇晓,赵丽芬：《重新检验推拉理论：来自夜间灯光数据的证据》,《华东理工大学学报》（社会科学版）2016 年第 1 期。

　　［57］刘铭秋：《改革开放以来农民工的城市权利：演进逻辑与未来进路》,《中共福建省党校学报》2019 年第 3 期。

　　［58］刘一伟：《住房公积金与农民工定居城市的关联度》,《重庆社会科学》2017 年第 1 期。

　　［59］刘玉照,田青：《新制度是如何落实的？作为制度变迁新机制的"通变"》,《社会学研究》2009 年第 4 期。

　　［60］龙海波：《城市人口流动管理的几点思考与建议——新加坡、越南"结构转型与城镇化"调研启示》,《中国发展观察》2014 年第 5 期。

　　［61］娄文龙,周海欣,张娟：《"人地挂钩"视角下农民工宅基地流转与住房保障的衔接模式研究》,《农业经济》2018 年第 5 期。

〔62〕陆铭，高虹，佐藤宏：《城市规模与包容性就业》，《中国社会科学》2012 年第 10 期。

〔63〕陆学艺：《社会转型视野中的"民工荒"现象》，《求实》2005 年第 7 期。

〔64〕吕萍，徐鑫林：《农民工家庭城市住房购买力及其提升途径和潜力探究，《城市发展研究》2017 年第 24 卷第 4 期。

〔65〕吕萍，甄辉，丁富军：《差异化农民工住房政策的构建设想》，《经济地理》2012 年第 32 卷第 10 期。

〔66〕马雪松：《从盲流到产业工人——农民工的三十年》，《企业经济》2008 年第 5 期。

〔67〕毛丰付，卢晓燕，白云浩：《农民工城市定居意愿研究述评》，《西北农林科技大学学报》（社会科学版）2017 年第 17 卷第 5 期。

〔68〕蒙洪萍：《广西农村居民外出务工呈现新态势》，《广西经济》2010 年第 3 期。

〔69〕牟宇峰：《产业转型背景下就业人口与产业发展关系研究综述》，《人口与经济》2016 年第 3 期。

〔70〕倪建伟，桑建忠：《农民工城市住房成本与分担方式——一个文献研究》，《经济体制改革》2016 年第 6 期。

〔71〕倪建伟，桑建忠：《完全成本视角下新生代农民工城市住房成本构成研究—— 一个理论分析框架》，《经济社会体制比较》2016 年第 11 期。

〔72〕彭连清：《区际劳动力流动对东部地区经济增长贡献的实证分析》，《宏观经济研究》2008 年第 12 期。

［73］蒲火元，曹宗平，李超：《人口流动对中心城市房价的影响：以广州为例》，《南方人口》2018 年第 33 卷第 5 期。

［74］钱龙，卢海阳，钱文荣：《身份认同影响个体消费吗？——以农民工在城市文娱消费为例》，《南京农业大学学报》（社会科学版）2015 年第 6 期。

［75］钱文荣，李宝值：《不确定性视角下农民工消费影响因素分析——基于全国 2679 个农民工的调查数据》，《中国农村经济》2013 年第 11 期。

［76］商春荣，虞芹琴：《农民工的迁移模式研究》，《华南农业大学学报》（社会科学版）2015 年第 14 卷第 1 期。

［77］石智雷，施念：《农民工的社会保障与城市融入分析》，《人口与发展》2014 年第 2 期。

［78］盛亦男：《流动人口居留意愿的影响效应及政策评价》，《城市规划》2016 年第 40 卷第 9 期。

［79］盛亦男：《中国流动人口家庭化迁居》，《人口研究》2013 年第 4 期。

［80］宋国宇，符建华：《劳动力流动对城市经济增长贡献的实证研究——以哈尔滨为例》，《技术经济》2011 年第 2 期。

［81］宋艳娇：《城市外来流动人口购房意愿及其影响因素研究——以城市规模的异质性为视角》，《华东师范大学学报》（哲学社会科学版）2016 年第 6 期。

［82］粟深坤：《重庆丰都：试点农民工住房公积金缴存工作》，《当代农村财经》2016 年第 12 期。

［83］孙聪，宋志达，郑思齐：《农民工住房需求特征与城市住房保障体系优化——基于北京市"城中村"调研的研究》，《农业技术经济》2017年第4期。

［84］孙淑芬：《日本、韩国住房保障制度及对我国的启示》，《财经问题研究》2011年第4期。

［85］孙志波，吕萍：《保障性住房政策评估标准及体系演进》，《兰州学刊》2010年第4期。

［86］孙中伟，刘林平：《中国农民工问题与研究四十年：从"剩余劳动力"到"城市新移民"》，《学术月刊》2018年第11期。

［87］邰鹏峰：《产业转型升级对外来人口调控作用研究：以上海浦东为例》，《现代管理科学》2014年第9期。

［88］谭禹：《二元化住房制度：日本、新加坡、中国香港的实践模式与歧视》，《甘肃社会科学》2010年第3期。

［89］万君哲：《日本东京二战前（1923–1941）住房政策的探索与实践——历史背景与纲领酝酿》，《北京规划建设》2018年第1期。

［90］汪润泉，刘一伟：《住房公积金能留住进城流动人口吗？——基于户籍差异视角的比较分析》，《人口与经济》2017年第1期。

［91］王春光：《新生代农村流动人口的社会认同与城乡融合的关系》，《社会学研究》，2001年第3期。

［92］王春超，吴佩勋：《产业结构调整背景下农民工流动就业决策行为的双重决定——珠江三角洲地区农民工流动就业调查研究》，《经济社会体制比较》2011年第5期。

［93］王桂新，胡健：《城市农民工社会保障与市民化意愿》，《人

口学刊》2015 年第 37 卷第 6 期。

［94］王桂新，黄颖钰：《中国省际人口迁移与东部地带的经济发展：1995–2000》，《人口研究》2005 年第 19 卷第 1 期。

［95］王丽丽，梁丹妮，卢小君：《农业转移人口土地置换城镇户籍意愿的影响因素研究》，《农村经济》2016 年第 10 期。

［96］王林，陈炜林：《基于 PVAR 的住宅房价与区域间人口流动相互影响分析》，《城市发展研究》2018 年第 6 期。

［97］王宁：《两栖消费行为的社会学分析》，《中山大学学报》（社会科学版）2005 年第 4 期。

［98］王韬，毛建新：《流动人口家庭与城镇家庭的消费差异——基于分位数回归的分析》，《人口与经济》2015 年第 4 期。

［99］王瑞民，陶然：《城市户口还是土地保障：流动人口户籍改革意愿研究》，《人口与发展》2016 年第 22 卷第 4 期。

［100］王玉君：《农民工城市定居意愿研究——基于十二个城市问卷调查的实证分析》，《人口研究》2013 年第 4 期。

［101］王先柱，王敏：《住房公积金支持农民工购房的路径研究》，《湖南工业大学学报》（社会科学版）2017 年第 22 卷第 5 期。

［102］王小章，冯婷：《从身份壁垒到市场性门槛：农民工政策 40年》，《浙江社会科学》2018 年第 1 期。

［103］王子成，郭沐蓉：《农民工家庭收入和消费不平等：流动模式与代际差异》，《北京工商大学学报》（社会科学版）2016 年第 2 期。

［104］王志成，阿南德·夏尔马，拉切尔·奥布里：《纽约住房政策与保障体系的演变》，《住宅与房地产》2018 年第 20 期。

［105］王张明，孔祥利：《农民工城乡消费二元性探析》，《经济体制改革》2015 年第 3 期。

［106］魏东霞，谌新民：《落户门槛、技能偏向与儿童留守——基于 2014 年全国流动人口监测数据的实证研究》，《经济学（季刊）》2018 年第 17 卷第 2 期。

［107］魏万青：《从职业发展到家庭完整性：基于稳定城市化分析视角的农民工入户意愿研究》，《社会学研究》2015 年第 35 卷第 5 期。

［108］魏玮：《城市外来务工人员住房支付能力及其影响因素——以上海市为例》，《城市问题》2015 年第 11 期。

［109］吴开泽，陈琳：《从生命周期到生命历程：中西方住房获得研究回顾与展望》，《城市发展研究》2014 年第 21 卷第 12 期。

［110］向国成，钟世虎：《农民工市民化的家庭消费效应研究：来自中国的证据》，《湘潭大学学报》（哲学社会科学版）2015 年第 6 期。

［111］谢勇，王鹏飞：《市民化水平对农民工家庭消费的影响及其机制》，《中央财经大学学报》2019 年第 7 期。

［112］徐林：《城镇化的动力来自城乡之间差距》，《中国农村发展》2018 年第 6 期。

［113］徐国冲：《"组屋"的政治学密码——来自新加坡住房政策的启示》，《中国行政管理》2017 年第 3 期。

［114］许烜：《农村劳动力转移对城市房价的影响及其空间效应分析》，《湖南科技大学学报》（社会科学版）2014 年第 17 卷第 2 期。

［115］徐张颖：《经济增长对劳动力流动的影响机理及宏观政策研究——基于我国 31 省面板数据研究》，《特区经济》2016 年第 5 期。

［116］杨宏山：《政策执行的路径—激励分析框架：以住房保障政策为例》，《政治学研究》2014 年第 1 期。

［117］杨菊华：《制度要素与流动人口的住房保障》，《人口研究》2018 年第 1 期。

［118］杨洋，马骁：《流动人口与城市相对贫困的实证研究》，《贵州社会科学》2012 年第 10 期。

［119］杨永贵，邓江年：《家庭化流动、融入意愿对农民工城市生活消费的影响效应研究——来自 CHIP2013 的证据》，《消费经济》2017 年第 33 卷第 4 期。

［120］杨赞，杨鸿杰，樊颖：《产业结构和人力资本对城市的影响——基于住房供给视角》，《华东师范大学学报》（哲学社会科学版）2017 年第 4 期。

［121］易莹莹，凌迎兵：《劳动力流动对西部地区经济增长效应的影响——以重庆市为例》，《经济问题探索》2015 年第 8 期。

［122］于丽敏：《农民工消费行为的二元性探析》，《工业技术经济》2010 年第 29 卷第 2 期。

［123］余吉祥，周光霞，闫富雄：《劳动力流动与城市规模分布——以珠三角城市群为例的研究》，《西北人口》2013 年第 5 期。

［124］章洄，陈宁，石人炳：《就业质量对农民工城市落户意愿影响及其代际差异》，《湖南农业大学学报》（社会科学版）2018 年第 19 卷第 1 期。

［125］曾国安，杨宁：《农民工住房政策的演进与思考》，《中国房地产》（学术版）2014 年第 10 期。

［126］战昱宁：《城市化进程中——以杭州为例》，《当代经济》2012 年第 2 期。

［127］张超，黄燕芬，杨宜勇：《住房适度保障水平研究——基于福利体制理论视角》，《价格理论与实践》2018 年第 10 期。

［128］张春泥：《农民工为何频繁变换工作：户籍制度下农民工的工作流动研究》，《社会》2011 年第 31 卷第 6 期。

［129］张莉，何晶，马润泓：《房价如何影响劳动力流动》，《经济研究》2017 年第 8 期。

［130］张抗私，周晓蒙：《就业结构缘何滞后于产业转型：人力资本视角的微观解释》，《当代经济科学》2014 年第 36 卷第 4 期。

［131］张文英，陈琳，谭建辉：《农民工住房满意度影响因素研究——来自广州的实证分析》，《工程经济》2017 年第 27 卷第 5 期。

［132］张伟：《基于城镇化发展阶段的国际城镇住房政策比较研究——日本的经验及借鉴》，《住区》2018 年第 1 期。

［133］张协奎，袁红叶：《城市农民工住房保障问题研究——以南宁市为例》，《广西大学学报哲学社会科学版》2010 年 3 月。

［134］张协奎，张婧，刘若曦，谢明：《城市农民工住房保障实证研究——以北部湾港口城市为例》，《社会科学家》2010 年第 12 期。

［135］张暄：《为实现一户一套的住宅目标：日本住房政策研究》，《现代经济信息》2018 年第 18 期。

［136］赵振宇：《人的城镇化视域下农民工住房保障成本分担机制研究》，《学习与探索》2017 年第 3 期。

［137］赵利，卢洁：《产业结构调整影响劳动力就业的理论演变及

作用机理分析》,《理论学刊》2016 年第 3 期。

[138] 赵锋,樊正德:《高房价对大城市人口流入的抑制效应——来自北上广深四城市的实证证据》,《城市发展研究》2019 年第 26 卷第 3 期。

[139] 赵卫华,冯建斌,张林江:《单位嵌入型住房公积金制度对农民工的影响分析》,《中共中央党校（国家行政学院）学报》2019 年第 23 卷第 2 期。

[140] 郑思齐,廖俊平,任荣荣,曹洋:《农民工住房政策与经济增长》,《经济研究》2011 年第 2 期。

[141] 郑思齐,张文忠:《住房成本与通勤成本的空间互动关系——来自北京市场的微观证据及其宏观含义》,《地理科学进展》2007 年第 26 卷第 2 期。

[142] 中国农民工问题研究总报告起草组:《中国农民工问题研究总报告》,《改革》2006 年第 5 期。

[143] 周春山,杨高,王少剑:《深圳农民工聚集空间的演变特征及影响机制》,《地理科学进展》2016 年第 36 卷第 11 期。

[144] 周怀康,彭秋萍,孙博,姜军辉:《谁在助推房价？——基于中国高层次流动人口的经验证据》,《中国经济问题》2019 年第 1 期。

[145] 周建华,谭方东,周倩:《先行工业化国家农业转移劳动力住房支持的经验研究》,《世界农业》2015 年第 6 期。

[146] 周建华,周倩:《高房价背景下农民工留城定居意愿及其政策回应》,《经济体制改革》2014 年第 1 期。

[147] 周荣蓉:《产业结构与就业结构互动关系的实证分析》,《统

计与决策》2016 年第 10 期。

［148］周锐，谭震翔，莫积雁，唐乐，李江锋：《金融支持农民工购房情况的调查研究——以广西玉林市为例》，《区域金融研究》2016 年第 6 期。

［149］周颖刚，蒙莉娜，卢琪：《高房价挤出了谁？——基于中国流动人口的微观视角》，《经济研究》2019 年第 9 期。

［150］朱丽芳：《上海外来务工人员现状居住情况调研及思考》，《上海城市规划》2011 年第 3 期。

［151］朱宇：《国外对非永久性迁移的研究及其对我国流动人口问题的启示》，《人口研究》2004 年第 28 卷第 3 期。

［152］朱宇：《户籍制度改革与流动人口在流入地的居留意愿及其制约机制》，《南方人口》2004 年第 19 卷第 3 期。

［153］祝仲坤，冷晨昕：《农民工住房公积金制度的运行现状——基于中国劳动力动态调查的分析》，《城市问题》2017 年第 3 期。

［154］邹一南：《居住分割、住房保障政策与农民工永久性迁移》，《中国矿业大学学报》（社会科学版）2014 年第 4 期。

［155］邹一南：《农民工永久性迁移与城镇化投资政策取向》，《人口与经济》2015 年第 4 期。

［156］卓玛草，孔祥利：《农民工留城意愿再研究——基于代际差异和职业流动的比较分析》，《人口学刊》2018 年第 38 卷第 3 期。

二、专著

［1］陈振明：《政策科学：公共政策分析导论》，中国人民大学出

版社 2003 年版。

[2] 丹尼斯·迪帕斯奎尔（Denise Dipasquale）和威廉·C. 惠顿（William C Wheaton）著，龙奋杰译：《城市经济学与房地产市场》，经济科学出版社 2002 年版。

[3] 董昕：《中国农民工的住房问题研究》，经济管理出版社 2013年版。

[4] 广西壮族自治区统计局：《广西流动人口特征分析——基于广西 2015 年全国 1% 人口抽样调查数据分析》，石日灿主编：《广西全国1% 人口抽样调查课题论文集》，广西壮族自治区统计局 2015 年版，第901 页。

[5] 国务院研究室课题组：《中国农民工调研报告》，中国言实出版社 2006 年版。

[6] 李培林：《农民工：中国进城农民工的经济社会分析》，社会科学文献出版社 2003 年版。

[7] 吕萍：《农民工住房理论、实践与政策》，中国建筑工业出版社 2012 年版。

[8] 世界银行：《2020 年的中国：新世纪的发展调整》，中国财政经济出版社 1997 年版。

[9] 姚玲珍，刘霞，王芳：《中国特色城镇住房保障体系演进》，经济科学出版社 2017 年版。

[10] 郑功成，黄黎若：《中国农民工问题与社会保护》，人民出版社 2007 年版。

[11] 郑思齐，《住房需求的微观经济分析：理论与实证》，中国建

筑工业出版社 2007 年版，第 106 页。

三、研究报告

［1］毛丰付课题组：《住房政策对劳动力迁移的影响机制及政策模拟：基于获取能力的视角研究报告》，2017 年 7 月，国家自然科学基金（http://output.nsfc.gov.cn/conclusionProject/71273235）。

［2］李齐：《农民工居住报告：上海 | 集体宿舍、棚户区与群租房》，2018 年 5 月，澎拜新闻（https://www.sohu.com/a/230742306_260616）。

［3］香港大学社会学系《城市新移民住房保障政策研究及倡议》课题组：《农民工居住报告：深圳广州 | 难获城市住房保障，转向城中村》，2018 年 5 月，澎湃新闻（https://baijiahao.baidu.com/s?id=1599347646565746599&wfr=spider&for=pc）。

四、学位论文

［1］廖艳：《重庆市区农民工住房问题现状及对策研究》，重庆大学管理科学与工程 2006 级硕士论文。

［2］唐贤兴：《上海整治群租房行动的效应分析——以运动式执法为视角》，复旦大学 MPA 硕士论文，2008 年。

［3］杨红梅：《广西农村劳动力转移研究》，广西大学农学硕士论文，2005 年。

［4］杨娇媚：《重庆市农民工住房保障问题研究》，重庆工商大学区域经济学 2011 级硕士论文。

［5］张洋：《长沙市新生代农民工住房保障满意度影响因素的实证

研究》，湖南农业大学农村与区域发展专业 2016 级硕士论文。

五、电子资料

［1］安康市人民政府：《我省制定暂行办法推进进城落户农民申请保障性住房》，2010 年 9 月，安康市人民政府网站（http://www.ankang.gov.cn/Content-33023.html）。

［2］北京市住房和城乡建设委员会：《关于发展租赁型职工集体宿舍的意见（试行）》，2018 年 6 月，北京市住房和城乡建设委员会网站（http://zjw.beijing.gov.cn/bjjs/xxgk/zcjd/519248/index.shtml）。

［3］北京市住房和城乡建设委员会：《关于加快发展和规范管理本市住房租赁市场的通知》，2017 年 9 月，北京市住房和城乡建设委员会网站（http://zjw.beijing.gov.cn/bjjs/fwgl/fdcjy/tzgg/433559/index.shtml）。

［4］长沙市人民政府办公厅：《长沙市人民政府办公厅关于推进公租房货币化保障工作的实施意见》（长政办发［2018］49 号），2019 年 1 月。

［5］长沙市人民政府：《2018 年长沙常住人口 815.47 万》，2019 年 1 月，长沙市人民政府网站（http://tb.changsha.gov.cn/zjcs/kncs/rkgc/）。

［6］长沙市人民政府：《长沙市人民政府关于加快发展公共租赁住房的工作意见》（长政发［2011］16 号），2011 年 9 月，长沙政府网站（http://www.changsha.gov.cn/zfxxgk/zfwjk/srmzf/201108/t20110829_82258.html）。

［7］长沙市人民政府办公厅：《长沙市人民政府办公厅关于推进公租房货币化保障工作的实施意见》（长政办发［2018］49 号），2019

年 1 月，长沙市人民政府网站（http://www.changsha.gov.cn/zfxxgk/zfwjk/szfbgt/201901/t20190111_3147359.html）。

［8］长沙市人民政府网站（http://www.changsha.gov.cn/zfxxgk/zfwjk/szfbgt/201901/t20190111_3147359.html）。

［9］长沙市住房公积金管理委员会：《关于灵活就业人员建立住房公积金制度的通知（长金管委〔2016〕2 号）》，2016 年 5 月，长沙政府网站（http://www.changsha.gov.cn/zfxxgk/zfwjk/gdwxtwj/zfgjjglwyh/201605/t20160525_915326.html）。

［10］长沙市住房公积金管理委员会：《关于印发《长沙住房公积金缴存管理办法》的通知》（长金管委〔2018〕1 号），2018 年 2 月，长沙政府网站（http://www.changsha.gov.cn/zfxxgk/zfwjk/gdwxtwj/zfgjjglwyh/201801/t20180131_2173900.html）。

［11］陈飞燕，《广西出台新政推进房地产去库存》，2016 年 2 月，中华人民共和国住房和城乡建设部网站（http://www.mohurd.gov.cn/dfxx/201602/t20160216_226638.html）。

［12］重庆市工商业联合会：《关于鼓励企业投资建设零租金农民工宿舍的建议》，2008 年 4 月，新渝商网站（http://www.cqgcc.com.cn/a/Category_27/detail/11542.html）。

［13］重庆市统计局：《2018 年重庆市国民经济和社会发展统计公报》，2019 年 3 月，重庆档案信息网（http://jda.cq.gov.cn/gzdt/jrcq/54227.htm）。

［14］重庆市人民政府：《重庆市人民政府办公厅关于印发重庆市统筹城乡户籍制度改革农村居民转户实施办法（试行）的通知》（渝办

发〔2010〕204 号），2011 年 12 月，重庆档案信息网（http://jda.cq.gov.cn/ztbd/slda/zwxx/25790.htm）。

［15］重庆市人民政府：《重庆市人民政府关于解决城市低收入家庭住房困难的实施意见》，《重庆市人民政府公报》2007 年第 24 期。

［16］董青枝：《深圳城中村：整治区内拟不拆除重建 或可纳入保障房》，2018 年 11 月，每日经济新闻（http://www.nbd.com.cn/articles/2018-11-07/1270290.html）。

［17］董青枝：《深圳调整城中村改造模式 拆迁暴富梦碎？》，2018 年 11 月，每日经济新闻（http://www.nbd.com.cn/articles/2018-11-08/1270458.html）。

［18］国家发展和改革委员会：《国家发展改革委关于培育发展现代化都市圈的指导意见》，2019 年 2 月，中央政府网站（http://www.gov.cn/xinwen/2019-02/21/content_5367465.htm）。

［19］国家统计局：《2011 年我国农民工调查监测报告》，2012 年 4 月，国家统计局网站（http://www.stats.gov.cn/ztjc/ztfx/fxbg/201204/t20120427_16154.html）。

［20］国家统计局：《2014 年全国农民工监测调查报告》，2015 年 4 月，国家统计局网站（http://www.stats.gov.cn/tjsj/zxfb/201504/t20150429_797821.html）。

［21］国家统计局：《2015 年农民工监测调查报告》，2016 年 4 月，国家统计局网站（http://www.stats.gov.cn/tjsj/zxfb/201604/t20160428_1349713.html）。

［22］国家统计局：《2016 年农民工监测调查报告》，2017 年 4 月，国家统计局网站（http://www.stats.gov.cn/tjsj/zxfb/201704/

t20170428_1489334.html）。

〔23〕国家统计局：《2017年农民工监测调查报告》，2018年4月，国家统计局网站（http://www.stats.gov.cn/tjsj/zxfb/201804/t20180427_1596389.html）。

〔24〕国家统计局：《2018年全国农民工监测调查报告》，2019年4月，国家统计局网站（http://www.stats.gov.cn/tjsj/zxfb/201904/t20190429_1662268.html）。

〔25〕国家统计局：《建筑业持续快速发展城乡面貌显著改善——新中国成立70周年经济社会发展成就系列报告之十》，2019年7月，国家统计局网站（http://www.gov.cn/xinwen/2019-07/31/content_5417485.htm）。

〔26〕国家卫生健康委流动人口服务中心：《2011-2016年中国流动人口同住家庭规模变化趋势》，2018年12月，国家卫生健康委流动人口服务中心流动人口数据平台数据可视化产品（http://www.chinaldrk.org.cn/wjw/#/data/classify/visualization）。

〔27〕国务院：《国务院关于农民进入集镇落户问题的通知》，1984年10月，中华人民共和国中央人民政府网站（http://www.gov.cn/zhengce/content/2016-10/20/content_5122291.htm）。

〔28〕国务院：《国务院关于解决农民工问题的若干意见》（国发〔2006〕5号），2006年1月，中华人民共和国中央人民政府网站（http://www.gov.cn/zhuanti/2015-06/13/content_2878968.htm）。

〔29〕国务院：《国务院关于解决城市低收入家庭住房困难的若干意见》（国发2007〔24〕号），2007年8月，中华人民共和国中央人民

政府（http://www.gov.cn/zwgk/2007–08/13/content_714481.htm）。

［30］国务院：《国务院关于进一步推进户籍制度改革的意见》（国发［2014］25号），2014年7月，中华人民共和国中央人民政府网站（http://www.gov.cn/zhengce/content/2014–07/30/content_8944.htm）。

［31］国务院：《国务院关于进一步做好为农民工服务工作的意见》（国发［2014］40号），2014年9月，中华人民共和国中央人民政府网站（http://www.gov.cn/zhengce/content/2014–09/30/content_9105.htm）。

［32］国务院：《国务院关于深化改革严格土地管理的决定》（国发［2004］28号），2006年6月，中华人民共和国中央人民政府网站（http://www.gov.cn/ztzl/2006–06/30/content_323794.htm）。

［33］国务院：《国务院关于印发国家基本公共服务体系"十二五"规划的通知》（国发［2012］29号），2012年7月，中华人民共和国中央人民政府网站（http://www.gov.cn/zwgk/2012–07/20/content_2187242.htm）。

［34］国务院：《国务院关于印发"十三五"推进基本公共服务均等化规划的通知》（国发［2017］9号），2017年1月，中华人民共和国中央人民政府网站（http://www.gov.cn/zhengce/content/2017–03/01/content_5172013.htm）。

［35］国务院：《中华人民共和国国民经济和社会发展十三五规划纲要》（2016–2020年），2016年3月，新华网（http://www.xinhuanet.com/politics/2016lh/2016–03/17/c_1118366322.htm）。

［36］国务院办公厅：《国务院办公厅关于保障性安居工程建设和管理的指导意见》（国办发［2011］45号），2011年9月，中华

人民共和国中央人民政府网站（http://www.gov.cn/zwgk/2011-09/30/content_1960086.htm）。

〔37〕国务院办公厅:《国务院办公厅关于加快培育和发展住房租赁市场的若干意见》，2016年6月，中华人民共和国中央人民政府网站（http://www.gov.cn/zhengce/content/2016-06-03/content_5079330.htm）。

〔38〕国务院:《国务院办公厅关于印发全国农业现代化规划》(2016-2020的通知)，2016年10月，中华人民共和国中央人民政府网站（http://www.gov.cn/zhengce/content/2016-10/20/contcnt_5122217.htm）。

〔39〕国务院办公厅:《国务院办公厅关于印发推动1亿非户籍人口在城市落户方案的通知》，2016年9月，中华人民共和国中央人民政府网站（http://www.gov.cn/zhengce/content/2016-10/11/content_5117442.htm）。

〔40〕国务院办公厅:《国务院办公厅关于做好农民进城务工就业管理和服务工作的通知》，2003年1月，中华人民共和国中央人民政府网站（http://www.gov.cn/test/2005-06/26/content_9632.htm）。

〔41〕杭州市住保房管局:《以改革的思路持续推动住房保障工作优化升级》，2017年5月，绩效杭州网（http://www.jxhz.gov.cn/cjxt2016cxcy/5390.jhtml）。

〔42〕杭州市住房保障办公室:《关于调整杭州市区公共租赁住房（廉租住房）准入条件的通知》，2016年12月，杭州市滨江区人民政府网站（http://www.hhtz.gov.cn/art/2017/1/18/art_1486923_20335634.html）。

〔43〕杭州市住房保障和房产管理局:《关于印发〈蓝领公寓（临时租赁住房）租赁管理办法〉的通知》，2018年5月，杭州市住房保障和房产管理局网站（http://fgj.hangzhou.gov.cn/art/2018/5/22/

art_1607431_34378149.html ）。

［44］杭州住房公积金管理委员会：《关于为农民工建立住房公积金制度的通知》，2015年5月，社保100网站（http://m.shebao100.cn/Rule/DetailPage.html?detailid=2052&typeid=0 ）。

［45］胡锦涛：《胡锦涛在中国共产党第十八次全国代表大会上的报告》，2012年11月，新华网(http://www.xinhuanet.com/18cpcnc/2012-11/17/c_113711665.htm)。

［46］湖州市住房公积金管理中心：《湖州市率先为农民工建立住房公积金制度　入选湖州市改革开放三十年最具影响力典型事件评选候选事件》，2008年10月，湖州市人民政府网站（http://hzgjj.huzhou.gov.cn/xxgk/zwxx/zwdt/20081020/i270725.html ）。

［47］黄奇帆：《未来6年至7年将有200万农民工落户重庆》，2014年3月，人民网（http://npc.people.com.cn/n/2014/0307/c376899-24565652.html ）。

［48］黄石市人民政府：《〈黄石市公共租赁住房租赁管理实施细则〉的通知》，2011年6月，法律图书馆网站（http://www.law-lib.com/law/law_view.asp?id=366621 ）。

［49］李克强：《李克强在中国工会第十六次全国代笔大会上的经济形势报告》，2013年10月，中国共产党新闻（http://cpc.people.com.cn/n/2013/1104/c64094-23421964.html ）。

［50］李克强：《政府工作报告》，2014年3月，中华人民共和国中央人民政府网站（http://www.gov.cn/guowuyuan/2014-03/14/content_2638989.htm ）。

［51］李志：《2017年中国城镇地区住房空置率超二成》，2018年12月，中国新闻网（https://www.yicai.com/news/100084675.html ）。

〔52〕凌剑伊：《南宁市扩大公积金覆盖面 农民工有望用公积金买房》，2016 年 5 月，人民网（http://gx.people.com.cn/n2/2016/0519/c179430-28361654-2.html）。

〔53〕柳州市保障性安居工程建设办公室：《柳州市保障性安居工程建设工作实施方案》（柳安居办〔2018〕5 号），2018 年 3 月，柳州市人民政府网站（http://www.liuzhou.gov.cn/xxgk/zdxxgk/bzxzf76/zfgjjndbg/201809/t20180920_1181412.html）。

〔54〕柳州市政府：《柳州市推行货币化安置促进房地产市场健康持续发展暂行办法》（柳政发〔2016〕48 号），2016 年 9 月，柳州鱼峰区人民政府网站（http://www.yfq.gov.cn/ggfw/zfly/bzxzf/gzfzc2017/201708/t20170825_1023610.html）。

〔55〕罗琦，陈志平：《广西全面启动保障农民工工资支付工作专项整治攻坚行动》，2018 年 7 月，广西壮族自治区人民政府网站（http://www.gxzf.gov.cn/sytt/20180713-703422.shtml）。

〔56〕南宁市人民政府：《办理公共租赁住房保障申请业务指南》，2018 年 8 月，南宁市人民政府网站（http://www.nanning.gov.cn/xxgk/xxgkml/ggzypzlygk/zfbz/t658598.html）。

〔57〕南宁市人民政府：《南宁市公共租赁住房保障办法（南府发〔2018〕7 号）》，2018 年 1 月，南宁市法制办公室网站（http://nnfzb.nanning.gov.cn/ywgz/zflf/xbbfggz/t213026.html）。

〔58〕南宁市人民政府：《南宁市政府关于印发〈南宁市公共租赁住房管理暂行办法〉的通知》（南府发〔2012〕93 号），2012 年 10 月，南宁市人民政府网站（http://zrzyj.nanning.gov.cn/zwgk_57/zcfg/bjzcwj/

t2588621.html ）。

［59］南宁市人民政府：《南宁市人民政府关于印发〈南宁市限价普通商品住房管理暂行办法〉的通知》（南府发［2009］61号），2009年6月，南宁市人民政府网站（http://www.nanning.gov.cn/xxgk/xxgkml/jcxxgk/zcwj/zfwj/t756995.html ）。

［60］南宁市人民政府：《南宁市人民政府关于印发〈南宁市限价普通商品住房管理办法〉的通知》（南府发［2013］46号），2013年9月，南宁市人民政府网站（http://www.nanning.gov.cn/xxgk/xxgkml/jcxxgk/zcwj/zfwj/t755520.html ）。

［61］南宁市住房保障和房产管理局网站：《南宁市住房局2017年工作总结及2018年工作计划》，2019年4月，南宁市人民政府网站（http://www.nanning.gov.cn/xxgk/xxgkml/ggzypzlygk/zfbz/t1812733.html ）。

［62］南宁市住房公积金管理中心：《南宁市个人自愿缴存使用住房公积金实施办法（试行）》，2018年4月，南宁市住房公积金管理中心网站（http://www.nngjj.org.cn/xxgk/yfxzzl/zdxzjchgfxwj/t1723819.html ）。

［63］南宁住房公积金管理中心区直分中心：《自治区住房城乡建设厅财政厅人民银行南宁中心支行关于印发〈广西个人自愿缴存住房公积金管理办法〉的通知》（桂建发［2017］9号），2017年9月，南宁市住房公积金管理中心区直分中心网站（http://gjjqzfzx.gxzf.gov.cn/zcfg/zcwj/t2098797.shtml ）。

［64］共产党员网：《2013中央城镇化工作会议》，2018年3月，共产党员网（http://www.12371.cn/special/2013czhgzhy/ ）。

［65］广西来宾市住房和城乡建设局网站：《自治区党委自治区人

民政府关于稳步推进农村集体产权制度改革的实施意见》，2017 年 12 月，广西来宾住房和城乡建设局网站（http://www.lbszjw.gov.cn/index.php?s=/index/detail/id/400）。

［66］广西壮族自治区城乡建设厅 财政厅 人民银行南宁中心支行：《关于印发〈广西个人自愿缴存住房公积金管理办法〉的通知》（桂建发［2017］9 号），2017 年 8 月，广西建设网（http://www.gxcic.net/HTMLFile/2017-08/shownews_194840.html）。

［67］广西壮族自治区南宁市发展和改革委员会：《自治区党委 自治区人民政府关于印发〈广西壮族自治区新型城镇化规划〉（2014-2020年）桂发［2014］13 号》，2015 年 6 月，广西南宁市发展和改革委员会网站（http://fgw.nanning.gov.cn/fggz/fzgh/t109915.html）。

［68］广西壮族自治区统计局：《广西居民住房面积逐年扩大 住房条件明显改善》，2016 年 8 月 22 日，搜狐网（http://www.sohu.com/a/111671704_159774）。

［69］广西壮族自治区统计局：《广西统计年鉴 2017》，2017 年 11 月，广西壮族自治区统计局（http://tjj.gxzf.gov.cn/tjnj2020/2017/indexch.htm）。

［70］广西壮族自治区人民政府：《广西生育出现小高峰 人口总量稳定增加》，2018 年 5 月，（http://www.gxzf.gov.cn/gxsj/sjyw/20180509-694473.shtml）。

［71］广西壮族自治区统计局 国家统计局广西调查总队：《2018 年广西壮族自治区国民经济和社会发展统计公报》，2019 年 4 月，广西壮族自治区人民政府网站（http://www.gxzf.gov.cn/sytt/20190410-743047.shtml）。

［72］广西壮族自治区人民政府：《广西壮族自治区国民经济和社

会发展第十三个五年规划》，2016 年 6 月，广西"十三五"规划数据库网（http://sswgh.gxdrc.gov.cn/web/sxgh/index）。

［73］广西壮族自治区人民政府：《2017 年广西壮族自治区国民经济和社会发展统计公报》，2018 年 4 月，广西壮族自治区人民政府网站（http://www.gxzf.gov.cn/gxsj/sjyw/20180426–691677.shtml）。

［74］广西壮族自治区人民政府：《广西壮族自治区人民政府办公厅印发广西农村产权流转交易市场建设方案的通知》（桂政办发［2017］72 号），2017 年 6 月，广西壮族自治区人民政府网站（http://www.gxzf.gov.cn/zwgk/zfwj/zzqrmzfbgtwj/2017ngzbwj/20170618–613058.shtml）。

［75］广西壮族自治区人民政府：《广西壮族自治区人民政府关于加快发展公共租赁住房的实施意见》（桂政发［2011］5 号），2011 年 1 月，广西壮族自治区人民政府网站（http://www.gxzf.gov.cn/zwgk/zfwj/zzqrmzfwj/20110414–299111.shtml）。

［76］广西壮族自治区人民政府：《广西壮族自治区人民政府办公厅关于加快培育和发展住房租赁市场的实施意见》（桂政办发［2017］19 号），2017 年 1 月，广西壮族自治区人民政府网站（http://www.gxzf.gov.cn/zwgk/zfwj/zzqrmzfbgtwj/2017ngzbwj/20170211–582452.shtml）。

［77］广西壮族自治区人民政府：《广西壮族自治区人民政府关于解决城市低收入家庭住房困难的实施意见》（桂政发［2007］44 号），2007 年 11 月，广西壮族自治区人民政府网站（http://www.gxzf.gov.cn/zwgk/zfwj/zzqrmzfwj/20071219–297594.shtml）。

［78］广西壮族自治区人民政府：《广西壮族自治区人民政府关于进一步推进全区户籍制度改革的指导意见》（桂政发［2015］8 号），

2015 年 2 月，广西壮族自治区人民政府网站（http://www.gxzf.gov.cn/zwgk/zfwj/zzqrmzfwj/20150310-439298.shtml）。

［79］广西壮族自治区人民政府：《广西壮族自治区人民政府关于深化户籍制度改革的意见》（桂政发［2010］80 号），2010 年 12 月，广西壮族自治区人民政府网站（http://www.gxzf.gov.cn/zwgk/zfwj/zzqrmzfwj/20110222-297862.shtml）。

［80］广西壮族自治区人民政府：《广西壮族自治区人民政府关于统筹城乡就业和社会保障体系建设的若干意见》（桂政发［2010］78 号），2010 年 12 月，广西壮族自治区人民政府网站（http://www.gxzf.gov.cn/zwgk/zfwj/zzqrmzfwj/20110222-297860.shtml）。

［81］广西壮族自治区人民政府：《广西壮族自治区人民政府关于印发广西北部湾经济区户籍同城化方案的通知》（桂政发［2014］63 号），2014 年 12 月，广西壮族自治区人民政府网站（http://www.gxzf.gov.cn/zwgk/zfgb/2014nzfgb/d25q/zzqrmzfwj/20141205-437134.shtml）。

［82］广西壮族自治区人民政府：《广西壮族自治区人民政府关于印发广西壮族自治区促进全民创业若干政策意见的通知》（桂政发［2009］41 号），2009 年 5 月，广西壮族自治区人民政府网站（http://www.gxzf.gov.cn/zwgk/zfwj/zzqrmzfwj/20090710-297718.shtml）。

［83］广西壮族自治区人民政府：《广西壮族自治区人民政府办公厅关于印发贯彻落实支持农业转移人口市民化若干财政政策实施方案的通知》（桂政办发［2017］2 号），2017 年 1 月，广西壮族自治区人民政府网站（http://www.gxzf.gov.cn/zwgk/zfwj/zzqrmzfbgtwj/2017ngzbwj/20170111-582441.shtml）。

［84］广西壮族自治区人民政府：《广西壮族自治区人民政府关于印发广西人口发展规划（2016-2030 年）的通知》（桂政发［2017］24号），2017 年 5 月，广西壮族自治区人民政府网站（http://www.gxzf.gov.cn/zwgk/zfwj/zzqrmzfwj/20170620-613527.shtml）。

［85］广西壮族自治区人民政府：《向拖欠农民工工资违法行为"亮剑"》，2018 年 11 月，广西壮族自治区人民政府网站（http://www.gxzf.gov.cn/sytt/20181126-723356.shtml）。

［86］广西自治区人民政府办公厅：《关于印发广西壮族自治区保障性住房管理暂行办法的通知》（桂政办发［2013］77 号），2013 年 7 月，广西壮族自治区人民政府网站（http://www.gxzf.gov.cn/zwgk/zfwj/zzqrmzfbgtwj/2013ngzbwj/20131225-427225.shtml）。

［87］广西壮族自治区人民政府办公厅：《广西壮族自治区人民政府关于做好农民进城务工就业管理和服务工作的通知》，2003 年 5 月，法律快车网（http://www.lawtime.cn/info/laodong/ldfg/ldzhfg/2007070321588.html）。

［88］广西壮族自治区人民政府办公厅：《广西壮族自治区人民政府办公厅关于印发广西"十三五"基本公共服务均等化规划的通知》（桂政办发［2017］113 号），2017 年 8 月，广西壮族自治区人民政府网站（http://www.gxzf.gov.cn/zwgk/zfwj/20170901-640686.shtml）。

［89］广西壮族自治区自然资源厅：《广西壮族自治区国土资源厅关于贯彻实施乡村振兴战略的若干意见》，2018 年 9 月，广西壮族自治区自然资源厅网站（http://dnr.gxzf.gov.cn/show?id=65854）。

［90］广西壮族自治区总工会：《广西壮族自治区关于创新和加强农民

工工作的若干意见》（桂发〔2014〕12》号），2014 年 6 月，广西壮族自治区总工会网站（http://www.gxftu.org/xxgk/zcfg/201406/t20140620_50447.html）。

［91］广西壮族自治区住房城乡建设厅：《广西保障性住房申请条件及政策管理办法》，2018 年 1 月，广西住房城乡建设厅（http://www.gxcic.net/News/shownews.aspx?id=195642）。

［92］广西壮族自治区住房城乡建设厅：《广西住房城乡建设事业发展"十三五"规划》，2017 年 1 月，广西十三五规划数据库（http://www.askci.com/news/dxf/20170515/14501398083_16.shtml）。

［93］广西壮族自治区住房城乡建设厅：《自治区住房建设厅关于广西建筑农民工实名制公共服务平台上线试运行的通知》（桂建管〔2018〕77 号），2018 年 11 月，广西住房城乡建设厅网站（http://www.gxcic.net/news/shownews.aspx?id=197272）。

［94］郭燕群：《南宁三分之二农民不想当市民　面临住房等诸多问题》，2015 年 8 月，广西新闻网（http://www.sohu.com/a/28014993_115402）。

［95］莫艳萍：《广西完善农民工住房保障体系》，2015 年 12 月，中华人民共和国住房和城乡建设部网站（http://www.mohurd.gov.cn/dfxx/201512/t20151214_225935.html）。

［96］骆万丽：《广西加快调整住房供给结构》，2018 年 3 月，广西壮族自治区人民政府网站（http://www.gxzf.gov.cn/html/41010/20180301-681732.shtml）。

［97］人民网：《城镇化是最大的发展红利与增长引擎》，2013 年 2 月，http://finance.people.com.cn/n/2013/0220/c1004-20536456.html。

［98］人民日报：《习近平在中国共产党第十九次全国代表大会上

的报告》，2017 年 10 月，中国共产党新闻网（http://cpc.people.com.cn/n1/2017/1028/c64094-29613660.html）。

［99］上海市地方志办公室：《上海年鉴 2018 上海与国内主要城市人口结构比较》，2019 年 1 月，上海市地方志办公室网站（http://www.shtong.gov.cn/dfz_web/DFZ/Info?idnode=251894&tableName=userobject1a&id=412450）。

［100］上海市人民政府办公厅：《上海市人民政府办公厅转发市住房保障房屋局等七部门关于鼓励社会各类机构代理经租社会闲置存量住房试行意见的通知》，2015 年 1 月，上海市人民政府网站（http://www.shanghai.gov.cn/nw2/nw2314/nw2319/nw10800/nw39221/nw39225/u26aw41566.html）。

［101］上海市统计局：《上海年鉴 2016 上海外来农民工生活情况》，2017 年 5 月，上海市人民政府网站（http://www.shanghai.gov.cn/nw2/nw2314/nw24651/nw42131/nw42178/u21aw1232783.html）。

［102］深圳人民政府：《深圳市城中村（旧村）综合整治总体规划（2019-2025）》，深圳市人民政府网站（http://www.szgm.gov.cn/xxgk/xqgwhxxgkml/zcfg_116521/gjsszcfg_116522/201903/P020190328645303870124.pdf）。

［103］深圳市总工会专项课题研究组：《深圳新生代农民工生存状况调查报告》，2010 年 7 月，人民网（http://acftu.people.com.cn/GB/67582/12154737.html）。

［104］孙勇，《大力支持保障性住房安居工程建设——财政部部长助理王保安答记者问》，2011 年 2 月，经济日报网（http://paper.ce.cn/jjrb/html/2011-02/13/content_138269.htm）。

［105］唐广生，李欣松：《广西差异化补偿易地搬迁贫困户宅基地》，2016 年 9 月，广西新闻网（http://www.gxnews.com.cn/staticpages/20160907/newgx57cf454f-15384785.shtml）。

［106］天津市政府：《本市实施进城落户农民申请住房保障工作》，2018 年 2 月，天津市人民政府网站（http://www.tj.gov.cn/xw/bum/201802/t20180206_3620995.html）。

［107］屠知力：《上海嘉定建民工公寓区　可容纳 3 万外来务工者》，2004 年 2 月，新浪网（https://news.sina.com.cn/s/2004-02-11/08331770336s.shtml）。

［108］王金涛，李松：《重庆蓝领公寓：让农民产业工人融入城市生活》，2009 年 7 月，中华人民共和国中央人民政府网站（http://www.gov.cn/jrzg/2009-07/02/content_1355755.htm）。

［109］岳燕：《供不应求的蓝领公寓 杭州今年还要"追建"5000套》，2019 年 4 月，杭州人民政府网站（http://www.hangzhou.gov.cn/art/2019/4/2/art_812269_31933129.html）。

［110］习近平：《决胜全面建成小康社会 夺取新时代中国特色社会主义伟大胜利——在中国共产党第十九次全国代表大会上的报告》，2017 年 10 月，求是网（http://www.qstheory.cn/llqikan/2017-12/03/c_1122049424.htm）。

［111］习近平：《习近平：加快推进住房保障和供应体系建设》，2013 年 10 月，中国共产党新闻网（http://cpc.people.com.cn/n/2013/1030/c64094-23379624.html）。

［112］习近平：《习近平对深入推进新型城镇化建设作出重要

指示》，2016 年 2 月，中国共产党新闻网（http://cpc.people.com.cn/
n1/2016/0223/c64094-28144233.html ）。

［113］习近平：《习近平系列重要讲话读本：让老百姓过上好日子
关于改善民生和创新社会治理》，2014 年 7 月，人民网（http://opinion.
people.com.cn/n/2014/0710/c1003-25264271.html ）。

［114］习近平：《习近平主持召开中央财经领导小组第十二次会议
研究供给侧结构性改革方案、长江经济带发展规划、森林生态安全工
作》，2016 年 1 月，新华网（http://www.xinhuanet.com/politics/2016-01/26/
c_1117904083.htm ）。

［115］新浪新闻：《2019 年上海重点关注农民工群体一大波福利
来袭》，2019 年 3 月，新浪网（http://sh.sina.com.cn/news/m/2019-03-05/
detail-ihsxncvh0097868.shtml ）。

［116］新华社：《李克强说，不断提升人民群众的获得感、幸福感、
安全感》，2018 年 3 月，中华人民共和国中央人民政府（http://www.gov.
cn/premier/2018-03/05/content_5270934.htm ）。

［117］新华社：《习近平：加快推进住房保障和供应体系建设 不
断实现全体人民住有所居目标》，2013 年 10 月，中国共产党新闻网
（http://cpc.people.com.cn/n/2013/1030/c64094-23379624.html ）。

［118］徐旭忠：《重庆将建 50 万平方米农民工公寓》，2007 年 11
月，新华网（http://news.eastday.com/c/20071105/u1a3207892.html ）。

［119］赵晔琴：《新生代农民工居住调查：从民工公寓退回群租》，
2019 年 4 月，搜狐网（http://www.sohu.com/a/310232375_124689 ）。

［120］中共中央：《中共中央关于全面深化改革若干重大问题的决

定》，2013 年 11 月，中华人民共和国中央人民政府网站（http://www.gov.cn/jrzg/2013−11/15/content_2528179.htm ）。

［121］中共中央，国务院：《中共中央、国务院关于促进小城镇健康发展的若干意见》，2000 年 6 月，中华人民共和国中央人民政府网站（ http://szlx.pkulaw.cn/fulltext_form.aspx?Db=chl&Gid=225bfc6883873 c28bdfb ）。

［122］中共中央，国务院：《中共中央 国务院关于加大统筹城乡发展力度进一步夯实农业农村发展基础的若干意见》（中发 (2010)1 号），2009 年 12 月，中华人民共和国中央人民政府网站（http://www.gov.cn/gongbao/content/2010/content_1528900.htm ）。

［123］中共中央，国务院：《中共中央　国务院印发〈国家新型城镇化规划（2014−2020 年)〉》，2014 年 3 月，中华人民共和国中央人民政府网站（http://www.gov.cn/gongbao/content/2014/content_2644805.htm ）。

［124］中共中央 国务院：《中共中央　国务院印发〈乡村振兴战略规划（2018−2022)〉》，2018 年 9 月，中华人民共和国中央人民政府网站（http://www.gov.cn/zhengce/2018−09/26/content_5325534.htm ）。

［125］中华人民共和国自然资源部，住房城乡建设部：《两部门关于印发〈利用集体建设用地建设租赁住房试点方案〉的通知》，2017 年 8 月，中央人民政府网站（http://www.gov.cn/xinwen/2017−08/28/content_5220899.htm ）。

［126］中华人民共和国中央人民政府：《买房、租房、落户……为了你安心舒适的"家"，国务院今年做了哪些事？》，2016 年 12 月，中华人民共和国中央人民政府网站（http://www.gov.cn/xinwen/2016−12/17/

content_5149254.htm）。

［127］中华人民共和国住房和城乡建设部：《2006 年全国住房公积金缴存使用情况》，2007 年 1 月，中华人民共和国住房和城乡建设部网站（http://www.mohurd.gov.cn/zxydt/200804/t20080424_162809.html）。

［128］中华人民共和国住房和城乡建设部：《关于加快发展公共租赁住房的指导意见》（建保〔2010〕87 号）,2010 年 6 月，中华人民共和国住房和城乡建设部网站（http://www.mohurd.gov.cn/wjfb/201006/t20100612_201308.html）。

［129］中华人民共和国住房和城乡建设部：《关于住房公积金管理若干具体问题的指导意见》，2005 年 1 月，中华人民共和国中央人民政府网站（http://www.mohurd.gov.cn/wjfb/200611/t20061101_157745.html）。

［130］中华人民共和国住房和城乡建设部：《关于印发〈建设部近期农民工工作要点〉的通知》，2007 年 6 月，中华人民共和国住房和城乡建设部网站（http://www.mohurd.gov.cn/wjfb/200805/t20080515_168191.html）。

［131］中华人民共和国住房和城乡建设部：《广西出台新政推进房地产去库存》，2016 年 2 月，中华人民共和国住房和城乡建设部（http://www.mohurd.gov.cn/dfxx/201602/t20160216_226638.html）。

［132］中华人民共和国住房和城乡建设部：《广西完善农民工住房保障体系》，2015 年 12 月，中华人民共和国住房和城乡建设部（http://www.mohurd.gov.cn/dfxx/201512/t20151214_225935.html）。

［133］中华人民共和国住房和城乡建设部：《公共租赁住房管理办法》（建保〔2011〕11 号），2012 年 5 月，中华人民共和国中央人民政府网站（http://www.gov.cn/gongbao/content/2012/content_2226147.htm）。

［134］中华人民共和国住房城乡建设部：《继续推进三四线城市房地产去库存》，2016 年 12 月，中华人民共和国中央人民政府网站（http://www.gov.cn/xinwen/2016-12/27/content_5153244.htm）。

［135］中华人民共和国住房和城乡建设部：《建设部、发展改革委员会、财政部、劳动保障部、自然资源部印发《关于改善农民工居住条件的指导建议》的通知》，2007 年 12 月，法律快车网（http://wlwz.xjem.gov.cn/wsbmzn/ShowArticle.asp?ArticleID=870）。

［136］中华人民共和国住房和城乡建设部：《住房城乡建设部关于做好 2013 年城镇保障性安居工程工作的通知》（建保〔2013〕52 号），2013 年 4 月，中华人民共和国住房和城乡建设部网站（http://www.mohurd.gov.cn/wjfb/201304/t20130409_213368.html）。

［137］中国网：长沙"农民工公寓"受冷落（网上查看时间 2018.10.10）（http://www.china.com.cn/chinese/zhuanti/nmg/941429.htm）。

［138］中央经济工作会议：《努力化解房地产库存　取消过时的限制性措施》，2015 年 12 月，人民网（http://house.people.com.cn/n1/2015/1222/c164220-27960918.html）。

［139］朱宗威：《湖南农民工收入上涨超白领！人数首下降》，2019 年 1 月，人民网（http://hn.people.com.cn/GB/n2/2019/0123/c195194-32565915.html）。

英文文献

［1］Abeba Mussa, Uwaoma G Nwaogu and Susan. Pozo, "Immigration and housing: A spatial econometric analysis", *Journal of Housing Economics*,

Vol.35, 2017.

［2］Albert Saiz, "Immigration and housing rents in American cities"，*Journal of urban Economics*, Vol.61, No.2, 2007.

［3］Alert Saiz, "Room in the Kitchen for the melting pot: Immigration and retail prices"，*The Review of Economics and Statistics*, Vol.85, No.3, 2003.

［4］Allen C Goodman, "An econometric model of housing price, permanent income, tenure choice and housing demand"，*Journal of Urban Economics*, Vol.23, No.3, 1988.

［5］Amanda C Helderman, Maarten Van Ham and Clara H Mulder, "Migration and homeownership"，*Tijdschrift voor Economische en Sociale Geografie*, Vol.97, No.2, 2006.

［6］Birgitta Rabe and Mark Taylor, "Differences in opportunities? Wage, unemployment and house–price effects on migration"，Working Paper, 2010, Ecopapers (https://www.iser.essex.ac.uk/research/publications/working–papers/iser/2010–05.pdf).

［7］Brakman Steven, "Garretson Harry and Schramm Marc, New Economic Geography in Germany: Testing the Helpman–Hanson model"，Working Paper, 2002, Ecopapers Website (https://www.econstor.eu/bitstream/10419/19334/1/172.pdf).

［8］Bo Zang, Ping Lv and Clive M J Warren, "Housing prices, rural–urban migrants' settlement decisions and their regional differences in China"，*Habitat International*, Vol.50, December 2015.

〔9〕Chris G. Pickvance, "Life cycle, housing tenure and residential mobility: A path analytic approach", *Urban studies*, Vol.11, No.2, 1974.

〔10〕Chunchung Au and Vernon J Henderson, "Are Chinese cities too small?", *Review of Economic Studies*, Vol.73, No.3, 2006.

〔11〕Claudia Sakay, Paola Sanoni and Toshihiro Hanazato Deng, "Rural to urban squatter settlements: The micro model of generational self–help housing in Lima–Peru", *Procedia Engineering*, Vol.21, 2011.

〔12〕Diane Diacodui, Ben Pattison, Jim Vine, *Home from Home: Addressing the issues of migrant workers housing*, The Building and Social Housing Foundation, 2008. P145.

〔13〕Demetrio Papademetriou and Brian K Ray, "From Homeland to a home: immigrants and homeownership in urban America", Working Paper, 2004, Research Gate (https://www.researchgate.net/publication/237279308_From_Homeland_to_a_Home_Immigrants_and_Homeownership_in_Urban_America

〔14〕Edward L Glaeser and Matthew G Resseger, "The complementarity between cities and skills", *Journal of Regional Science*, Vol.50, No. 1, February 2010.

〔15〕Edward L Glaser, Joseph Gyourko and Raven E Saks, "Urban growth and housing supply", *Journal of Economic Geography*, Vol.6,No.1,2006.

〔16〕Edwin S Mills, "An aggregative model of resource allocation in a metropolitan area", *American Economic Review*, Vol.57, No.2, May 1967.

〔17〕Eillen Diaz McConnell and Ilana Redstone Akresh, "Housing cost burden and new lawful immigrants in the United States", *Population Research & Policy Review*, Vol.29, 2010.

[18] Elhanan Helpman, "The size of regions", *Topics in public economics: Theoretical and applied analysis*, Cambridge University Press, 1998.

[19] Ernest George Ravenstein , "The laws of migration", *Journal of the Statistical Society of London*, Vol.48, No.2, 1885.

[20] Filipa S á , "Immigration and house prices in the UK", *The Economic Journal*, Vol.125, No.587, September 2011.

[21] Gordon H Hason, "Market potential, increasing returns and geographic concentration", *Journal of International Economics*, Vol.67, No.1, 2005.

[22] Lance Freeman, "Minority housing segregation: A test of three perspective", *Journal of Urban Affairs*, Vol.22, No.1, 2000.

[23] Lawrence W C Lai, "Private property rights, culture, property management and sustainable development", *Property Management*, Vol.24, No.2, 2006.

[24] Lili Wu and Wei Zhang, "Rural migrants' homeownership in Chinese urban destinations: Do institutional arrangements still matter after Hukou reform?" *Cities*, Vol. 79, September 2018.

[25] Li Tao, Eddie C W Hui, Francis K W Wong and Tingting Chen, "Housing choices of migrant workers in China: Beyond the Hukou perspective," *Habitat International*, Vol. 49, October 2015.

[26] Li Tao, Francis K W Wong, and Eddie C M Hui, "Residential satisfaction of migrant workers in China: A case study of Shenzhen", *Habitat International*, Vol. 42, April 2014.

[27] Jeffrey E Zabel, "Migration, housing market and labor market responses to employment shocks", *Journal of urban Economics*, Vol.72, No. (2–3), 2012.

[28] Jerome Rothenberg, George C. Galster, Richard V. Butler and John R. Pitkin, *The maze of urban housing markets: Theory, evidence and policy*, The University of Chicago, 1991, p.30.

[29] John C. Turner, "Housing priorities, settlement patterns, and urban development in modernizing countries", *Journal of American Institute of Planners*, Vol.34, No.6, 1968.

[30] John F Kain, "The journey to work as a determinant of residential location", *Regional Science*, Vol.9, No.1, January 1962.

[31] John R Logan, Yiping Fang and Zhanxin Zhang, "Access to housing in urban China", *International Journal of Urban and Regional Research*, Vol. 33, No.4, 2009.

[32] Joseph G. Altonji and David Card, "The effects of immigration on the labor market outcomes of less–skilled natives", NBER Working Paper, 1989(https://ssrn.com/abstract=227287).

[33] Kalantaryan Sona, "Housing market responses to immigration: Evidence from Italy", Working Paper, 2013 Oct, Ecopapers Website(https://cadmus.eui.eu/bitstream/handle/1814/28918/RSCAS_2013_83.

pdf?sequence=1）

［34］Marta Bivand Erdal, "A place to stay in Pakistan: Why migrants build houses in their country of origin", *Population, Space and Place*, Vol.18, 2012.

［35］Matthew Larkin, Zohid Askarov, Chris Doucouliagos, Chris Dubelaar, Maria Klona and Andrea Vocino, "Do houses prices sink or ride the wave of immigration", 2018(http://ftp.iza.org/dp11497.pdf）.

［36］Paolo Veneri, "City size distribution across the OECD: Does the definition of cities matter?" *Computers, Environment and Urban Systems*, Vol. 59, 2016.

［37］Peter M Ward, "Intra-city migration to squatter settlements in Mexico city", *Geoforum*, Vol.7, No.5-6, 1976.

［38］Philip Amis, "Squatters or tenants: The commercialization of unauthorized housing in Nariobi", *World Development*, Vol.12, No.1, 1984.

［39］Ran Liu and Tai-Chee Wong, "Urban village redevelopment in Beijing: The state-dominated formalization of informal housing", *Cities*, Vol.72, Part A, February, 2018.

［40］Richard F. Muth, *Cities and Housing: The spatial pattern of urban residential land use*, University of Chicago Press, 1969, p.78.

［41］Sarah Monk, "The key worker's problem: The link between employment and housing", *Restructuring Housing Systems: From social to affordable housing*, York Publishing Services, 2000.

［42］Shuangshuang Tang, Jianxi Feng and Mingye Li, "Housing tenure choices of rural migrants in urban destinations: A case study of Jiangsu province China." *Housing Studies*, Vol. 32, No.3. 2017.

［43］Tahire Erman, "Squatter (gecekoudu) housing versus apartment housing: Turkish rural–to–urban migrant residents' perspectives", *Habitat International*, Vol.21, No.1, 1997.

［44］Timo M Kauppinen, "The beginning of immigrant settlement in the Helsinki metropolitan area and the role of social housing", *Journal of Housing and the Built Environment*, Vol.17, No.2, 2002.

［45］Una Okonkwo Osili, "Migrants and housing investments: Theory and evidence from Nigeria", *Economic Development and Cultural Change*, Vol.52, No.4, 2004.

［46］Weiping Wu, "Migrant housing in urban China: Choices and constraints." *Urban Affairs Review*, Vol.38, No.1, 2002.

［47］Weiping Wu, "Sources of migrant housing disadvantage in urban China", *Environment and Planning* A, Vol.36, 2004.

［48］Weiping Wu and Guixin Wang, "Together but unequal: Citizenship rights for migrants and locals in urban China", *Urban Affairs Review*, Vol.50, No.6, 2014.

［49］William A. V. Clark, Marinus C. Deurloo and Frans M. Dieleman, "Housing consumption and residential mobility", *Annals of the Association of American Geographers*, Vol.74, No.1, 1984.

［50］William A. V. Clark, Marinus C. Deurloon and Frans M. Dieleman, "Tenure changes in the context of micro–level family and macro–level economic shifts", *Urban Studies*, Vol.31, No.1, 1994.

［51］William Alonso, "Location and land use: Toward a general theory of land rent", *Economic Geography*, Vol.42, No.3,January 1964.

［52］Wu Lili and Zhang Wei, "Rural migrants' homeownership in Chinese urban destinations: Do institutional arrangements still matter after Hukou reform?" *Cities*, Vol. 79, September 2018.

［53］Xiaoning Zhang, Mei Qu and Zhendong Jin, "Exploring the determinants of migrant workers' willingness to buy houses in cities: A case study in Xi'an China", *Sustainability*, Vol.10, No.62, 2018.

［54］Yan Song, Yves Zenou and Chengri Ding, "Let's not throw the baby out with the bath water: The role of urban villages in housing rural migrants in China", *Urban Studies*, Vol.45, No.2, 2008.

［55］Yaping Wang,Yanglin Wang and Jiansheng Wu, "Housing Migrant Workers in Rapidly Urbanizing Regions: A Study of the Chinese Model in Shenzhen", *Housing Studie*s, Vol.25, No.1, 2010.

［56］Youqing Huang and William A V Clark, "Housing tenure choice in transitional urban China: A multilevel analysis", *Urban Studies*, Vol. 39, No. 1, 2002.

［57］Youqing Huang and Ran Tao, "Housing migrants in Chinese cities: Current status and policy design", *Environment and Planning* C, Vol.33, No.3, 2015.

［58］Xiaoning Zhang, Mei Qu and Zhendong Jin, "Exploring the determinants of migrant workers' willingness to buy houses in cities: A case study in Xi'an China", *Sustainability*, Vol.10, No.62, 2018.

后　记

　　2016 年 9 月的一天，我的手机家庭微信群里收到一则求助消息。常年在深圳打工的姑姑一家向老家亲友们借钱，打算购买一套住房。这则消息引起了我的好奇。一是，姑姑一家的户口在农村，在老家有一栋两层高的大面积住房。该住房因平时空置无人居住破损严重，急需维修。姑姑一家考虑到多年来寄居深圳定居无望，去年还特意回老家花了大价钱进行了修缮翻新，今年怎么突然又改变主意打算在老家外买新房了呢？二是，姑姑一家打算购买的住房不在深圳，而是在东莞。这套住房不是产证齐全的商品房，而是村集体开发的，仅有一份合作建房协议的"小产权房"。为什么姑姑一家明知道购买的房屋存在法律风险，也无法满足他们的日常居住需求，还不惜借钱去买呢？在我的追问下，姑姑解释说：自打表弟去年大学毕业去了深圳，分离了十多年的一家三口终于得以团聚。可是因为工作原因，他们平时都各自住在工厂／公司的集体宿舍里，只能周末享受家庭生活，十分不便。另外，适应了城市生活的表弟不愿回老家了，开始有找个女朋友在城市安家的想法，但深圳房价实在太高，他们只能曲线救国去其他城市买。考虑到手中实在没钱，他们明知道购买"小产权房"有风险也只能冒险一试了。2016年底，姑姑一家最终筹到了钱在东莞买到了一套小产权房。但遗憾的是表弟所在的工厂转移去了江西抚州，一家三口再次分离，而那套新买的住房又空置了。

　　姑姑一家的经历引起了我对农民工在城市居住问题的研究兴趣。通过搜索相关资料，我发现姑姑一家的经历并非个案，而是农民工在市民化过程中普遍遇到的难题。为了从学术研究的角度解答心中对该问题的疑惑，2017年我以"新型城镇化背景下广西农民工住房问题实证研究（17CRK001）"为题申请了广西哲学社会科学基金项目，2019年以"广西农民工城乡住房配置对其进城落户影响的实证研究（2018JJB180034）"为题申请了广西自然科学基金项目。本书则是这两项课题的阶段性成果。

　　本书围绕农民工住房问题而展开，试图构建一个包含宏观、中观和微观三个层面的研究框架，挖掘农民工住房状况形成的一般机理并预测其演化方向。在宏观层面，基于历史视角，从户籍制度、经济发展、社会结构变迁等方面探讨农民工住房状况变化的原因。在中观层面，基于空间视角，从城镇化速度、产业结构、住房市场、城市政府住房保障能力等方面探究不同地区农民工住房状况存在差异的原因。在微观层面，基于住房选择理论，从人力资本、家庭生命周期、流动过程等角度，探寻农民工住房状况的个人原因。本书还以广西农民工为例，基于翔实的资料和数据，利用数理模型对研究框架下的相关假说进行检验。在理论和实证分析的基础上，本书给出了进一步改善农民工住房状况，实现农民工住有所居的政策建议。

　　本书选择广西作为研究范围的主要原因有三。一是，目前农民工住房研究多集中在东部发达城市，缺乏对西部欠发达城市的关注，无法开展城市层面的比较研究，难以支撑多层次理论框架的构建，也无法指导农民工住房保障的因城施策。二是，国家统计局农民工监测调查报告指出近年来西部地区已经超过东中部地区成为农民工增速最快的地区。广西是西部地区的重要省份，关注广西地区有重要的实践意义。三是，因为我在广西工作，一方面收集数据比较方便，另一方面也希望自己的研究成果能直接服务于地方经济社会发展。幸运的是这一愿望得以实现。本书的部分成果2020年3月被广西壮族自治区政协办公厅信息刊物采用，并报送给全国政协办公厅研究室信息局。

　　在本书即将出版之际，我想感谢广西哲学社会科学规划办和广西科技厅的立项资助，为本书的研究打下了坚实的经济基础。感谢国家卫生计生委流动人口服务中心、广西壮族自治区住房与城乡建设厅、南宁市保障房建设和服务中心、国家统计局广西调查总队等机构的工作人员，为本书研究的开展提供了资料和数据支持。特别感谢我的同事魏万青教授。魏老师对住房问题有着敏锐把握，深刻剖析和独到见解。作为一名治学严谨、对学术充满热情的学者，魏老师常常给我以启迪。此外还要感谢吴凡副教授，我的学生巴姗和杨帆，为本书研究的资料收集贡献了宝贵的时间。感谢人民出版社的武丛伟编辑为本书的编辑和出版付出了辛勤劳动，给我提出了许多宝贵的修订意见，使书稿得以不断完善，并顺利出版。当然还要感谢始终在背后支持我的家人，他们对我的付出，为我减轻了许多负担，使我能够专心在学术道路上不断探索，克服挫折和困难。

最后，需要说明的是本书使用的资料是 2017-2019 年期间收集的，因而无法涵盖 2019 年以后农民工住房方面的新变化。此外，成稿匆忙，难免有这样或那样的不足，敬请各位读者批评指正。

高 伟

2020 年 8 月 17 日

责任编辑：武丛伟
封面设计：王欢欢

图书在版编目(CIP)数据

住有所居:农民工住房问题实证研究/高伟 著. —北京:人民出版社，
　2020.10
ISBN 978－7－01－022287－5

Ⅰ.①住…　Ⅱ.①高…　Ⅲ.①民工-住宅问题-研究-中国　Ⅳ.①D669.3

中国版本图书馆 CIP 数据核字(2020)第 120363 号

住有所居:农民工住房问题实证研究
ZHUYOU SUOJU:NONGMINGONG ZHUFANG WENTI SHIZHENG YANJIU

高　伟　著

人民出版社 出版发行
(100706　北京市东城区隆福寺街 99 号)

中煤(北京)印务有限公司印刷　新华书店经销

2020 年 10 月第 1 版　2020 年 10 月北京第 1 次印刷
开本:710 毫米×1000 毫米 1/16　印张:26
字数:287 千字

ISBN 978－7－01－022287－5　定价:79.00 元

邮购地址 100706　北京市东城区隆福寺街 99 号
人民东方图书销售中心　电话 (010)65250042　65289539